Les hauts lieux du monde et leurs légendes

ÉDITIONS
FRANCE
LOISIRS

Sommaire

L'énergie des lieux

Pays disparus et légendaires

Édifices et lieux sacrés

Objets énigmatiques

Achevé d'imprimer en 200
sur les presses d'Aubin Imprimeur
Imprimé en France

LIEUX

D'ÉNERGIE

Il a fallu des millions d'années au fleuve Colorado, autrefois très puissant, pour créer les spectaculaires formations rocheuses de Monument Valley en Arizona, États-Unis.

Lieux d'énergie – fantasme ou réalité ?

À travers toutes les époques et toutes les cultures, il existe des récits de visions et d'événements qui se sont déroulés en des lieux particuliers, faisant intervenir énergie cosmique et pouvoir magique. Ces lieux d'énergie, censés favoriser à la fois le développement intellectuel et le contact avec les dieux, furent le siège de nombre d'apparitions qui se retrouvent dans les mythes et les légendes. S'agit-il d'hallucinations provoquées par certaines hormones ? Ou bien ces lieux d'énergie ont-ils une réalité physique exceptionnelle aujourd'hui mesurable ?

La signification du sacré

Il y a plusieurs dizaines de milliers d'années, nos ancêtres découvrirent la signification du sacré et du divin. Ils comprirent alors que l'homme n'est pas seulement un corps, mais qu'il possède également un potentiel moral et spirituel. Dès lors, leur regard ne se tourna plus seulement vers la matière tangible. L'humanité de l'époque osa et réussit le passage du concret à la pensée abstraite. L'homme commença à percevoir autrement son environnement et se sentit plus proche des dieux en certains lieux. Bien avant l'époque des grandes inventions, un réseau de mégalithes, de stèles funéraires, de menhirs et de dolmens couvrait la terre entière. Sommets des montagnes, arbres anciens, sources jaillissantes et grottes profondes devinrent tout naturellement des lieux d'énergie choisis pour célébrer des cérémonies qui se déroulaient en harmonie avec les grandes dates astronomiques tel le début du printemps ou le solstice d'été.

Zones d'attraction

Le Dr Jörg Purner de l'université d'Innsbruck examina plusieurs lieux d'énergie à l'aide d'une baguette de sourcier. Il y constata à chaque fois une concentration de « zones d'attraction » provoquant la réaction de la baguette. Sa conclusion : nos

Plus de cent bouddhas dans leurs abris en forme de cloche, appelés stupas, sont réunis à Borobudur, le site sacré des bouddhistes à Java. Le temple pyramidal à sept étages, construit aux alentours de 800, n'a été découvert qu'en 1830. Il est inscrit, depuis 1991, au patrimoine de l'humanité protégé par l'UNESCO.

Forces connues et inconnues

Notre vie quotidienne, notre santé et nos émotions sont influencées par diverses forces dont certaines nous sont connues, d'autres pas. Quelques-unes, comme les champs électromagnétiques, les effets du temps, du climat ou de l'activité des taches solaires ont été mises en évidence par la physique, d'autres restent inexpliquées. Ainsi, la lune exerce-t-elle depuis toujours une singulière force d'attraction sur l'être humain. Pourtant, son influence sur notre rythme de vie et sur les marées reste jusqu'à ce jour un véritable mystère pour la science.

ancêtres ont choisi les lieux de construction de leurs sanctuaires en toute connaissance de cause. Les sourciers (radiesthésistes) sont capables de mesurer les rayonnements émis par certains endroits et de débusquer les différences dans le champ magnétique de la terre. Le radiesthésiste réagit ainsi à la présence de cours d'eaux souterrains, par exemple, par des contractions musculaires involontaires qui se répercutent sur la baguette de coudrier ou le pendule.

L'esprit du lieu

Dans les sanctuaires, les sourciers décèlent le plus souvent des énergies suspectes qui peuvent d'ailleurs être à l'origine de la sacralisation du lieu. Chutes d'eau, montagnes et végétation dense créent un microclimat caractérisé par une concentration élevée d'ions négatifs dont l'effet bénéfique est reconnu par la médecine. Il n'est pas rare de constater en de tels endroits une radioactivité à la fois plus élevée et stimulante pour l'organisme. De même, la diminution de la pression atmosphérique en altitude peut entraîner une certaine décontraction corporelle et mentale. Quoi qu'il en soit, les états d'âme ressentis dans les lieux d'énergie ne sont que des expériences subjectives qu'aucune technologie ne peut mesurer. L'« esprit du lieu» ne se laisse appréhender que par la prière ou la méditation.

Il existe un peu partout sur terre des paysages extraordinaires comme cette gorge taillée dans les rochers d'Islande. Souvent, la puissance dégagée par un tel environnement se transmet également à l'homme.

Radioactivité et lieux de culte

Certains lieux d'énergie sont réputés être « numineux », c'est-à-dire posséder une force sacrée ayant le pouvoir de guérison. Des mesures effectuées à l'aide de compteurs Geiger, de magnétomètres et de spectromètres à micro-ondes ont donné de stupéfiants résultats. Le granit possède ainsi un rayonnement radioactif naturel élevé, particulièrement important sur les lieux de culte mégalithiques. Les physiciens ont également réussi à mettre en évidence, en d'autres lieux d'énergie, que les personnes présentes tendent à produire des ondes cérébrales thêta et delta à l'état de veille, alors même que ces dernières sont strictement associées aux phases de sommeil profond et de rêve.

Visiblement, nos ancêtres étaient capables de reconnaître sans instruments, par la seule observation intensive de la nature, les emplacements propices à leurs rituels et susceptibles d'accueillir leurs édifices cultuels préhistoriques. Aujourd'hui, la plupart des églises et des chapelles chrétiennes se dressent sur de tels emplacements qui n'ont rien perdu de leur effet sur l'âme et l'esprit des hommes.

Les Celtes qui peuplaient la Bretagne ont érigé différentes formations de pierres géantes à Carnac, lieu d'énergie par excellence. Aujourd'hui encore, les visiteurs perçoivent l'atmosphère particulière qui émane de ces endroits.

La rosace de Chartres a servi de modèle pour de nombreuses autres cathédrales.

Le mystère de l'art gothique

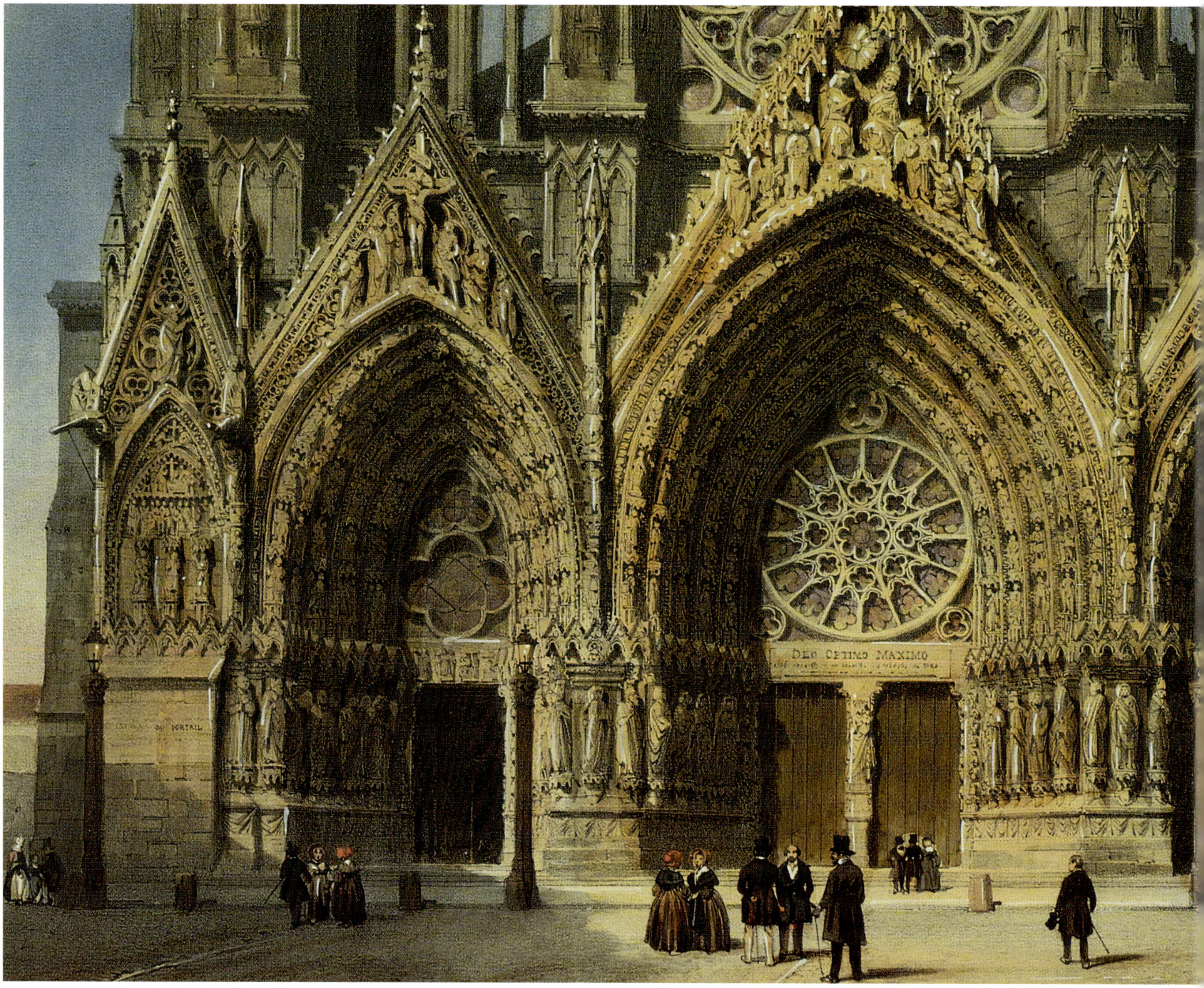

Lithograhie de Benoist (1840) représentant la façade ouest de la cathédrale de Reims, parfait exemple de gothique flamboyant, construite au XIIIe siècle. Le style gothique connut un regain d'intérêt à cette époque.

Nul ne songe à s'étonner de ce qu'il voit tous les jours, car seuls l'inhabituel et l'extraordinaire portent l'homme à soupçonner le mystère. Pour les visiteurs des cathédrales, ces édifices gothiques avec leurs dimensions impressionnantes et leurs intérieurs spectaculaires représentent la quintessence d'une perfection déjà atteinte au temps de leur construction. L'intérieur de ces colossales maisons de Dieu est imprégné d'une lumière et d'un esprit qui semblent venir d'un autre monde. On ne peut qu'imaginer l'impression que ces édifices ont pu faire sur les hommes du Moyen Âge confrontés pour la première fois à des dimensions de cet ordre. Outre les siècles, c'est également l'ignorance que nous avons des corrélations mystiques

de leur architecture avec la vision du monde en vigueur à l'époque qui nous sépare des constructeurs des cathédrales de Chartres, Reims, Rouen ou Paris. Ces vieilles pierres se dressent-elles sur les sites sacrés les plus anciens de l'humanité, à l'instar des pyramides égyptiennes ou du temple de Salomon ?

Les secrets de la naissance du gothique

L'énigme de l'art gothique reste entière à ce jour. Tandis qu'il est possible de dater les origines de styles artistiques postérieurs tels que la Renaissance ou le baroque, la date de naissance du gothique n'est pas précisément connue. Ce style architectural fait soudain son apparition en Île-de-France vers 1130-1140 et se développe ensuite de manière autonome pour atteindre en quelques décennies seulement une maturité inattendue. Quelques bâtisseurs isolés émergent des profondeurs du temps, tel Villard de Honnecourt dont le nom figure dans le livre des portraitures (contenant des plans et des esquisses, vers 1230) de la cathédrale de Reims. Aidés par une cohorte de tailleurs de pierre, de charpentiers, de carreleurs et de vitriers, ces architectes font sortir de terre dans le nord de la France plus de quatre-vingts édifices monumentaux en en moins d'un siècle.

Chartres – un centre de force ?

Les bâtisseurs inconnus de la cathédrale de Chartres ne pensaient sans doute pas réaliser une œuvre d'art lorsqu'ils l'ont érigée sur les plates étendues de la Beauce. La question est plutôt de savoir pourquoi une cathédrale aussi monumentale a vu le jour à cet endroit précis, au sommet d'un petit promontoire dans une bourgade aussi minuscule et insignifiante que Chartres.

Il est vrai que l'endroit était déjà un lieu de pèlerinage bien avant l'ère chrétienne. Selon la légende un ange serait apparu à un druide, longtemps avant la naissance du Christ, et lui aurait annoncé qu'une vierge enfanterait un dieu. On a d'ailleurs retrouvé, non loin de Chartres, une statue romaine représentant une femme et portant l'inscription suivante : *virgini pariturae* (« la vierge qui enfantera »).

En l'an 1194, la cathédrale originelle disparut dans un incendie. Seul subsista le

Les éléments du gothique

Pour la première fois, la construction de l'abbatiale de Saint-Denis, au nord de Paris, vers 1130-1135, réunit différents éléments architecturaux déjà existants par ailleurs pour donner naissance à un style entièrement novateur. L'édifice se caractérise par une imposante façade flanquée de deux tours et percée d'une rosace, ainsi que par des contreforts qui équilibrent la pression exercée par les murs d'une hauteur gigantesque. L'intérieur, perçu aujourd'hui comme étant d'un seul tenant, se distingue par une voûte sur croisée d'ogives, condition essentielle à la création d'un lieu d'une telle ampleur. La nef, inondée par la lumière qui tombe des vastes vitraux multicolores, crée une sensation d'espace bien différente des sombres églises de l'époque romane.

Vitrail de la cathédrale de Tours, bâtie entre 1846 et 1865 en style néogothique. Au cours du XIXe siècle, le gothique connut un regain d'intérêt.

La cathédrale de Chartres fut l'un des premiers édifices religieux bâtis en pur gothique au XIIe-XIIIe siècle. Sur le sol de la nef centrale, le labyrinthe mondialement connu symbolise la foi des hommes : priant et se traînant à genoux, les croyants suivaient le dessin jusqu'à son centre.

Les façades et les forêts d'arcs-boutants des cathédrales gothiques sont le domaine réservé des monstres et des chimères. Les chercheurs s'interrogent aujourd'hui encore sur la raison de leur présence. Symbolisent-ils la peur des démons, sont-ils censés repousser les mauvais esprits, ou sont-ils plus simplement l'expression de la liberté artistique de leurs créateurs? Ces créatures font le plus souvent office de gargouilles. (Notre-Dame, Paris)

portail ouest. Lors de la reconstruction, l'église fut orientée vers l'ouest ce qui est très inhabituel pour la science catholique qui oriente toujours ses églises vers l'est.

La force des lieux

«Il existe des lieux où souffle l'esprit» écrivait Maurice Barrès (1862-1923), décrivant ces endroits où une force particulière envahit l'homme et où lui viennent des capacités insoupçonnées à appréhender le divin. Pour nos ancêtres, l'homme n'était réellement homme que lorsqu'il avait été spirituellement éveillé. Un tel éveil était le fruit d'influences inconnues qui s'exerçaient en des endroits précis, ceux-là mêmes où se dressaient les temples, les mégalithes et les dolmens, remplacés plus tard par les cathédrales chrétiennes.

Symboles de l'architecture de Chartres

Le rapport entre la longueur, la largeur et la hauteur de l'édifice est le résultat d'un principe dont le mystère reste entier à ce jour. De même, nul n'a encore réussi à percer le secret des célèbres vitraux qui multiplient si habilement les rayons du soleil, et dont la composition spécifique n'a pu être ni déterminée, ni imitée. Chartres est la cathédrale de l'homme en mouvement, suivant sans relâche la lumière et les sons toujours différents qui parviennent à ses sens. La pierre évoque la lourdeur de la terre, tandis que sur le sol de la cathédrale, un labyrinthe géant indique au pèlerin le chemin sinueux de la divine Jérusalem, située au centre du dessin. Les remarquables vitraux colorés, le portail central encadré de statues de saints, les tours et le labyrinthe représentent un monde spirituel symbolique dont le cœur était Jérusalem. Conquérir et défendre la Ville sainte pour le compte de la chrétienté était la principale mission de l'ordre des Templiers, lequel aurait bien pu intervenir dans l'organisation, l'apport d'idées et le financement de la construction de différentes cathédrales outre celle de Chartres.

Qui étaient les commanditaires ?

Les spécialistes de l'histoire de l'art voient la foi comme le principal moteur de la construction d'édifices religieux de cette taille. Il ne fait aucun doute que le Moyen Âge était très profondément religieux. Pourtant d'autres motivations ont été nécessaires pour ériger la plus large voûte gothique du monde. D'où venaient les connaissances? La sombre époque des croisades, de l'Inquisition et des bûchers vit pourtant l'éclosion de cathédrales lumineuses, d'une beauté intemporelle : des temples pour le peuple bâtis par le peuple? Nul ne travaillait gratuitement et la plupart

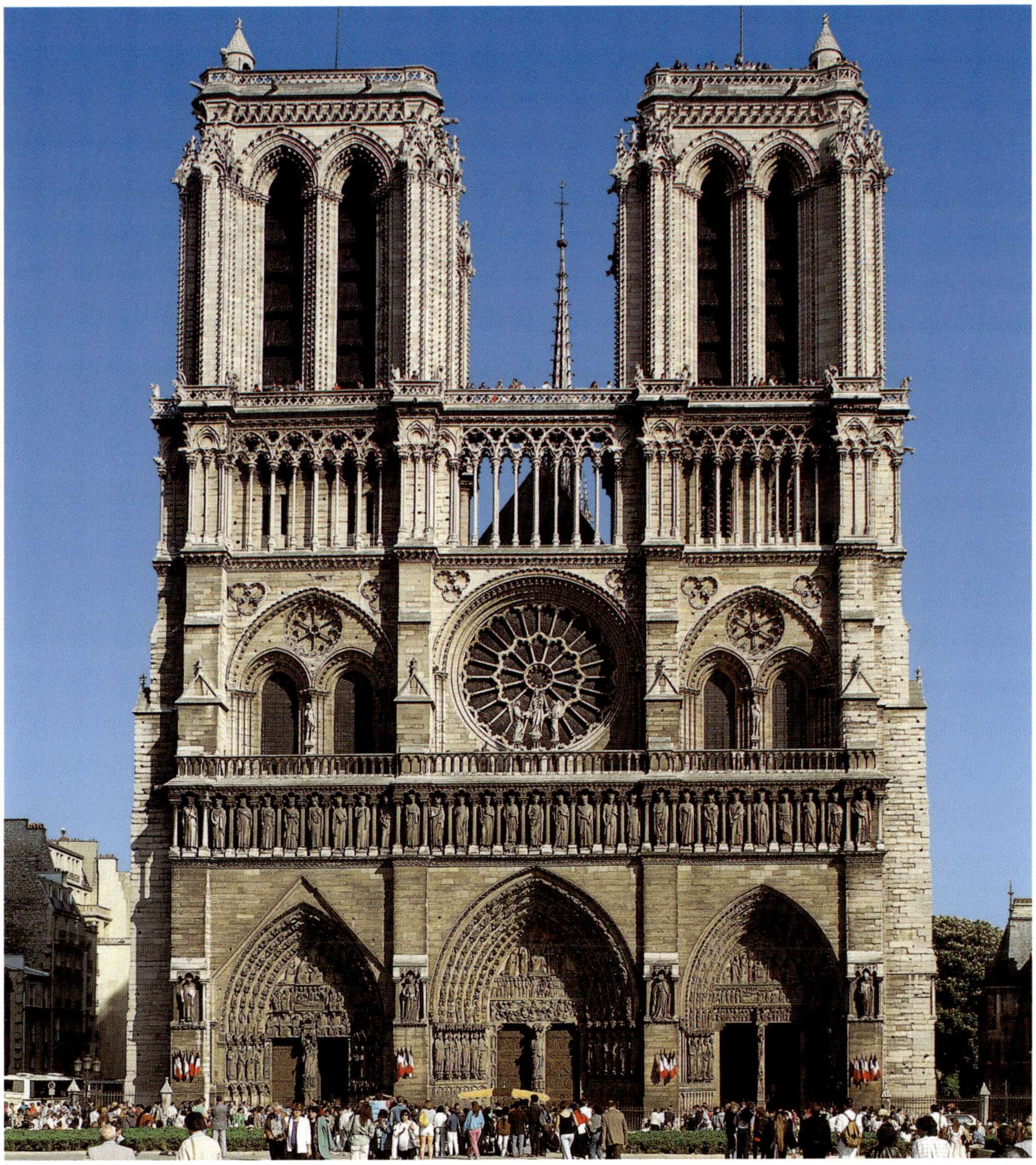

La cathédrale de Notre-Dame est aujourd'hui l'un des emblèmes de Paris. Sa composition architecturale, sa rosace, sa galerie royale et la richesse de ses ornements inspirèrent de nombreuses autres églises. L'agencement de la façade et la richesse des reliefs entourant les portails exercèrent une influence considérable sur les constructions postérieures en Île-de-France.

des gens étaient pauvres. Les collectes effectuées par de pieux pèlerins ne pouvaient représenter qu'une infime partie des frais nécessaires à la construction d'une cathédrale. Quant aux ordres pourtant florissants des Bénédictins et des Cisterciens, aucune contribution n'était à attendre d'eux. Faut-il alors chercher la responsabilité chez les Templiers mystérieux à la richesse légendaire ? C'est peut-être grâce à l'une de leurs géniales stratégies que la construction des cathédrales s'est déroulée aussi rapidement et facilement pour atteindre la perfection.

Annonce d'une ère nouvelle

Notre-Dame de Paris et les cathédrales de Reims, Rouen et Chartres sont les lieux de naissance d'une nouvelle ère, non des lieux de mort sombrement moyenâgeux. Même les diables des fresques anciennes, cherchant à agripper les rois et les évêques, doivent être compris comme des commentaires humoristiques des artistes plutôt que comme des scènes d'horreur destinées à remplir d'effroi un peuple crédule. Pendant des siècles, les cathédrales n'abritèrent que de rares statues de pierre, crucifix ou sculptures. Les représentations destinées à l'éducation historique ou religieuse se trouvaient toujours à l'extérieur, le plus souvent sous les porches et sur les portails. Ainsi, les monstres et les gargouilles de Notre-Dame de Paris semblent, aujourd'hui encore, en mesure d'écarter les démons païens.

Pas de crucifixion

Aucune des représentations des templiers inspirées de la vie de Jésus de Nazareth ne contient de scène de Crucifixion. Les membres de l'Ordre refusaient de reconnaître l'homme crucifié par Ponce Pilate comme le vrai Christ. Les minutes des procès menés plus tard contre les templiers révèlent que tout chevalier devait renier le Crucifié pour être admis au sein de l'ordre. Manifestement, les templiers faisaient une distinction entre le Christ et le Crucifié. Avaient-ils trouvé, en Palestine, des documents prouvant qu'une confusion s'était produite aux premiers temps du christianisme entre le Fils de Dieu et un rebelle crucifié pour s'être dressé contre la puissance romaine ?

Un templier en tenue de guerre. (Gravure extraite de Histoire de l'ordre militaire des Templiers *de Pierre Dupuy, Bruxelles, 1751)*

La France, pays de lieux magiques et mythiques

Vue de loin, l'île du Mont-Saint-Michel semble flotter, telle un mirage, sur les vagues de la mer. À marée basse, le saint rocher et son abbatiale moyenâgeuse sont facilement accessibles à pied par la grève.

La France compte un nombre impressionnant de lieux magiques où se pratiquaient autrefois des rituels étranges et des cultes mystérieux. Les hommes se rendent en ces lieux depuis la nuit des temps pour reprendre des forces, guérir de leurs maladies, ou encore dans l'espoir d'atteindre la jeunesse éternelle. Les lieux de culte des peuples primitifs furent plus tard utilisés par les Gaulois, les Romains et enfin, les chrétiens. Pour de nombreux visiteurs, le mont sacré du puy de Dôme en Auvergne et l'impressionnant mont Saint-Michel en Normandie, les cathédrales Notre-Dame de Chartres et de Paris sont dotés de vertus qui les aident à redécouvrir l'harmonie et la spiritualité perdues.

L'Acropole française

L'architecture si particulière et la beauté de la cathédrale de Chartres lui ont valu le surnom d'« Acropole française ». L'édifice est avant tout un lieu où s'effectue une étrange alchimie entre ciel et terre. Il se dresse au-dessus d'une ligne géomancienne qui relie la ville de Reims à la Bretagne. Sous le chœur, les sourciers ont constaté la présence de quatorze cours d'eau souterrains qui font de l'endroit un important centre d'ondes électromagnétiques. La grandeur de la cathédrale dont les lignes nettes se découpent à l'horizon comme une « antenne cosmique » se reconnaît de loin.

Comme les grandes cathédrales construites ultérieurement, Chartres a été conçue selon des plans si audacieux qu'y pénétrer demeure, aujourd'hui encore, une expérience inoubliable. Devant ses dimensions colossales le monde des hommes semble se réduire à l'insignifiance.

Chartres fut la première de ces églises à donner aux croyants une idée de l'autre monde. Grâce à l'Apocalypse, 21, ils avaient entendu parler de la « divine Jérusalem » avec ses portails de pierres précieuses et de perles, ses maisons et ses ruelles d'or et de cristal. Toutefois, cette vision n'était devenue réalité qu'en apparence. Leur pauvreté leur rappelait trop leur existence humaine sur cette terre.

Des recherches géologiques ont permis de découvrir que de nombreux cours d'eau souterrains se croisaient sous la cathédrale de Chartres (portail sud).

Le labyrinthe de Chartres

Un labyrinthe en forme de cercle occupe toute la largeur de la nef. Avec ses quelque 13 mètres de diamètre, il est l'un des plus grands jamais dessinés. Il servait autrefois de parcours initiatique aux pèlerins qui en arpentaient les méandres en chantant et en priant, le plus souvent à genoux. Ce processus engendrait fréquemment des réactions corporelles violentes telles que des crampes, des tremblements et des modifications de la conscience. De nos jours, le labyrinthe est généralement recouvert par les bancs d'église pour empêcher la reprise des anciens rituels.

Le royaume des pierres

La cathédrale Notre-Dame de Paris se dresse elle aussi au croisement de deux axes magnétiques dont l'interaction énergétique lui confère son rayonnement particulier. On ne visite pas la cathédrale, on la ressent au plus profond de soi comme un lieu de méditation. D'après la légende, ceux qui ont participé à la construction de l'édifice ont en quelque sorte rapproché la matière de la lumière afin de permettre aux futurs visiteurs d'atteindre

Le labyrinthe gothique qui orne le sol de la cathédrale de Chartres est admiré et parcouru par des milliers de visiteurs. Situé à l'entrée de l'édifice, il pousse les croyants à réfléchir à leur propre vie et à marquer une pause avant de s'approcher de l'autel. Après 294 mètres de méandres et onze cercles concentriques, le pèlerin atteint le cœur du labyrinthe où il peut s'agenouiller et prier.

Guérisons miraculeuses au Moyen Âge

D'après une légende fort ancienne dans la région de Chartres, longtemps avant la naissance de Jésus-Christ, un ange apparût à un druide et lui annonça qu'une vierge enfanterait d'un dieu. Des bardes itinérants répandirent la nouvelle dans la Gaule entière. Par la suite, des hordes de pèlerins allaient gagner la ville, réputée à partir du xe siècle pour ses guérisons miraculeuses. Les malades, regroupés dans la crypte de la cathédrale, passaient neuf jours en prière en observant un jeûne très strict.

Le cratère volcanique du puy de Dôme dresse sa silhouette caractéristique au-dessus des paysages de l'Auvergne. Il est vénéré depuis la nuit des temps comme un lieu d'énergie. Le terme de puy *qui désigne presque tous les volcans d'Auvergne est dérivé d'un mot latin signifiant «endroit élevé».*

plus facilement à un niveau de conscience plus élevé. Cette impression se vérifie dès qu'on passe le portail, même les historiens d'art parlent de «lumière construite» lorsqu'ils évoquent l'espace intérieur gothique de la cathédrale. Une telle expérience a dû paraître tout particulièrement magique aux hommes du Moyen Âge.

Le miracle du Mont-Saint-Michel

Ce n'est pas seulement sa situation géographique exceptionnelle qui fait du Mont-Saint-Michel en Normandie l'un des endroits les plus fascinants d'Occident. Véritable chef-d'œuvre de la nature, l'île de granit dresse ses 80 mètres de hauteur au-dessus de la mer. Pour les premiers Gaulois déjà, le mont était le lieu d'initiation des druides qui possédaient la force magique d'apaiser les tempêtes.

En 1017, une abbaye dédiée à saint Michel fut construite au sommet du rocher. L'archange serait apparu à l'archevêque de l'époque et aurait par la suite accompli de nombreux miracles pour la population. L'abbaye, où vit toujours une petite communauté monastique, est devenue un lieu de pèlerinage en l'honneur de saint Michel. À l'intérieur, l'archange est représenté avec une armure recouverte d'argent, comme les

Le massif du Mont-Dore compte plusieurs sources aux vertus curatives qui jaillissent des profondeurs rocheuses. Cette fontaine dans laquelle on peut puiser la précieuse eau orne l'établissement thermal de la ville éponyme.

chevaliers du Moyen Âge. Armé d'une épée et d'un écu, il vient de terrasser le dragon qui gît à ses pieds.

L'abbaye est l'une des églises les plus importantes de France. Elle est le reflet du charme ascétique de l'endroit. Œuvre d'art magique apportée sur terre par les dieux, le mont sacré des Gaulois est l'un des sites touristiques les plus fréquentés de France. Il est vénéré par les Français comme un monument naturel et culturel unique.

Le centre énergétique

D'après les géomanciens, l'Auvergne serait le centre d'énergie de la France (le *hara*, comme on l'appelle en Inde), l'endroit d'où naissent les énergies terrestres qui ensuite s'étendent en spirale sur l'ensemble du pays. Le cœur énergétique serait le plus vieux, le plus élevé et le plus connu des volcans français, le puy de Dôme qui surplombe les cratères avoisinants du haut de ses 1465 mètres.

Les Gaulois érigèrent un temple dédié à Toutatis, l'un de leurs dieux les plus importants, sur cette montagne sacrée. Les Romains, quant à eux, érigèrent un sanctuaire doté d'un oracle en l'honneur du dieu Mercure au-dessus d'une fissure rocheuse. Il était accessible par une série de terrasses et d'escaliers au bout desquels le visiteur, accueilli par un impressionnant Mercure de bronze, s'était sans doute rapproché de l'illumination. Le massif du Mont-Dore dont les roches se composent de deux types de lave, l'une riche et l'autre pauvre en acide silicique, passe lui aussi pour un centre énergétique. Il est possible que le phénomène rare des deux roches de lave soit justement à l'origine de l'énergie qui se dégage de l'endroit. L'aiguille rocheuse du Puy et le volcan du puy de Sancy sont également considérés comme des lieux magiques et sacrés. Les sources chaudes de la région du Mont-Dore comme celle des thermes de La Bourboule ou celle qui surgit du sol dans le parc de Fenêstre, près de la Roche aux Fées, contribuent à la « magie de l'Auvergne ».

Inversion de température

Une partie des énergies magiques du puy de Dôme provient peut-être du rayonnement de la roche volcanique qui contient de minuscules particules d'oxyde de fer. Sous sa forme liquide, lors des éruptions volcaniques, l'oxyde de fer a la particularité de s'aligner selon le champ magnétique de la terre. Parmi les mystères du mont sacré figure également le phénomène atmosphérique connu sous le nom d'« inversion de température ». Tandis qu'un froid sibérien règne dans la vallée, le sommet du Dôme jouit d'une douce brise printanière : l'air froid plus lourd tombe et stationne au fond de la vallée, tandis que l'air chaud s'élève vers les hauteurs. Pour la météorologie moderne, le phénomène n'est rien d'autre qu'une classique inversion, mais pour les druides il s'agissait d'une manifestation prodigieuse du pouvoir des dieux.

L'Auvergne compte plus de soixante volcans éteints. L'un des plus élevés est celui de Puy-en-Velay, en forme d'aiguille rocheuse, qui émet une force d'attraction magique. Son sommet accueille une chapelle dédiée à saint Michel.

Rome, ville sacrée

L'architecte Bramante débute la construction de Saint-Pierre en 1505. Le chantier ne progresse que lentement sous Raphaël, Peruzzi et Sangallo. C'est Michel-Ange qui achève le bâtiment en 1590 en lui ajoutant une coupole florentine. Avec ses 211 mètres de long et sa coupole de 42 mètres de diamètre, la basilique Saint-Pierre est le plus grand édifice religieux du monde. Elle constitue, avec la place Saint-Pierre, le cœur du Vatican.

Il y a 3000 ans, le voyageur pouvait passer des collines du Latium à une petite île au milieu du Tibre, ce qui lui facilitait la traversée du large cours d'eau. Vers 1000 av. J.-C., les rives du fleuve étaient encore bordées de simples huttes de forme ovale. Seulement quatre siècles plus tard, l'ébauche d'une ville allait se développer à cet endroit, avant de devenir le cœur d'un gigantesque empire mondial.

La Rome sainte

D'après l'auteur romain Livius, c'est très exactement le 21 avril de l'an 753 av. J.-C. que Romulus a érigé un mur autour d'une zone sacrée qui lui avait été désignée par les dieux.

Chacun connaît l'histoire du fondateur légendaire de Rome qui fut abandonné avec son frère jumeau Remus. Les eaux du Tibre avaient déposé les deux enfants au pied d'une colline, le Palatin, où ils furent recueillis et nourris par une louve. Une fois adulte, Romulus éleva un rempart sur le Palatin après avoir reçu un signe des dieux. Son frère Remus moqua le mur aux dimensions encore modestes et fut tué par Romulus que ses sarcasmes avaient mis en colère.

Cette histoire fantastique ne relève en rien de la seule fiction. En effet, en 1985, le professeur Cardini, un archéologue de Pise, retrouva le fossé datant du VIIIe siècle av. J.-C., que l'écrivain romain Tacite (vers 55-116) décrivait déjà comme une frontière sacrée. L'histoire de la fondation de la ville contient donc un fond de vérité. Et la louve? Le mot latin pour louve est *lupa*, mais dans la Rome antique, *lupa* désignait également les prostituées. Il est donc possible que les jumeaux abandonnés aient été élevés par une fille de joie. D'autres récits concernant cette cité unique en son genre semblent s'appuyer sur des faits réels. Rome serait-elle donc vraiment une enclave sacrée? Un lieu où certaines énergies se concentrent, engendrant certains événements et certaines forces pour en faire le *caput mundi*, le centre du monde?

L'importance mythologique de Rome

Selon les historiens romains, Romulus, fondateur légendaire et premier roi de Rome, était né de la rencontre entre la vestale Rhea Silvia et le dieu Mars. Amulius, l'oncle de la vestale, qui avait détrôné son père, le roi Numitor, l'obligea à noyer les enfants car il lui avait été prédit que l'un d'eux serait un jour un puissant roi. Ses efforts pour détourner le cours du destin furent vains : l'ambitieux Amulius fut tué par les jumeaux qui réinstallèrent leur grand-père Numitor dans ses droits. La prophétie s'accomplit enfin lorsque Romulus devint le premier roi de Rome et conclut son règne en rejoignant le royaume des dieux dans un chariot, accompagné d'un déferlement d'éclairs et de coups de tonnerre. Néanmoins, les racines mythiques de la Rome sacrée sont bien plus anciennes. Le héros de Troie, le prince

Soit la louve fut réellement la mère attentive de la légende, qui nourrit Remus et Romulus, soit elle est une erreur d'interprétation destinée à masquer le fait que les fondateurs de la ville furent élevés par une prostituée, désignée par le terme de lupa *(louve) dans le latin populaire des Romains.*

Le devin Spurinna Vestritius annonça le meurtre de Jules César au jour près. La veille de l'assassinat (15 mars 44 av. J.-C.), l'épouse de César, Calpurnia, rêva elle aussi que son mari était poignardé et que son cadavre était déposé sur ses genoux. César aurait pu empêcher l'attentat des sénateurs romains s'il avait écouté ces prédictions. (Buste de César, Ier siècle av. J.-C.)

Nombre magique

La métropole, construite sur sept collines, fut dirigée, dans les premiers temps, par sept rois légendaires. Dans l'Antiquité, le sept était déjà considéré comme un nombre sacré aux propriétés magiques, et ce en raison du nombre connu de planètes et de jours dans la semaine (dont plusieurs tirent d'ailleurs leur nom de planètes). Les phases lunaires comptaient elles aussi sept jours. Ce nombre était donc particulièrement symbolique pour les Romains.

Hestia, déesse du Foyer dans la mythologie grecque, était vénérée sous le nom de Vesta par les Romains qui lui avaient dédié un temple à l'intérieur duquel brûlait un feu éternel. Ses prêtresses, les vestales, s'engageaient à rester vierges et à entretenir le feu pendant 30 ans. Le péristyle du temple, cette cour intérieure bordée de colonnes, est encore visible aujourd'hui au Forum romanorum. L'entrée est marquée par les bustes des grandes prêtresses.

Vue partielle du temple de Vesta.

Lieux de culte

Le temple de Vesta était un lieu habité de grandes forces divines. Il symbolisait l'univers. Six prêtresses vierges, les vestales, entretenaient en son sein un feu éternel ainsi que la châsse mystérieuse de la déesse Vesta. Les vierges, des fillettes de six à dix ans, étaient choisies par le grand prêtre sur des signes précis de l'oracle. Les vestales devaient ensuite rester au service du temple pendant 30 ans. L'enterrement vivant punissait tout manquement à la règle de chasteté, tandis que celles qui laissaient s'éteindre le feu étaient châtiées par le fouet. Pour l'État romain, recevoir et interpréter les messages divins et surnaturels était une activité majeure. Sur le Palatin déjà, Romulus avait reconnu la volonté des dieux dans les auspices, c'est-à-dire l'observation des oiseaux. Plus tard, le centre des prophéties allait s'installer dans le temple dédié à Jupiter, sur la colline du Capitole. Des Romains choisis pour leurs capacités dormaient sous ses colonnades et recevaient des révélations qui s'accomplissaient fréquemment.

Énée lui-même, se serait rendu sur les lieux sacrés de la future métropole lors de sa visite au grec Euandros. Ce dernier s'était installé sur le Palatin après avoir fui l'idyllique Arcadie, et y avait trouvé un deuxième paradis. Hercule, le fils des dieux, est lui aussi lié à Rome. Alors qu'il traversait l'Italie avec les troupeaux de Géryon dans l'accomplissement de son dixième travail, Cacus, le géant et démon cracheur de feu qui vivait dans une grotte du mont Aventin, lui déroba quelques bêtes. Hercule poursuivit Cacus jusque dans sa grotte et le tua. Pour remercier Hercule d'avoir délivré l'Aventin du monstre, un lieu de culte fut érigé en son honneur sur le Forum boarium, le marché aux bestiaux de Rome. Bien qu'il reste des vestiges de cet ancien temple sur les bords du Tibre, on peut s'interroger sur la part d'invention dans cette histoire. Néanmoins, les légendes concordent avec la réalité en ce qui concerne la chronologie effective de la colonisation des différentes collines : des fouilles ont permis d'établir avec certitude que le Palatin fut la première colline habitée par le peuple étrusque, et que les plus anciennes huttes de Rome se trouvent bien dans le périmètre sacré. Plus tard, tandis que le commun des mortels se regroupait sur l'Aventin, les empereurs firent construire leurs palais et leurs résidences sur le Palatin.

Rome – ville extraterrestre ?

Un épisode de la si riche histoire de Rome semble attester la présence de soucoupes volantes il y a 2 700 ans.

Fondateur de la religion d'État, Numa Pompilius (715-672 av. J.-C.) était le deuxième des sept rois légendaires de la première heure. Pendant son règne, le dieu Mars aurait laissé tomber du ciel un bouclier bilobé. Une prophétie annonça alors que le sort du jeune État dépendait de la présence de ce bouclier sur son sol. Numa Pompilius était tellement préoccupé par l'objet volant qu'il fit immédiatement bâtir un temple dans le Forum romanorum, qui allait devenir le cœur de l'État Romain. Numa Pompilius, également appelé Pontifex Maximus (grand bâtisseur de ponts) en raison de sa fonction de premier dirigeant et de grand prêtre, ordonna à l'armurier Mamurius Veturius de fabriquer onze autres boucliers, parfaitement identiques, afin que nul ennemi ne puisse dérober l'original. Les artefacts furent ensuite confiés à un Collegium pontificum. L'historien Livius raconte : « Il choisit douze hommes pour les boucliers de Mars. Il leur ordonna de porter les copies des armes tombées du ciel, ainsi que les *ancilia*, et de parader ainsi à travers la ville. » Deux questions occupent encore la science moderne : quel est l'objet qui atterrit de la sorte à Rome il y a 2 700 ans ? Qu'est devenu cet « objet volant non identifié » ?

Archives secrètes

Lors du pillage de Rome par les Wisigoths en 410, les prêtres ont, semble-t-il, réussi à mettre leur bien le plus précieux en sécurité. En ces temps qui virent la consolidation du christianisme, les papes s'attribuèrent le titre et la fonction de *pontifex maximus*, nom qu'ils portent encore de nos jours. De même, le collège des cardinaux porte aujourd'hui encore le nom païen de Collegium pontificum. L'Église catholique a-t-elle également conservé les objets relatifs à cette époque ? L'objet volant non identifié de Numa Pompilius a-t-il été remisé dans les archives souterraines secrètes du Vatican ?

Lieux sacrés du christianisme

Il n'est pas étonnant que le christianisme se soit frayé un chemin de Palestine jusqu'à

Au cours de ses légendaires travaux, Hercule a libéré Rome d'un monstre, le géant Cacus. Cette statue a été retrouvée dans les thermes de Caracalla à Rome.

Le pape Grégoire Ier le Grand ne s'est pas contenté de poser les premiers jalons de la future puissance de la papauté au Moyen Âge grâce à son talent d'organisation hors du commun, d'administrer le Patrimonium Petri *(la trésorerie centrale) de manière exemplaire, de soutenir les Bénédictins ou de réformer la liturgie (chant grégorien). À la suite d'une vision, il a également prédit la fin de l'épidémie de peste vers 590.*

La somptueuse mosaïque de l'abside, derrière le baldaquin du maître-autel, représente le couronnement de la Vierge. Cette dernière était apparue en rêve au pape Libère et lui avait ordonné la construction de la basilique.

L'église Santa Maria Maggiore, construite au IVe siècle dans le centre de Rome, fut bâtie sur le dessin exact laissé sur le sol par une soudaine chute de neige en plein été 352. La façade actuelle date du XVIIe siècle.

Le miracle de la neige

Une apparition divine se manifesta dans l'actuel centre-ville de Rome, non loin de la basilique Santa Maria Maggiore, la plus importante des églises romaines dédiées à la Vierge. Dans la nuit du 5 août 352, la Mère de Dieu apparut en rêve au pape Libère ainsi qu'à un riche patricien. Elle leur ordonna de construire une gigantesque église à l'endroit précis où de la neige fraîchement tombée se trouverait le lendemain matin. En dépit de la chaleur estivale, un tapis de neige, dont la forme allait servir pour le plan de la future basilique, recouvrait effectivement une partie du mont Esquilin. Depuis lors, des millions de personnes à travers le monde croient à ce miracle de la neige. Il est, aujourd'hui encore, l'objet d'une grande fête religieuse pendant laquelle des pétales de fleurs blanches sont lancés sur les fidèles depuis la coupole de l'église.

Rome. La Terre sainte faisait partie des provinces romaines et la lointaine capitale devait exercer une force d'attraction extraordinaire. Elle était le terreau idéal pour propager le message du Christ. Les princes des apôtres Pierre et Paul se rendirent à Rome où ils subirent la mort des martyrs. Si persécution et martyre étendaient leur ombre sur l'Église des origines, ils eurent également pour effet de souder solidement les premiers chrétiens. Que serait l'histoire de Rome sans ses églises et les héritiers de saint Pierre, les papes ?

Pendant très longtemps, le « centre de la chrétienté » a façonné l'histoire de la ville, une histoire jalonnée de miracles et d'énigmes.

La Via Appica est la plus ancienne de toutes les routes antiques de Rome encore préservées à ce jour. Une église insignifiante se dresse à son commencement. Son nom est Domine quo vadis. L'apôtre Pierre fuyant Rome aurait adressé ces mots : « Seigneur, où vas-Tu ? » à Jésus qui lui était apparu. Jésus qui était mort sur la Croix des années auparavant lui répondit : « Je vais à Rome pour me faire crucifier une seconde fois. » Honteux de ne pas s'être battu au nom de sa foi, Pierre retourna en ville pour y mourir en martyr : sur la croix, comme Jésus, mais la tête en bas.

Reliques miraculeuses

C'est dans l'église San Pietro in Vincoli, l'une des plus anciennes de Rome (vers 430-440), que sont conservées les chaînes qui entravaient saint Pierre dans son cachot avant qu'un ange ne lui apparaisse et ne le délivre. Il existe encore d'autres légendes parlant du miracle des chaînes. Sans doute y avait-il à l'origine deux chaînes de saint Pierre : la première provenant de la geôle romaine de Mamertius, la seconde des prisons d'Hérode à Jérusalem, l'apôtre ayant été détenu dans ces deux endroits. Lorsqu'on voulut comparer les deux chaînes, elles s'unirent d'elles-mêmes pour n'en former qu'une seule. L'artiste italien Giovanni Parodi a représenté en 1706 le miracle qui eut lieu lors de la mise en contact des deux chaînes. L'œuvre est visible dans une chapelle latérale de la basilique à trois nefs.

Dès le ve siècle, de nombreuses paroisses écrivirent pour obtenir des maillons de la chaîne afin de les présenter à la vénération des fidèles. Le pape Grégoire le Grand (590-604) introduisit finalement la fête des Entraves, encore célébrée de nos jours dans certains pays le 1er août de chaque année.

Rome – la puissance miraculeuse des papes

Vers l'an 590, Rome était la proie d'une impitoyable épidémie de peste. L'archange Michel remettant son épée au fourreau apparut alors au pape Grégoire le Grand sur les créneaux du mausolée de l'empereur Hadrien. Grégoire interpréta cette vision comme l'annonce de la fin de l'épidémie qui, en effet, cessa rapidement. Depuis lors, le tombeau d'Hadrien porte le nom de château Saint-Ange. Par la suite, plusieurs autres papes se trouvèrent également au cœur d'événements mystérieux.

Prophéties

Au début du xxe siècle, le pape Pie X reçut des visions très précises des guerres à venir, tandis que, dans les années 1950, Pie XII vit une mystérieuse apparition lumineuse au-dessus du Vatican. Ces années-là, la Vierge apparut également auprès de l'église Saint-Paul-aux-Trois-Fontaines, à l'extérieur des anciens murs de la ville. Cette église se dresserait à l'endroit à l'apôtre Paul fut mis à mort. L'endroit a reçu son nom en raison des trois sources qui, selon la légende, auraient jailli de terre lorsque la tête de Paul eut rebondi par trois fois sur le sol.

Par la force des choses, l'actuel pape Jean-Paul II dut lui aussi reconnaître que l'une des trois prophéties de Fatima (où la Mère de Dieu était apparue à trois petits bergers portugais en 1917) concernait son propre sort. Il avait été annoncé qu'un « évêque vêtu de blanc » serait menacé de violence et que, touché « par des balles », il « tomberait comme mort sur le sol ». Lors de l'attentat manqué d'Ali Agça contre Jean-Paul II le 13 mai 1981, le pape frôla en effet la mort de très près.

Difficile de dire si de tels phénomènes sont des prophéties occultes, des mystères divins, ou bien s'ils peuvent avoir une explication psychologique profonde, à moins qu'il ne s'agisse de manipulations. Les miracles et les mystères n'ont pas encore tous reçu de réponse, c'est pourquoi la Rome des temps modernes reste encore et toujours un endroit énigmatique, siège de miracles inexpliqués.

C'est sur le lieu sacré des trois sources que l'apôtre Paul a été mis à mort. Depuis, des guérisons miraculeuses ont lieu spontanément à cet endroit. La Vierge y serait apparue en 1950.

Les prophéties de Fatima se réalisèrent de façon dramatique lorsque le Turc Ali Agça tira sur le pape Jean-Paul II le 13 mai 1981, au beau milieu de la place Saint-Pierre.

Après la légendaire apparition de l'archange Michel pendant une procession en pleine épidémie de peste, le pape Grégoire Ier le Grand rebaptisa le mausolée (135-139) de l'empereur Hadrien château Saint-Ange. Une statue de l'archange sur le toit ainsi qu'une chapelle rappellent cette apparition.

Les Dolomites – terre des Manchots

Comme dans le reste des Alpes, les récits merveilleux ne manquent pas dans les Dolomites, ces Alpes calcaires italiennes. Autrefois, des êtres féeriques s'y promenaient pas monts et par vaux. Les conteurs ne sont pas les seuls à s'intéresser aux rois fabuleux et aux Manchots mystérieux, qui passionnent aussi la science.

Dans la vallée italienne de Val Camonica, quelque trois cent mille pétroglyphes racontent la vie quotidienne des hommes aux âges de bronze et de fer. Pendant des siècles, les premiers habitants des lieux gravèrent des motifs illustrant la chasse, la vie communautaire et des rituels païens dans la roche dure et lisse de leurs montagnes. Ces images antédiluviennes ont-elles des révélations à nous faire au sujet de ce roi mythique qui régnait au sommet des Dolomites sur Fànis, le puissant royaume de la légende ? Ou sur ses étranges alliés, le « peuple des Manchots » ?

Le squelette du mulet

Dans cette région des Dolomites, on se transmet encore l'histoire d'une très sinistre figure, le *spina de mùl*, un cadavre de mulet qui aurait sévi, dans la nuit des temps, non loin de Cortina d'Ampezzo. Derrière le spectre se cachait le sorcier Spina qui, selon la légende, affectionnait de se promener sous la forme d'un mulet à moitié décomposé. Il détenait Rayèta, la pierre rayonnante miraculeuse, qui entra ensuite mystérieusement en la possession du roi de Fànis.

Des remblais à 2600 mètres d'altitude

Si le *spina de mùl* représentait pour l'ethnologue Karl Felix Wolff une pure création de l'imagination humaine, il croyait volontiers, en revanche, que la légende du roi de Fànis possédait un fond de vérité historique vérifiable. En 1953, bien longtemps après, l'archéologue et ingénieur de Bolzano Georg Innerebner retrouva les restes d'un remblai préhistorique dans les déserts de pierres des Fànis (Alpes), à 2600 mètres d'altitude. Des fouilles superficielles permirent de mettre au jour une étable, les cendres de foyers éteints depuis fort longtemps et les débris de récipients en argile. Les éléments retrouvés paraissent appartenir à l'âge de bronze tardif, entre 1000 et 800 av. J.-C.

Des références abondantes

Avant l'occupation romaine, quelque deux cents tribus vivaient dans les Dolomites. Leur existence est attestée à la fois par plusieurs milliers de pétroglyphes et par des centaines de légendes transmises oralement. Ces nombreuses références nomment quelques-uns des peuples soumis par le roi de Fànis, comme les Cayùtes ou les Pelleghetes, qui finirent par s'unir contre leur oppresseur.

Les Fanes (la région de leur tribu s'appelle Fànis) avaient, eux aussi, de puissants alliés dans le peuple des Manchots qui leur serait venu en aide par la voie des airs. Les légendes ne dévoilent pas leur origine, elles racontent seulement qu'ils fendirent les airs, vêtus comme des aigles et armés d'épées. Parmi les nombreuses représentations préhistoriques du Val Camonica, la vallée de la rivière Oglio, figurent aussi d'étranges personnages ailés. Peut-être s'agit-il d'êtres divins ou plus simplement d'êtres humains dont le niveau de conscience exceptionnel est représenté de la sorte.

Symbole et signes

Pour le professeur Emmanuel Anati, archéologue italien qui étudia la région de 1961 à 1975, les quelque trois cent mille représentations de l'époque préhistorique sont la « collection de pétroglyphes la plus riche et la plus importante d'Europe ». À côté des dessins d'animaux, d'êtres humains et d'habitations lacustres, figurent des symboles et des signes d'une écriture primitive non encore élucidés à ce jour.

Des corps sans jambes

Les scènes de guerre tracées sur de grands plateaux rocheux, montrant des cavaliers, des fantassins stylisés et des hommes mortellement blessés, représentés par des corps sans jambes, entretiennent la confusion parmi les spécialistes de la préhistoire. Le plus étonnant est que les vainqueurs sont représentés comme des manchots. Ces manchots capables de s'élever dans les airs comme des oiseaux auraient-il donc réellement existé ? Les peuples primitifs ont développé des rituels religieux d'automutilation comme l'amputation d'une jambe, d'un bras ou d'un sein (Amazones). Quoi qu'il en soit, les légendes faisant intervenir des hommes volants se sont transmises et maintenues dans toutes les Alpes.

Chariots volants en Chine

En 1943, le professeur Fuchs, médecin allemand, rapporta de Chine des copies de livres anciens évoquant l'existence de chariots aériens dans l'empire du Milieu. Ces chariots étaient utilisés il y a 3700 ans environ par les Tchi-kung, le « peuple des Manchots ». Le *Po-wu-tschi*, un ouvrage rédigé au IIIe siècle de notre ère, confirme qu'il y a plus de 2000 ans, le peuple Tchi-kung était capable de parcourir de grandes distances dans des chariots volants lorsque les vents étaient favorables.

Ces représentants chinois des manchots parvinrent, dans leurs étranges véhicules, à la « réunion des dix-huit cents peuples » (non attestée historiquement), portés par le vent d'ouest. D'après les récits anciens, leur propre pays se trouvait à « 40000 li » vers l'ouest. Pour les Chinois, ce chiffre représentait une distance incroyable, dépassant de loin les limites de l'empire du Milieu, et contenant peut-être même la moitié du globe terrestre. On ignore toutefois si les « Manchots volants » des anciens récits chinois et les hommes ailés des légendes alpines sont les mêmes personnages.

La sœur du sorcier

Plusieurs légendes chinoises évoquent le peuple Tchi-kung. « Ils réfléchirent à la question du vent et inventèrent un chariot volant qui les emmena, s'élevant ou redescendant au gré du parcours, jusqu'à la cour de l'empereur T'ang », rapporte le poète Kuo-Po (270-324).

Il est dit, dans l'ouvrage intitulé *Ku-yu-t'u* paru en 1341 : « Il y a bien longtemps, pendant le règne de l'empereur Tcheng (1115-1077 av. J.-C.), le pays des Manchots envoya des ambassadeurs chargés de cadeaux, qui voyageaient dans un chariot de plumes porté par le vent. »

Coïncidence troublante : le peuple chinois Tchi-kung et la sœur magicienne du sorcier des Dolomites Spina, qui fit enlever la pierre rayonnante par les airs, portaient tous deux le nom de Tsikúta.

Les pétroglyphes de Val Camonica sont parmi les plus célèbres du monde. On y reconnaît clairement des scènes de la vie quotidienne des hommes aux âges de bronze et de fer.

Glastonbury – lieu mythique de l'Angleterre

La colline de Glastonbury et sa tour se dressent au milieu des plaines du Somerset. Cette tour n'est pas seulement l'emblème du comté, elle est également, depuis des temps immémoriaux, un endroit où se cristallisent de nombreux mythes et légendes.

Glastonbury, dans le comté de Somerset, au sud de l'Angleterre, est un lieu magique. La ruine la plus célèbre du royaume, la tour d'une ancienne église, se dresse, incongrue, dans le ciel, dernier témoignage de la splendeur d'une abbaye aujourd'hui disparue. Légendes païennes, contes celtiques et mythes chrétiens imprègnent encore la ville et les paysages alentour. Autrefois, Glastonbury se constituait d'un chapelet d'îlots, entourés de marais. Est-ce ici que les brumes d'Avalon enveloppaient le royaume d'Arthur ? L'endroit abritait-il l'au-delà des Celtes avant que les moines de l'abbaye ne drainent et n'assèchent les marécages au Moyen Âge ? Glastonbury est le centre mythique de l'Angleterre. Sur cette terre sacrée, les hommes de l'âge de pierre vénéraient une déesse cosmique, une mère à la fois nourricière et effroyable, symbole du principe féminin originel. Plus tard, les Celtes baptisèrent la colline de Glastonbury *Yns Avallach* — le jardin des pommes — ou encore, Avalon.

L'académie druidique

Dans les vestiges des habitations des anciens marécages, les archéologues ont découvert des esquifs qui permettaient aux habitants de rejoindre leurs maisons sur les terres entourées d'eau. Les Celtes qui considéraient Avalon comme leur au-delà, y construisirent une académie druidique où les élus étaient initiés aux mystères des druides. C'est également de là que venaient les personnages mythiques, les esprits de la nature ou les magiciens tels que Merlin et la fée Morgane, sœur du légendaire roi Arthur. Le royaume de Morgane coïncidait avec celui des Celtes pour qui les mythes comptaient plus que la réalité. Il n'est donc pas étonnant que les personnes aux capacités médiumniques rapportent, aujourd'hui encore, cette expérience de l'enchanteur Merlin qui tenta d'unir les survivants de l'Atlantide au nouveau peuple celtique. Il pensait que le courant de sagesse archaïque trouverait ainsi une nouvelle voie.

Joseph d'Arimathie

Joseph d'Arimathie est, paraît-il, venu de Jérusalem à Avalon après avoir descendu de la Croix le cadavre de Jésus de Nazareth et l'avoir enseveli dans son tombeau. Selon la légende, l'ancien membre du sanhédrin, conseil suprême du judaïsme, et disciple secret de Jésus, aurait planté son bâton de pèlerin dans la terre, à son arrivée dans le royaume insulaire noyé dans les brumes. Le bâton aurait pris racine pour donner naissance à un buisson d'épines, lequel aurait ensuite fleuri pendant des siècles, au moment de Noël, dans les ruines de l'abbaye. Dans son exil vers le nord, le saint homme d'Arimathie aurait également emporté avec lui la coupe dans laquelle Jésus aurait bu lors du dernier repas avec les apôtres, et qui lui aurait servi à recueillir le sang du Crucifié. Joseph aurait fini par enterrer la coupe au pied de la colline de Glastonbury (du celtique *Twr Avallach*, qui signifie « mont, terre »), haute de 210 mètres. C'est alors qu'aurait jailli la « source de sang », qui existe encore de nos jours. Par ailleurs, la source marquerait également l'endroit où il aurait débarqué à l'issue de son

La légende d'une tragédie

En dépit des conseils de son magicien Merlin, le roi Arthur épousa la blonde Guenièvre. Celle-ci s'éprit de l'ami du roi, le chevalier Lancelot, et trompa son mari. Plus tard, lorsque Lancelot s'approcha du Saint-Graal, il fut jeté à terre par un coup de vent. Arthur finit par se réconcilier avec sa femme, sauvée du bûcher par l'intervention de Lancelot. Après la mort du roi, les amants se revirent une dernière fois avant de se séparer à jamais et d'expier leur faute. Guenièvre se fit religieuse, tandis que Lancelot choisit de vivre en ermite.

D'après la légende, la belle Guenièvre fut ensevelie avec son époux, le roi Arthur. L'illustration ci-dessus est extraite du Golden Book of Famous Women *(début du XXe siècle) d'Eleanor Fortescue.*

L'étude des mythes du monde entier permit au journaliste Harry Price de reconnaître des constructions et des motifs similaires, communs à tous les hommes.

L'autre monde des Celtes

Après avoir traversé les brumes d'Avalon et la porte de Twr Avallach, les druides parvenaient dans l'autre monde, celui de la quatrième dimension matérielle-immatérielle à la fois germe et accomplissement du monde tridimensionnel. C'est là qu'ils étudièrent et découvrirent les lois physiques et métaphysiques qui régissent la vie en ce monde, de la naissance à la mort du corps, tout en l'intégrant dans le cycle infiniment plus vaste de l'apparition et de la disparition. Ils firent ainsi de ces événements humains majeurs de simples étapes dans un incessant processus de transformation. Telle était l'aventure des grands érudits : explorer cet autre monde et rapporter le fruit de leurs découvertes au commun des mortels.

Pour les Celtes, l'autre monde était le puits de l'âme, de l'esprit et de l'immortalité où les défunts se régénèrent avant de renaître. Pour le journaliste Harry Price (1881-1948) d'Oxford, fondateur du National Laboratory of Psychical Research à Londres, les concepts celtiques étaient des « images de l'esprit et de l'âme, une sorte de monde rêvé reflétant les souvenirs et les désirs de ceux qui l'expérimentaient ». Un tel monde d'images n'est pas nécessairement purement subjectif. « Nous pouvons tous construire des mondes d'images collectifs qui atteignent notre conscience et se mettent donc à exister réellement », affirmait Price.

La Mort de Joseph d'Arimathie, *gravure sur bois d'après une miniature d'une* Histoire du Graal *datant du XV*[e] *siècle.*

voyage depuis la Judée. L'histoire de la colline de Glastonbury ressemblait étrangement à une légende sur la Transfiguration de Jésus sur le mont Tabor, dans la patrie du saint voyageur.

Le symbole du serpent terrestre

Pour les Celtes, Glastonbury représentait le portail vers l'au-delà. La route de pèlerinage qui s'enroule autour de la colline permet aujourd'hui encore de rejoindre la tour en ruine qui se dresse au sommet. Elle fut construite il y a quelque 2 500 ans, lorsque les Celtes arrivèrent en Bretagne. Ce chemin en spirale, qui symbolise le serpent terrestre, est doté d'une force et d'une harmonie singulières, ressenties par les personnes sensibles et susceptibles de provoquer des états de transe. Celui qui sait harmoniser les mouvements de la terre (*Twr*) et la conscience cosmique du chemin en spirale, trouvera la clé de la porte vers l'autre monde. Différents sourciers ont constaté les effets de forces telluriques extraordinaires, lors de leurs recherches de géomancie. D'après les légendes les plus anciennes, la colline de Glastonbury ne se dresse pas seulement sur la principale ligne de force d'Angleterre (de même que le mont Saint Michael en Cornouailles, Stonehenge et Avebury), elle se trouve également sur une ligne de force en forme de huit couché (lemniscate), symbole de l'infini, qui s'étire autour de la planète entière

Jésus est-il venu en Angleterre ?

Enfin, Joseph d'Arimathie aurait également posé les fondements de la première église chrétienne : *vetusta ecclesia*, la plus vieille des églises du royaume insulaire, dont parlent les légendes. Aujourd'hui encore, de nombreux habitants de la région sont persuadés que Joseph s'est autrefois rendu dans la brumeuse Glastonbury comme marchand d'étain, en compagnie de son neveu adolescent, Jésus, afin d'entendre l'enseignement de la sagesse celtique dispensé par les érudits de l'académie druidique.

Le tombeau du roi Arthur

Une autre légende raconte que le roi Arthur et ses chevaliers de la Table ronde (non attestés historiquement) se seraient réunis à Glastonbury autour du Graal. Une petite église fut construite par les premiers chrétiens à cet endroit le plus sacré du royaume. Elle fut remplacée, au fil des siècles, par une abbaye bénédictine détruite en 1184 dans un incendie. En 1191, les moines désormais privés de toit se mirent à la recherche du tombeau d'Arthur, sur la demande de Henri II Plantagenêt. Cette mesure était destinée à réduire au silence les Gallois insurgés, regroupés autour de la croyance que le roi Arthur n'était pas mort et qu'il reviendrait à Avalon pour délivrer le pays de Galles.

Cette menace aidant, on retrouva rapidement les squelettes d'un homme de très grande taille et d'une femme aux cheveux indéniablement blonds. Le tombeau du roi Arthur et de son épouse aurait, paraît-il, été facilement identifiable grâce à une croix en plomb portant l'inscription suivante : *Hic iacet sepultus inclitus rex arturius in insula avalonia*, c'est-à-dire : « Sur cette île d'Avalon est enterré le célèbre roi Arthur ». La sépulture de Joseph d'Arimathie fut elle aussi redécouverte à cette occasion. Les deux tombeaux devinrent rapidement des hauts lieux de pèlerinage et fournirent bientôt aux moines le financement nécessaire à la reconstruction de l'abbaye.

L'imposant édifice qui résista pourtant aux invasions des Danois et des Saxons, devait rester impuissant devant le règne de Henri VIII, le chef suprême autoproclamé de l'Église anglicane. En 1538, le roi fit dissoudre tous les biens de l'Église catholique dans le pays et laissa ses soldats piller le monastère de Glastonbury. Le dernier abbé fut pendu en place publique et les livres de l'impressionnante bibliothèque servirent à boucher les nids-de-poule sur les routes. Les bâtiments délaissés servirent ensuite de carrière aux paysans de la région pour la construction de leurs maisons. Aujourd'hui, un simple panneau dans le parc de l'abbaye indique la tombe du roi Arthur, à l'endroit où se dressait autrefois le maître-autel.

Au cœur de la région historique du Somerset se dressent les ruines de l'abbaye de Glastonbury, siège présumé de l'ancien tombeau du roi Arthur, qui attirent des milliers de touristes. L'écriteau au premier plan indique l'emplacement de la sépulture du roi légendaire.

Style normand de transition, ou romano-gothique, tel est le nom donné au style architectural de la plus ancienne cathédrale de Grande-Bretagne. Trapue, construite selon des critères assez éloignés de l'équilibre parfait, la cathédrale Saint-David en pays de Galles défie néanmoins le passage du temps depuis plus de 800 ans.

Les cathédrales d'Angleterre

La presque totalité des cathédrales et des monastères britanniques a été érigée sur des « terres sacrées » déjà connues et utilisées comme lieux de culte par les premiers habitants de l'île. Ces vieilles églises, aujourd'hui pour la plupart en ruine, sont désormais entourées de parcs retournés à l'état sauvage. Parmi les rares édifices épargnés par le passage du temps, se trouvent les cathédrales de Salisbury (Wiltshire), XIIIe siècle, et de Saint David's (pays de Galles) dont la construction a débuté vers 1180.

Durant son règne, le roi Henri VIII (1491-1547) ordonna la destruction et la dispersion des biens de l'Église, ainsi que la persécution des prêtres et des moines. Il s'était en effet dressé contre Léon X (1475-1521), le célèbre pape de la Renaissance qui avait banni le réformateur Martin Luther. Pour échapper ensuite à la juridiction papale, le roi fonda sa propre Église, l'Église d'Angleterre, et se nomma à sa tête.

Une maison de Dieu légendaire

La plaine qui s'étend autour de Sarum, ville autrefois prospère des bords de l'Avon et désormais intégrée à l'actuelle Salisbury, est l'une des régions historiques les plus riches de Grande-Bretagne. Les premiers habitants s'y regroupèrent il y a plus de 7 500 ans. Aucun autre endroit des îles britanniques ne fut conçu aussi méthodiquement que New Sarum qui, au XIIIe siècle, remplaça Old Sarum située à quelque 3 kilomètres plus au nord. Au cœur des deux cités se trouvait une maison de Dieu. La première cathédrale se dressait à un emplacement humide et froid qui accueillait aussi, selon les écrits anciens des moines, les esprits des habitants défunts.

D'après la légende, la recherche d'un endroit propice pour la construction d'une nouvelle cathédrale fut confiée à un archer de Old Sarum qui décocha une flèche vers le ciel. Le nouveau cœur chrétien de Sarum allait battre à l'endroit précis où la flèche se planterait dans le sol. Le flèche atteignit un cerf qui se traîna jusqu'à un terrain appartenant à l'église avant de tomber mort. Les habitants de Old Sarum écoutèrent leur évêque et, entre 1220 et 1258, sans aucune interruption, ils bâtirent la cathédrale Sainte-Marie à l'endroit précis où le cerf avait rendu l'âme. Le style gothique primitif de cette cathédrale est l'un des plus purs qui soient. New Sarum se développa ensuite autour de cette cathédrale conçue sur la planche à dessin. L'érection de l'édifice avec sa tour de 123 mètres de haut fut fort coûteuse et ne put être menée à bien que grâce au financement des florissantes manufactures de textiles de Salisbury.

Le mystère de trésors anciens

La « cathédrale d'un seul jet » ainsi qu'était surnommée Sainte-Marie en raison de sa construction ininterrompue, présente un double transept et une abside rectangulaire dotée d'une chapelle mariale. La bibliothèque, construite en 1756, abrite un livre de messe anglo-saxon, ainsi que l'une des quatre copies de la Grande Charte, le texte de la Constitution anglaise.

L'ancienne cathédrale de Old Sarum fut démantelée au fil des siècles. Ses pierres servirent à la construction de la nouvelle église ainsi qu'au renforcement d'un château fort normand, également situé à Old Sarum, qui tomba définitivement en ruine au XVe siècle. Les fondations de l'église existent encore de nos jours.

Saint-David et Sainte-Marie, lieux d'énergie chrétien

Par comparaison, l'histoire de la fondation de la cathédrale Saint-David, dans la petite ville de Saint David's, connue comme la « ville sacrée des Gallois » depuis le début du Moyen Âge, paraît moins romanesque. C'est ici, au VIe siècle, que vécut et mourut saint David, saint national qui aurait christianisé les habitants de la Galles du Sud.

La construction de la cathédrale, encore entourée çà et là de menhirs plus anciens,

Henri VIII : roi, époux et père de l'Église

Sur son lit de mort, Henri VIII signait encore des condamnations à mort et des décrets de bannissement. Sa folie réformatrice le poussa à ordonner le pillage des églises, la profanation des reliques, la confiscation des biens de l'Église et l'assassinat de prêtres et de moines. Pourtant, à ses débuts, le fils de Henri VII, premier roi de la dynastie des Tudor, était un catholique pratiquant. Il avait même rédigé un écrit savant dans lequel il défendait les sacrements contre le réformateur Martin Luther. Ce n'est que lorsque le pape Clément VII lui refusa l'annulation de son mariage avec Catherine d'Aragon, son épouse détestée, qu'il provoqua le schisme avec Rome et s'autoproclama chef de l'Église d'Angleterre réformée par ses soins. En 1533, le monarque épousa Anne Boleyn qu'il finit toutefois par livrer au bourreau par jalousie. Peu de temps après, il convola une troisième fois avec Jeanne Seymour qui perdit la vie en donnant naissance à son fils. L'épouse suivante fut Anne de Clèves dont il ne tarda pas à se séparer. Sa nouvelle reine fut Catherine Howard. Après la décapitation de cette dernière, Henri VIII finit sa vie avec sa sixième épouse, Catherine Parr.

Avec Henri VIII, la Grande-Bretagne connut d'importants bouleversements religieux. Sous son règne, le pays, ancienne citadelle du catholicisme, devint le siège de l'Église réformée d'Angleterre.

La Grande Charte, Constitution de l'Angleterre

En 1215, les barons anglais extorquèrent à leur roi Jean sans Terre (1166-1216) une reconnaissance écrite des libertés traditionnelles, la Grande Charte. Le monarque qui ne savait ni lire, ni écrire, fit rédiger le texte en langage juridique par un moine de Salisbury, et y apposa son sceau. Quatre copies ont été effectuées à partir de cet original. L'une d'elles a été rapportée à Salisbury par le moine copiste. Elle est aujourd'hui encore exposée dans la salle du chapitre.
William Longspee, comte de Salisbury, qui fut également l'un des témoins de la rédaction de la première Constitution anglaise, posa la première pierre de la cathédrale de Salisbury dans laquelle il se fit plus tard enterrer.

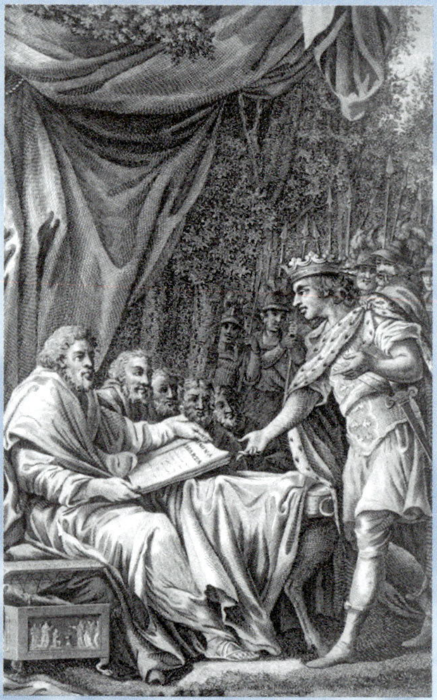

Afin d'éviter une rébellion de ses vassaux, le roi Jean, sous la pression de plusieurs barons, signa la Grande Charte, reconnaissance écrite des libertés traditionnelles anglaises, le 15 juin 1215 sur l'île de Runnymede sur la Tamise.

L'imposante cathédrale de Salisbury se dresse dans le comté de Wiltshire, dans le sud de l'Angleterre. Elle fut construite au XIIIe siècle sous le signe élancé du gothique. Afin de se rapprocher de Dieu, le clocher de l'édifice atteint 123 mètres, ce qui fait de lui le plus élevé de tout le pays.

débuta vers 1180 sur ordre de l'évêque normand Pierre de Leia qui souhaitait y voir reposer saint David.
Pour de nombreuses personnes, les cathédrales Sainte-Marie et Saint-David sont des « lieux d'énergie », appréciation confirmée par les sourciers. Il a été possible de mettre en évidence la présence de cours d'eau souterrains sous les fondations des deux églises, plus particulièrement dans la zone des autels et des chaires.

Le rayonnement surnaturel des deux cathédrales vient de leur construction en harmonie avec les lignes de *ley*, ces lignes de force invisibles qui sillonnent la terre et relient d'autres lieux mythiques tels que Stonehenge, ainsi que de leur situation topographique particulière auprès de rivières ou de collines.

Îlots sacrés

L'énergie émanant des cercles de pierres des environs serait particulièrement sensible au lever et au coucher du soleil, moments où les portes de l'autre monde s'ouvrent à nous. Toutefois, la visite des cathédrales est recommandée lorsque le soleil au zénith illumine les vitraux colorés et confère à la nef une aura sacrée.

« En un tel lieu, nous ressentons toujours quelque chose, écrit le naturaliste allemand Klausbernd Vollmar (né en 1946), car une atmosphère s'y est créée au fil du temps qui se reporte sur les visiteurs. » Pour Vollmar, les cathédrales, les monastères, les ruines sacrées, mais aussi les cercles de pierres ou les temples mégalithiques, sont des « îlots sacrés » et il conseille de se recueillir quelques instants avant d'y pénétrer, afin de « s'ouvrir à leur rayonnement méditatif ».

Les mystères de Norwich

Une tradition très ancienne veut que Noël soit célébré dans la cathédrale de Norwich (Norfolk) sous la forme d'un mystère, drame religieux issu du Moyen Âge. À minuit, deux moines, l'un vêtu de blanc, l'autre de noir, allument les premières bougies dans la nef sombre. À la fin du sermon, l'évêque lève au-dessus de sa tête un disque d'or qui réfléchit un rayon de lumière jusqu'au cœur de l'église : c'est la renaissance de la lumière.

Les origines de cette tradition remontent sans aucun doute à une époque préhistorique au cours de laquelle un peuple inconnu érigea les cercles de pierres et les tumulus destinés à accueillir des rites similaires à chaque solstice.

Vu des airs, Old Sarum, le vieux Salisbury, est parfaitement reconnaissable. Le rempart extérieur de cette ancienne agglomération saxonne, plus tard normande, offre une vue imprenable sur les fondations de l'ancienne cathédrale.

L'Irlande, un pays, un mythe

Au nord de l'Irlande, dans le comté de Donegal, de douces collines côtoient des falaises déchiquetées. Les nombreux mythes mettant en scène personnages et événements mystérieux contribuent à la fascination que ce pays exerce sur ses visiteurs.

L'Irlande avec ses ruines de châteaux enchantés, ses cercles de pierres rongés par le temps, ses tourbières embrumées et ses falaises déchiquetées est un mythe à elle seule, dont la force d'attraction magique ne laisse aucun visiteur indifférent. Des centaines d'artefacts telles les énigmatiques statues de pierre qui se dressent sur les îles du lac (*lough*) Erne, figurent sur la liste des monuments nationaux. Des écrits grecs et romains nous renseignent sur ces colosses celtes, qui ne connaissaient pas l'alphabet et qui, partis du Nord, parvinrent en Irlande vers 400 av. J.-C. après avoir colonisé la majeure partie de l'Europe occidentale. Les Celtes construisaient des remparts et des forts, s'adonnaient à l'élevage du bétail et enterraient leurs morts sous des tumulus.

Les Celtes au quotidien

Dans leurs châteaux, comme celui de Staigue Fort, une fortification circulaire au sud du Kerry, les chefs celtes régnaient tels des rois. Leurs peuples étaient réduits puisque un demi-million de personnes seulement vivaient là à cette époque, réparties en quelque cent cinquante tribus. En outre, seuls cinq pour cent des terres de l'île étaient cultivés. Des affrontements sanglants opposaient fréquemment ces tribus pour la possession de troupeaux ou de pâturages dont la taille déterminait toujours le statut social du clan. Pour un Celte, c'était un honneur de trouver la mort sur le champ de bataille, honneur qui rejaillissait sur sa famille survivante. D'après les croyances religieuses, cela assurait également au défunt une vie heureuse dans l'autre monde.

La vie reposait totalement sur l'agriculture et l'élevage, et une seule mauvaise récolte ou une épidémie animale pouvait entraîner la disparition d'une communauté tout entière. D'après leurs légendes, consignées par des moines aux VIIe et VIIIe siècles, les Celtes développèrent une forte affection pour le peuple originel de l'île, Tuatha De Danann, qu'ils avaient écrasé. Leurs actes héroïques furent sans doute admirés et chantés parce que le pouvoir et la force des vaincus contribuent à augmenter l'honneur des vainqueurs.

Un peuple de géants

Les légendes celtiques présentent les Tuatha comme un peuple de géants. Néanmoins, perdant peu à peu leur importance, leur taille se réduisit jusqu'à ce qu'ils se transforment en lutins et se réfugient sous terre. Devenus des Sidhes, ils peuplèrent dès lors les lieux mystiques du pays comme l'anneau de Kerry, une route circulaire qui chemine à travers un paysage mystérieux, ou le cercle de pierres de Beaghmore découvert en 1940 dans le comté de Tyrone. Il s'agit d'une surface de 20 000 mètres carrés abritant à la fois des cercles doubles et des lignes parallèles, des tumulus arrondis et des alignements recouverts de gravier. Vus du ciel, les motifs de pierre ressemblent à des anges. À l'origine, ils furent sans doute réalisés selon des plans précis car ils sont tous orientés vers le sud.

La musique des Sidhes

Les bâtisseurs mystérieux de ce complexe ont-ils cherché à représenter ici les solstices, les phases lunaires, les conjonctions des planètes ou des chutes de météorites ? L'endroit servait-il autrefois à accueillir des processions, des orgies et des danses autour du feu ? Nul ne le sait réellement. Les archéologues n'ont qu'une seule certitude : les cercles de pierres de Beaghmore datent du milieu de l'âge de pierre et furent érigés sur les vestiges d'un site encore plus ancien ayant vu le jour aux débuts de l'âge de pierre, lorsque les êtres humains vivaient encore de la chasse et de la cueillette. Si l'on en croit les habitants actuels, Beaghmore est encore aujourd'hui le siège d'événements extraordinaires.

Ainsi, lors des courtes nuits d'été, une musique d'une beauté irréelle, le chant des Sidhes, s'élève des cercles de pierres. La plainte sauvage se fait entendre lorsque le dernier rayon de lumière disparaît vers minuit. On murmure que c'est l'heure où les humains ont un accès sans réserve au royaume de l'invisible.

Mystérieuses statues de pierre

Les petites îles du Lough Erne, au nord de l'Irlande, dans le comté de Fermanagh, abritent de nombreux endroits magiques à la beauté tranquille. White Island, par exemple, est connue pour ses étranges sculptures de pierre des VIIIe et IXe siècles, dressées non loin d'une église romane. Leur origine et leur signification sont inconnues. Les archéologues y voient les représentations païennes de prêtres, de guerriers et d'animaux sacrificiels.

Dans le petit cimetière circulaire de Caldragh sur Boa Island, deux statues de Janus montent la garde, l'une grande et puissante, l'autre petite et vulnérable, qui touchent étrangement les visiteurs.

« Il est impossible d'échapper à ce bloc d'énergie taillé dans la pierre, constate l'ethnologue Matthias Weingold. On est frappé par la crainte, l'étonnement et le respect devant des puissances qui dépassent notre entendement. »

Les sentinelles du cimetière de Caldragh sur Boa Island, dans le Lough Erne, ont le visage en forme de cœur et des yeux de chat qui suggèrent une origine extraterrestre. Nul ne sait de quel peuple ils sont le reflet. Le modèle extraterrestre est souvent mis en avant en raison de leur fascinant pouvoir d'attraction.

L'énigme des talayots

Les carrés de pierre cyclopéens des talayots de Son Fornés forment une colonne centrale cernée autrefois d'un passage étroit.

Lorsque les touristes en villégiature à Majorque filent sur la route de l'aéroport de Palma, la plupart ignorent qu'ils passent à côté de l'un des lieux sacrés les plus importants de la culture talayotique. Tout à côté de la bretelle d'accès à l'autoroute se trouvent les vestiges de la tour funéraire de Son Oms, ainsi qu'un sanctuaire de forme rectangulaire. Ses ruines faisaient partie d'un vaste temple qui n'existe plus aujourd'hui que dans les manuels d'archéologie, car il fut sacrifié pour la construction d'une piste de l'aéroport.

Monuments disparus

À l'origine, le site se composait de deux murs d'enceinte circulaires, d'une construction en pierre et d'une chambre funéraire centrale. Un couloir mène sur le toit en terrasse où se trouvait le lieu de culte. On suppose qu'il servait à observer les étoiles, activité fort importante pour tous les peuples mégalithiques. Son Oms fut fondé au milieu du IIe millénaire av. J.-C. et fait donc partie des sites mégalithiques les plus anciens du monde. L'imposant édifice, fait de pierres monumentales, accueillait visiblement des rites initiatiques.

La culture talayotique

Le terme *talayot* vient de l'arabe *atalayi* («monter la garde»), et désigne des tours rondes ou rectangulaires construites avec des blocs de pierre de grande taille. Les talayots, isolés ou en groupe, se dressent sur des hauteurs, à l'intérieur de murs d'enceinte. Les *son* sont dispersés à travers toute l'île. Ce terme signifie «terrain». Il précède les noms de lieux qui indiquent sur quels terrains se trouvent les talayots. Les sites sont de dimensions très différentes, allant de talayots isolés de quelques mètres de diamètre jusqu'à des groupes architecturaux couvrant tout un village.

Leur raison d'être n'a pas été élucidée à ce jour. La culture talayotique a fleuri de 1300 jusqu'au Ier siècle av. J.-C. On suppose que les talayots ronds étaient l'interprétation en pierre des huttes rondes de l'âge de pierre. Il ne fait aucun doute, cependant, que les talayots ronds servaient à des rituels religieux.

Les talayots rectangulaires, plus tardifs, servaient sans doute à se défendre plutôt qu'à enterrer les morts.

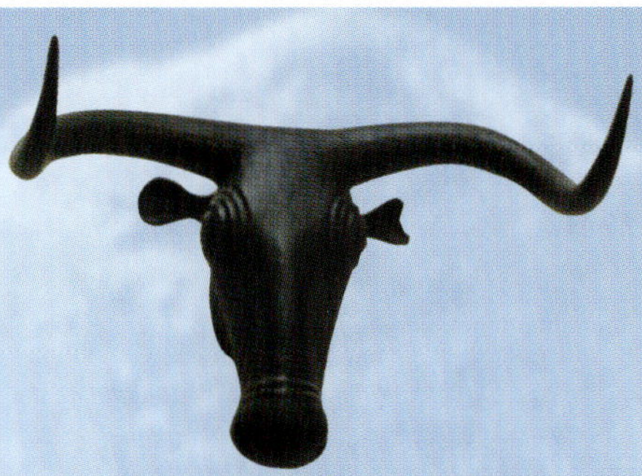

Les têtes de taureau en bronze étaient vraisemblablement des objets de culte de l'ancien temple de Costix.

Les têtes de taureau de Costix

Non loin de Costix, les archéologues ont fait la découverte la plus importante de Majorque : trois têtes de taureau en bronze d'une élégance et d'une perfection remarquables, datant des VIe-Ve siècles av. J.-C. Elles témoignent des relations qui unissaient les cultures talayotique et asiatique. Les figurines affichent une ressemblance frappante avec les têtes de taureau retrouvées à Suse (Perse), mais également avec les Lions de Délos datant de la Grèce antique.

Seules deux rangées de colonnes subsistent près de Costix, sur l'un des sites de talayots les plus importants de l'île.

Le verdict ducal

Avec son linteau cyclopéen, le portail oriental de Ses Païsses, près d'Artá, compte parmi les plus beaux spécimens de l'architecture mégalithique. L'archiduc autrichien Ludwig Salvator (1847-1915), à qui ses études géographiques ont valu une notoriété certaine, décrit ses impressions dans son œuvre monumentale en sept tomes, intitulée *Les Baléares en paroles et en images* (Leipzig, 1869-1884) : « Les talayots les mieux conservés se trouvent à Ses Païsses dels Olors del Señor Pedro Font, dans la partie sud, non loin d'Artá, au beau milieu d'une forêt de chênes. De grandes pierres sont disposées en un cercle dont l'entrée est formée de trois blocs majestueux. »

La célèbre entrée du mur d'enceinte du site talayotique de Ses Païsses.

Le sanctuaire de Son Mas

Le temple de Son Mas est un monument particulièrement spectaculaire et caractéristique. Il est construit en forme de fer à cheval avec une façade concave. La structure de l'édifice est unique dans toutes les Baléares et ne peut se comparer aux talayots ronds. À l'intérieur se trouvent les vestiges des colonnes qui supportaient autrefois le toit.

Il s'agit sans aucun doute d'un sanctuaire très important qui accueillait probablement des repas rituels. Le temple et le grand village attenant ont été habités pendant deux millénaires, de 2100 av. J.-C. à 200 apr. J.-C.

Il s'agit donc de la plus grande communauté européenne de ce type à avoir existé aussi longtemps sans rencontrer de problèmes. Au cours des siècles, elle a dû recevoir la visite d'un nombre incalculable de peuples issus de cultures différentes. Ces derniers se sont sans doute posé maintes questions au sujet des systèmes spirituels énigmatiques de la culture talayotique.

Énigmes archéologiques

Le talayot rond de Son Fornés est l'un des plus grands de l'île avec un diamètre extérieur de 17 mètres. Une porte basse, formée de trois blocs monolithiques pesant jusqu'à dix tonnes, permet de pénétrer à l'intérieur. On découvre alors des murs courbes ainsi qu'une petite chambre accessible par une ouverture étroite taillée dans le mur. Les archéologues s'interrogent toujours sur l'usage de ces deux structures.

Le centre du monde

La massive colonne centrale ne pouvait pas servir uniquement à supporter le toit. Il existe d'autres constructions talayotiques

de plus grande envergure et ne comportant aucune colonne de soutien. Les dimensions des colonnes centrales sont parfois si monumentales que l'espace qui les entoure se réduit à une étroite galerie.

De toute évidence, la colonne centrale des talayots ronds symbolise l'axe mythique du monde tel que nous le rencontrons dans les constructions similaires de cultures anciennes, ainsi que dans les yourtes sibériennes. Elle représente le centre du cosmos qui relie le ciel, la terre et le monde d'en dessous. Sa structure même indique que des motivations à la fois mythiques et religieuses ont présidé à la construction de ces édifices.

Rites initiatiques

Ces constructions qui se trouvaient symboliquement au centre du monde abritaient probablement des rites initiatiques. Les petites chambres attenantes à de nombreux talayots et accessibles uniquement par un étroit passage, pourraient rappeler les rites initiatiques d'une période plus reculée, lorsque les initiations se faisaient encore dans des grottes. Le non-initié était mené jusque dans « l'utérus de la Terre mère » par un étroit passage pour ensuite renaître à un nouveau statut.

Des bateaux de pierre

Les habitations prétalayotiques en forme de coque de bateau renversée sont tout à fait singulières. Ces *navetas* (constructions en forme de bateau) servaient parfois de sépultures communes comme à Son Real dans le nord de l'île. Il s'agit là probablement d'un cimetière phénicien. Des structures très similaires à celles de Majorque, les *nuraghe*, ont été retrouvées en Sardaigne. Et beaucoup plus au nord, en Scandinavie, les morts effectuaient eux aussi leur voyage vers l'au-delà dans des vaisseaux de pierre.

Dans le cimetière probablement phénicien de Son Real, les tombes étaient rondes, carrées ou en forme de coque de bateau.

Nemrut Dag, trône céleste

Statues divines sur les trois terrasses du Nemrut Dag, à 2 150 mètres d'altitude. Antioche se profile à l'horizon, sur la gauche de l'image. Le site, l'un des plus fascinants vestiges de l'histoire humaine, a été inscrit au patrimoine culturel mondial de l'UNESCO en 1987.

En Asie Mineure, les « monts sacrés » » étaient autrefois nombreux. L'un d'eux, le Nemrut Dag (prononcer Da-i), un géant de 2 150 mètres d'altitude, se dresse dans la chaîne de l'Anti-Taurus en Anatolie, cette presqu'île turque si riche d'événements historiques. À son sommet, les statues de dieux et de rois gréco-perses sont les témoins muets d'un royaume antique et d'une incroyable malédiction, ainsi que les gardiennes d'un secret mystérieux enfoui à l'intérieur de la montagne conique, si l'on en croit les inscriptions grecques dont elles sont ornées.

Le tombeau royal caché

Le royaume de Commagène aurait depuis longtemps sombré dans l'oubli si son roi, Antiochos Ier (milieu du Ier siècle av. J.-C., 34 apr. J.-C.), n'avait pas fait transformer le sommet entier du Nemrut Dag en un gigantesque tombeau de pierre destiné à accueillir sa dépouille après sa mort.

Le roi fit graver l'inscription suivante sur de lourdes plaques de calcaire : « J'ai fait bâtir le temple funéraire à cet endroit sacré afin que ma dépouille mortelle y repose à jamais auprès du trône céleste que se partagent tous les dieux. » Auparavant, il fit tailler trois imposantes terrasses sur lesquelles il fit dresser de colossales statues de pierre lourdes de plusieurs tonnes. À l'arrière des statues, il fit recouvrir le sommet de la montagne par une pyramide de galets de 50 mètres de haut.

Son repos éternel, pensait-il, serait ainsi à l'abri des pilleurs de tombe. Son plan a d'ailleurs fonctionné à merveille. Qu'il s'agisse de pilleurs ou d'archéologues, tous ceux qui ont tenté de pénétrer le secret de la pyramide en ont été empêchés par l'éboulement incessant de ses pierres.

La colère des dieux

Par ailleurs, le monarque légua aux générations suivantes un « message immortel » qu'il confia au Nemrut Dag. Il intitula ce message la « Loi immuable du temps ».

Enfin, il formula une malédiction à l'intention de tous ceux qui chercheraient à retrouver son tombeau et à en percer le secret. « Pour tous [...] c'est une affaire sacrée que de le garder inviolé, sachant que la vengeance implacable des ancêtres divins s'abattra sur tous ceux qui commettront des actes d'impiété [...]. Celui qui chercherait à lever ou à violer l'autorité sacrée de cette disposition, celui-là et toute son engeance provoqueraient la colère des dieux qui ne s'éteindrait qu'une fois la vengeance accomplie. » Si le site n'a pas encore révélé ses secrets, cela n'est plus désormais qu'une question de temps : celui qu'il faudra aux archéologues pour retrouver le tombeau et y pénétrer. On saura alors si la malédiction d'Antiochos, vieille de deux mille ans, a réussi à garder son pouvoir jusqu'au IIIe millénaire.

Détectives archéologiques

L'ingénieur allemand Karl Sester découvrit le site funéraire du Nemrut Dag en 1880. Il y revint en 1882, accompagné par l'archéologue berlinois Carl Humann (1839-1896), et dressa un premier inventaire. Il fallut toutefois attendre 1951 pour que les premières fouilles de grande envergure soient entreprises par un archéologue allemand, le Dr Friedrich Karl Dörner et sa collègue américaine, Theresa Goell.

Depuis 1989, les géophysiciens Tom Utrech et Volker Hagen de l'Institut de géophysique de Kiel, en Allemagne, tentent d'élucider le mystère de la pyramide à l'aide de mesures sismographiques et de faisceaux radar. Ils ont ainsi décelé des anomalies en forme de cavités qui se succèdent le long d'une ligne ascendante. Le directeur turc des fouilles, le Dr Sencer Sahin de l'université de Cologne, pense que le tombeau d'Antiochos se trouve dans la plus élevée de ces cavités, car c'est là qu'il est le plus proche des dieux.

Les spéculations vont bon train sur les raisons pour lesquelles Antiochos a fait construire les nombreuses statues divines sur le Nemrut Dag. Une chose est sûre : le monarque a tenté d'unir des visions du monde et des orientations religieuses différentes. En effet, l'une des stèles porte l'inscription suivante : « Je croyais que pour l'humanité, la piété était non seulement le plus sûr des biens, mais aussi la plus grande joie. »

Ci-contre : Antiochos sur son lit de mort *(Francesco Fontebasso, XVIIIe siècle).*

Hatra, centre du dieu solaire Shamash

En 1985, Hatra a été inscrit au patrimoine culturel de l'UNESCO. À l'intérieur de son enceinte circulaire, un temple parthe, dédié au dieu solaire Shamash, a été mis au jour. C'est au climat sec de la région que l'on doit la bonne conservation des vestiges culturels du site. La beauté et la puissance de l'antique Hatra était prétendument due à un talisman.

Hatra, lieu de culte antique situé dans l'actuel Irak, se trouvait sur l'une des routes caravanières les plus importantes des bords du Tigre. Il y a plus de 2000 ans, les adorateurs du dieu Shamash y construisirent un imposant sanctuaire. Les habitants croyaient devoir leur bonheur et leur immense richesse à leur dieu. Pourtant, un jour, la bonne étoile de la ville sacrée commença à pâlir. Les habitants de Hatra ne laissèrent à la postérité que des ruines abritant des trésors artistiques fantastiques, des sculptures somptueuses et l'histoire énigmatique de leur fin.

La puissance de Shamash

En l'an 117, une formidable armée se dirigea sur Hatra à travers le désert de Mésopotamie. Les redoutables légionnaires romains de l'empereur Trajan (53-117 apr. J.-C.) avaient reçu l'ordre de conquérir le centre religieux. Hatra leur résista grâce à son imposant mur d'enceinte circulaire. Les attaquants n'eurent même pas le temps de mettre leurs catapultes en place, qu'ils furent cueillis par une pluie de naphte en-

flammée et durent battre retraite après avoir subi de lourdes pertes. Plus tard, vers 198, l'empereur Septime Sévère (146-211) subit un revers du même ordre.

Les habitants de Hatra étaient convaincus que leur puissance leur venait de leur dieu Shamash. C'est en son honneur qu'ils avaient entouré de murailles un terrain de 435 x 320 mètres. Douze portails ouvraient sur une cour intérieure à l'extrémité de laquelle se dressait le sanctuaire de Shamash : un temple dont l'imposante façade de 100 mètres de large était ornée de thèmes divins. Des colonnades permettaient d'accéder à deux salles ainsi qu'au sanctuaire du dieu solaire où brûlait le feu sacré, une flamme perpétuellement entretenue, en laquelle les hommes voyaient le reflet de leur divinité.

Talisman mystique

Hatra était aussi la cité des Parthes qui régnaient sur un pays allant de l'Irak actuel à l'Inde. Ce peuple des steppes venu de l'autre côté de la mer Caspienne envahit la Mésopotamie au IIIe siècle av. J.-C. et y fonda un État pluriethnique. Les Parthes érigèrent en l'honneur de leur dieu solaire le temple dit de Hatra de Shamash. D'autres temples furent également construits pour des dieux inspirant la crainte, dont les représentations ont été découvertes parmi les ruines. De toute évidence, cultures et rites religieux orientaux, grecs et indiens avaient fusionné dans la cité cosmopolite de Hatra.

La chute surprenante de Hatra eut lieu en l'an 241. Shabour Ier, roi des Sassanides, conquit la resplendissante métropole. Nul ne sait comment il réussit cet exploit. Les légendes parlent toutefois d'un mystérieux talisman qui pendant des siècles avait protégé la ville. La fille du roi, enlevée par Shabour, révéla ce secret à son ravisseur. Après avoir vaincu Hatra, Shabour fit attacher la fille du roi à un cheval et la fit traîner sur le sol jusqu'à ce que mort s'ensuive. Peu de temps après, les sables du désert recouvrirent les temples sacrés ainsi que le secret du talisman qui avait si longtemps permis à la ville de triompher de ses ennemis.

Cultes de l'oracle

Les Parthes devaient considérer Hatra comme un centre religieux majeur car ses temples regorgeaient de trésors. Shamash étant également le dieu des Oracles, il est possible que Hatra ait été un important lieu de prophétie. Les archéologues ne cessent de buter sur des bijoux en or et en perles d'une grande valeur, et sur des statues représentant les dieux mais aussi de simples citoyens revêtus des plus riches costumes. Les représentations sont si fidèles à la réalité que l'archéologue français Henri-Paul Eydoux écrivit : « Au milieu des ruines d'un monde disparu depuis de nombreux siècles, les personnalités représentées semblent nous parler depuis l'au-delà à travers la pierre. »

Le dieu solaire Shamash est représenté sur cette statue parthe datant du Ier siècle apr. J.-C. Il brille de tous ses feux sur la poitrine, tandis qu'à ses pieds on reconnaît la déesse Tyché de la Destinée. Retrouvée lors de fouilles à Hatra, la statue est exposée au musée de Bagdad en Irak.

Les tertres d'Amérique du Nord et d'Asie

Ce tumulus viking du XIIe siècle a été retrouvé sur la côte de Terre-Neuve. Ces tertres servaient à la fois de logis et de tombeaux aux Vikings.

« Nous avions peine à croire qu'il avait été édifié par l'homme » déclara l'archéologue William McAdams, plein d'étonnement, en 1887, lorsqu'il découvrit le Monks Mound. Il s'agit du plus grand tertre élevé par l'homme en dehors de l'Amérique centrale, un tumulus de forme pyramidale de 30 mètres de haut, érigé avec 600 000 mètres cubes de terre par les Indiens Mississippi (800-1500 apr. J.-C.) dans la zone sacrée de Cahokia dans l'Illinois. Stupéfait, McAdams constata une ressemblance frappante avec les pyramides égyptiennes et mexicaines. Le mythe des bâtisseurs de tertres donna lieu aux hypothèses les plus étranges : ils venaient d'Inde, disait-on. À moins qu'il ne s'agisse de Toltèques originaires du Mexique. Et pourquoi pas des Phéniciens ou des survivants de l'Atlantide ? Quoi qu'il en soit, ils ont érigé dix mille tertres dans la seule vallée de l'Ohio, ainsi qu'au Canada, dans l'État de New York, au Nebraska, en Floride ou au Texas.

Les bâtisseurs de tertres

Les civilisations Adena et Hopewell (500 av.-400 apr. J.-C.) ont réalisé d'innombrables cônes parfaitement symétriques ainsi que d'étonnants dessins d'une très grande envergure sur des amas de terre : figures géométriques, bisons, oiseaux, ours, hommes et reptiles. Le plus impressionnant est le tertre au serpent (Serpent Mound) de Portsmouth (Ohio). Le dessin du serpent s'étend sur plus de 400 mètres sur une crête montagneuse. Sa gueule est grande ouverte, comme s'il était en train d'avaler un œuf.

Il nous est presque impossible aujourd'hui d'interpréter la symbolique de ces ouvrages. Leurs auteurs et les vestiges de leur civilisation, exception faite des tertres aussi gigantesques que mystérieux, ont disparu depuis trop longtemps.

Une force véritablement visionnaire a permis aux peuples primitifs de façonner leur environnement. Les figures dessinées sur le sol reflètent en quelque sorte le rapport de l'homme à la nature. En effet, si ces peuples ont bien transformé artificiellement leur territoire, cette manipulation n'a pas pour autant entraîné de rupture dans l'harmonie de l'équilibre. De nos jours, nous pouvons contempler ces créations inspirées depuis un avion. Les Indiens préhistoriques, eux, n'avaient pas cette possibilité. Ont-ils créé ces figures pour les

Le tumulus de l'armée de l'au-delà

Lorsque le premier souverain de l'empire du Milieu mourut en l'an 210 av. J.-C., tout était déjà prévu pour sa vie dans l'au-delà. Qin Shi Huangdi repose aujourd'hui encore dans un complexe funéraire de près de 2 kilomètres carrés, non loin de sa capitale Xi'an, dans la province du Shaanxi. Sa dépouille gît dans un sarcophage en forme de barque, cerné par un fleuve de mercure liquide. Au-dessus de lui s'étire une voûte de cuivre représentant toutes les constellations célestes. L'empereur devait continuer à régner depuis cet endroit. Il fit élever sur le site une pyramide de galets de 43 mètres de haut, en guise de mausolée, dont la construction occupa plus de sept cent mille personnes pendant trois décennies.

L'empereur est symboliquement accompagné dans l'au-delà par plus de sept mille sentinelles en terre cuite, grandeur nature, équipées de pied en cap, de lances, d'arcs, d'épées et de haches, montées sur des chevaux et des chars.

Ce soldat d'argile de l'armée en terre cuite de l'empereur Qin Shi Huangdi date de 220-210 av. J.-C.

Vue aérienne du Serpent Mound de quelque 400 mètres de long, dans l'Ohio. À proximité immédiate se trouvent d'autres tumulus dans lesquels les archéologues ont retrouvé des tombes et des outils datant de 800 av. à 100 apr. J.-C.

Des montagnes pour l'éternité

Les pyramides en escalier étaient connues aussi bien en Amérique qu'en Chine. En 311 av. J.-C., les Di blancs, une tribu du nord de la Chine, enterrèrent leur roi Cuo sous un tumulus de 35 mètres de long sur lequel ils bâtirent plusieurs temples de forme pyramidale. Tout comme dans la civilisation Mississippi, deux épouses et des membres de sa cour l'accompagnèrent dans la mort. On avait placé auprès d'eux des tablettes sur lesquelles des comptes rendus historiques étaient gravés, ainsi que le symbole de bronze du mot *shan*, qui signifie « colline ». L'idéogramme à trois branches avait vraisemblablement une valeur sacrée pour les Di et représentait leur pays d'origine qui se trouvait dans des régions montagneuses très éloignées. Le roi devait donc escalader les montagnes éternelles de l'au-delà.

dieux ou pour des visiteurs venus du cosmos ? Peut-être ont-ils découvert les nombreuses significations symboliques de l'image et compris intuitivement le rythme des forces de la nature, et peut-être savaient-ils comment se mettre en harmonie avec elles.

La colline du temple

En 1725, le Néerlandais Le Page du Pratz fit une impressionnante découverte auprès des Indiens Natchez. Grand Soleil, le roi solaire qui régnait à l'époque, était directement issu des constellations célestes. Il résidait au sommet d'un plateau dans un temple, face à une pyramide de terre qui abritait les restes de son prédécesseur. Lorsque le frère de Grand Soleil mourut, tous ses familiers le suivirent dans la mort. Stupéfait, du Pratz recueillit les dernières paroles de l'une des épouses : « Ne pleurez pas. Nous resterons amis bien plus longtemps dans le royaume des esprits, car la mort n'y existe pas. » Plus tard, le temple qui était devenu la maison des morts fut réduit en cendres et recouvert d'une nouvelle couche de terre.

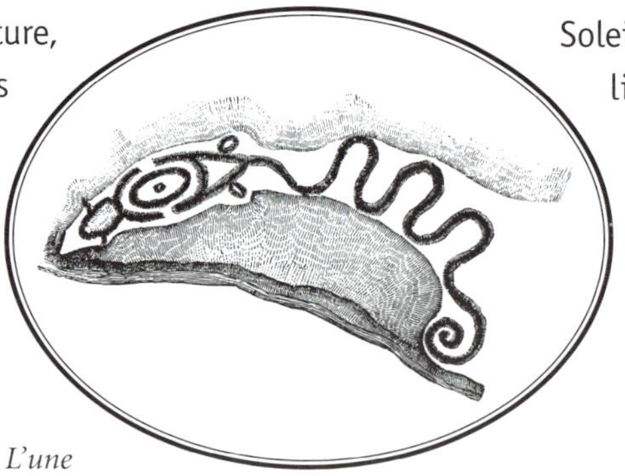

L'une des plus célèbres représentations indiennes est le Serpent Mound, dans le comté d'Adams en Ohio. Le serpent s'étire autour d'une colline et semble avaler un œuf. (Extrait de Records of Ancient Races in the Mississippi Valley, *1887, de William McAdams.)*

Des défunts immortels

Ces lieux de repos éternel sont également très nombreux en Chine. À l'est de Linxiang, par exemple, se dresse un tertre artificiel de 4 mètres de haut. Un puits de 20 mètres de profondeur descend verticalement jusqu'à une chambre revêtue d'argile dans laquelle gît depuis l'an 168 av. J.-C la dépouille mortelle d'une princesse. Le corps de la défunte s'est conservé intact pendant plus de 2100 ans. Des dessins sur une bannière de soie retrouvée parmi le mobilier funéraire symbolisent les enfers et le ciel. Une porte est ouverte sur le monde des esprits, par laquelle l'aristocrate doit pénétrer dans l'au-delà. Le constat étonnant en est que les Chinois partageaient avec les lointains habitants de l'Amérique la même symbolique destinée à leur garantir l'immortalité. Les témoignages archaïques des bâtisseurs de tertres des deux continents relient l'humanité à l'éternité.

Culte des morts précolombien

En Amérique, de nombreux tertres servaient de tombeaux aux personnages les plus importants. À lui seul, le Cresap Mound (Virginie-Occidentale) abritait cinquante morts, mis en terre entre 200 av. et 50 apr. J.-C. Enterrés dans de simples cavités ou sous des voûtes en bois, ils étaient accompagnés d'outils ou de bijoux, et à chaque nouvel enterrement, le tertre était surélevé.
Un crâne particulièrement intéressant a été retrouvé dans le Wright Mound (Kentucky). Du vivant de son propriétaire, les incisives avaient été remplacées par des dents de loup. Le défunt était probablement un chaman désireux d'acquérir la puissance et la force du loup en s'appropriant ses dents.

Les Vikings aussi enterraient leurs morts sous des tumulus. Les princes et autres dignitaires, accompagnés d'objets funéraires de toutes sortes, étaient allongés dans une longue barque et recouverts d'une épaisse couche de terre. (Reconstitution, Landesmuseum du Schleswig-Holstein, Allemagne).

Les rochers rouges de Sedona

Cette imposante formation rocheuse qui se dresse au milieu des roches rouges de Sedona a été baptisée Cathedral Rock en raison de sa ressemblance avec une église chrétienne. Elle se situe à environ deux heures de route au nord de Phœnix, la capitale de l'Arizona. La sécheresse du climat et le silence de mort qui règne sur les hauteurs contribuent à la réputation de lieu d'énergie attribuée à Sedona.

Le paysage semble être d'un autre monde. Les énergies à l'œuvre en ces lieux inspirent les hommes depuis des millénaires. En quelque 200 millions d'années, le vent et l'eau ont transformé les montagnes à plateau d'un rouge sombre en de fantastiques colonnes rocheuses aux formes imposantes. Pour les Indiens Hopi qui vivent aujourd'hui au nord-est de cette région, ces rochers rouges de Sedona sont une porte vers les étoiles, des havres pour les âmes des ancêtres, bref, des lieux d'énergie cosmique.

Un coin de terre riche d'histoire

Avec ses gorges et ses rochers rouges, Sedona, à l'extrémité de l'Oak Creek Canyon en Arizona, attire de nombreux amoureux de la nature à la recherche d'un peu de tranquillité. L'énergie magique qui se dégage de l'ancienne petite ville de pionniers en fait un lieu de vacances privilégié. L'endroit fut baptisé d'après Sedona Schnebly, femme de colon, la première à s'installer dans le canyon avec son mari au début du XIXe siècle.

Pourtant, la contrée est habitée par l'homme depuis 10 000 ans. Des vestiges de petites communautés indiennes et de quelques villages autrefois densément peuplés *(pueblos)* ont été retrouvés dans les roches et les grottes aux alentours de Sedona. La tribu indienne des Sinagua a atteint ici son zénith

avant de disparaître, même s'il n'existe aucune preuve de son extinction.

Des « tourbillons » comme lieux de magie

Les Indiens Hopi d'Arizona se présentent comme les successeurs de l'ancien clan des Sinagua, lequel a quitté les vallées vers 1300, sans doute après la prophétie d'un homme-médecine.

Cela fait plusieurs siècles déjà que les hommes-médecine des Hopi ont découvert, autour de Sedona, huit endroits précis où des lignes d'énergie cosmique sont censées se croiser. Parmi ces lieux magiques, appelés tourbillons, se trouvent Bell Rock et Boynton Canyon qui attirent de nombreux visiteurs désireux de s'immerger dans l'« intégralité des choses », dans l'énergie émise par ces *nexus* (« nœuds »).

Une petite rivière serpente dans le fond de l'Oak Creek Canyon, lui aussi très visité. Les hommes préhistoriques, paraît-il, rechargeaient déjà leurs énergies sur ses grandes pierres plates et glissantes.

Le principal attrait de la région réside néanmoins dans les rochers géants dont les formes rouges évoquent des temples orientaux, ainsi que dans ces étranges formations de grès aux sommets aplatis que les géologues américains appellent des *hoodoos*, des oiseaux de mauvais augure. Les rochers rouges et les tourbillons de Sedona attireraient-ils autre chose que des énergies positives ?

La marche du soleil

Les traditions religieuses et culturelles des Indiens Hopi, préservées dans leur intégrité, fascinent les habitants de l'Ancien Monde qui, confrontés à des crises répétitives, sont à la recherche d'une voie et d'un sens à la vie.

Aujourd'hui encore, les Hopi mesurent le temps à la marche tranquille du soleil dans l'immensité du ciel désertique, plutôt qu'au tic-tac d'une montre. Une lente respiration rythme leur contemplation des événements d'après lesquels ils façonnent leur vie. Pour eux, les rochers rouges sont la Terre mère qui leur fut confiée au début du monde par le Grand Esprit, sorte de dieu suprême, afin qu'ils la soignent et la protègent à tout prix. Les prophéties des Hopi parlent de la fin de ce monde, de la fin de notre temps. Ils pensent qu'après une série de catastrophes naturelles, le monde connaîtra un retour à l'ordre naturel, un ordre dominé par les rochers rouges de Sedona pour l'éternité.

C'est en Arizona, terre des rochers rouges de Sedona, que se trouve les plus grandes réserves indiennes des États-Unis. Les premiers habitants du continent ont réussi à préserver leurs mythes et leur sagesse ancestrale, comme ces Hopi dans leur pueblo *du Grand Canyon. Ainsi, les rochers de Sedona seraient-ils dotés du pouvoir de guérison, activé par certaines prières.*

Lorsque les souhaits se réalisent

Les rochers rouges de Sedona exercent une attirance magique sur l'homme. C'est leur couleur, leur forme, une aspiration d'énergie qui s'exerce à leur proximité, affirment les touristes en chœur avec les habitants du lieu. L'énergie qui se dégage des rochers est décrite comme très puissante. On se met à « planer » rien qu'en y restant assis ; la sensation ressemblerait à la force d'attraction d'un aimant.

Les spiritualistes et leurs disciples, quant à eux, affirment que tous les souhaits se réalisent à cet endroit.

Les Hopi racontent : « À l'aube, lorsqu'il fait encore nuit et qu'aucune lumière n'éclaire encore le ciel, tu te dresses là en regardant vers l'orient. Tu dois faire silence et te recueillir. Alors que tu observes l'arrivée de la lumière, tu récites une prière pour toi-même. Tu ressens alors le *kuyiva'to'* ». Pour les Hopi, le *kuyiva'to'* est une sensation très précise, faite de respect et de gratitude.

Ruines mayas au Mexique et au Guatemala

Palenque est l'un des sites mayas les plus importants. Au Chiapas (Mexique), à 3000 mètres d'altitude, au milieu de denses forêts, la cité en ruine est dominée par un temple couvert d'inscriptions.

À l'époque précolombienne, le clan des Mayas était porteur d'une civilisation très développée qui fascine encore aujourd'hui par ses ruines et ses mythes. L'univers de ce peuple était baigné par les forces du surnaturel.

Toute matière, qu'il s'agisse de plantes, de pierres, de récipients en argile ou même des étoiles dans le ciel, tout était habité et pouvait se développer en une puissance menaçante. Le cosmos des Mayas ne pouvait exister qu'en s'appuyant sur des rituels insolites et des cultes sacrificiels sanglants. Leurs cérémonies, dont l'atrocité nous fait frémir aujourd'hui, avaient pour objet de maintenir l'équilibre entre le ciel, le monde terrestre du milieu et le monde maléfique des enfers. Les Mayas espéraient, par leurs sacrifices cruels, faire descendre les dieux sur terre ou faire revenir les ancêtres de l'au-delà.

Les importants rituels étaient présidés par les *ahauob*, les premiers prêtres des Indiens

qui cumulaient les fonctions de souverains et de chamans.

Rois et chamans

L'un de ces rituels sanglants se déroulait sur la plate-forme la plus haute de l'une des légendaires pyramides mayas. Il impliquait un jeûne de plusieurs jours au cours duquel le prêtre-roi atteignait un état proche de la transe. Il se transperçait alors le pénis avec le rostre d'une raie, puis faisait coulisser une corde à travers la blessure. Le sang s'écoulait le long de bandes de papier maintenues sur le pénis, tandis que le souverain tournait sur lui-même en une danse extatique. Des assistants s'approchaient ensuite pour brûler l'offrande sacrée dans un récipient sacrificiel. Pour les Mayas, la fumée qui s'en élevait symbolisait le serpent par l'intermédiaire duquel le roi obtenait ses visions et établissait le contact avec les ancêtres et les dieux.

Les Mayas croyaient que les actions rituelles du chaman, cet être semblable aux dieux, étaient seules capables de préserver l'équilibre toujours précaire entre ce monde et celui de l'au-delà. En effet, selon leur conception de la réalité, des énergies dangereuses pouvaient jaillir même dans les endroits sacrés. Dans un tel cas, des stèles, ou tablettes de pierre gravée, qu'ils considéraient comme des arbres vivants, devaient être enterrées selon un rituel précis pour empêcher les forces destructrices de s'abattre sur la ville ou le lieu sacré.

Les portes de l'au-delà

Un « gouffre » menant vers les enfers se trouvait à Tabasqueña, dans l'État mexicain de Campeche. Les centres religieux mayas étaient tous dotés d'entrées vers l'au-delà. Postés en sentinelle, des sculptures inquiétantes et des monstres aux dents acérées et aux gueules gigantesques les signalaient afin d'empêcher les gens d'y pénétrer. Derrière chacune des sombres portes se dissimulaient des forces monumentales, à la fois dangereuses et magiques. Chaque nouveau sacrifice entraînait une réactivation du passage ainsi qu'une fragilisation de la séparation entre les deux mondes. Les puissances obscures devaient alors être renvoyées dans l'autre monde par un culte religieux spécifique.

Le monde inférieur

Le faisceau de la lampe torche plonge dans l'obscurité et le silence de la gigantesque grotte de Naj Tunich, au Guatemala. George Stuart, spécialiste des Mayas, vient de découvrir une fantastique galerie couverte de dessins multicolores et d'inscriptions. De somptueux récipients en terre cuite reposent sur le sol, intacts depuis 1 200 ans.

Le déchiffrage des mystérieux hiéroglyphes n'est toujours pas achevé de nos jours, mais la caverne avait vraisemblablement une fonction importante pour le passage vers une nouvelle ère maya. L'archéologue pense que cet endroit appartenait aux morts. Les Mayas le considéraient sans doute comme une porte vers l'enfer.

Avant le passage au Ier millénaire, le peuple centraméricain des Mayas fonda une civilisation qui provoque aujourd'hui encore notre étonnement et nous a laissé de nombreux vestiges. À Tikal (Guatemala), par exemple, l'un des souverains les plus puissants, Ah Cacaw (682-734) fit construire cette pyramide de neuf gradins et de 70 mètres de haut, ainsi que certains des plus beaux temples de la ville.

Le site de Tikal, sur une basse colline autrefois entourée de marécages, est considéré comme le cœur de l'un des royaumes mayas les plus influents. Son centre réel se trouve aujourd'hui dans un parc de 500 kilomètres carrés.

Des pyramides funéraires

Tous les 52 ans, le calendrier maya fêtait une année sacrée. À cette occasion, des armées de travailleurs recouvraient les pyramides d'une nouvelle couche extérieure. Au cœur de ces édifices grandioses se trouvaient les tombes des rois, ainsi que les autels sur lesquels ils pratiquaient leurs sacrifices. Les habitants croyaient que chaque pyramide constituait ainsi un fantastique réservoir d'énergie. C'est à ce titre que les Mayas les considéraient comme des lieux de pouvoir.

Tikal

Tikal était un lieu de grande concentration d'énergie. Au IIIe siècle apr. J.-C., le roi-prêtre Yax Moch Xok posa la pierre fondatrice de cette cité en pleine jungle, en un point magique très précisément calculé.

Les Mayas adoraient tout un panthéon de dieux qui vivaient, selon eux, dans les régions les plus éloignées de l'univers ou des enfers. Ils considéraient la Voie lactée comme l'axe central du cosmos.

Selon leurs croyances, les dieux avaient d'ores et déjà déterminé des *nexus* («nœuds») d'énergie dans l'au-delà, au moment de la création de ce cosmos. C'est pourquoi les Mayas respectaient scrupuleusement cette trame imaginaire lorsqu'ils construisaient des maisons, des chemins ou des pyramides à gradins. Les métropoles étaient le reflet du concept religieux d'un espace sacré à une époque sacrée.

L'axe du monde

Lorsque les Mayas choisissaient leurs souverains, les cérémonies d'intronisation, hautes en couleur, s'accompagnaient toujours de sacrifices humains rituels. Les victimes étaient le plus souvent les rois vaincus de villes ennemies. Ces sacrifices étaient indispensables pour que l'axe du monde – *wacah chan* – puisse se manifester au cœur de la cité, créant un lien entre le monde des vivants et celui des morts. Dans le sanctuaire du temple, le roi pouvait alors ouvrir la porte vers l'au-delà par la

Jeux de ballon sacrés

Chez les Mayas, les jeux avaient une profonde signification religieuse. Un exemple : le terrain en forme de T symbolisait le monde ; le ballon, qui ne devait jamais toucher le sol, représentait la lune et le soleil. Les matches de jeu de ballon incarnaient la lutte de l'obscurité et de la lumière, la mort et la renaissance du soleil. À l'instar des jumeaux héroïques Hunahpú et Ixbalanqué qui durent se soumettre aux souverains des enfers, dérangés par leurs bruyants jeux de ballon, le sang de quelques joueurs était offert aux dieux après le match. Le dogme religieux des Indiens d'Amérique centrale prétendait que c'était la seule manière de garantir la course quotidienne du soleil à travers le ciel. Après avoir échappé aux dieux par la ruse, les jumeaux héroïques de la mythologie devinrent la Lune et le Soleil.

Les Mayas n'ont rien gardé de l'éclat de leurs ancêtres. Leur quotidien est aujourd'hui essentiellement régi par le travail manuel, l'agriculture et le tourisme.

Les Lacandons, derniers descendants des Mayas Palenque, vivent au cœur de la jungle de Palenque. Ils furent étudiés en 1978 par le Dr Christian Rätsch (né en 1957), anthropologue allemand, qui obtint l'autorisation de se familiariser avec les rituels anciens de ce peuple : prédictions, magie, guérison de maladies de toutes sortes. Les Lacandons se nomment eux-mêmes les « êtres humains véritables » en raison de leur vie en harmonie avec la nature.

Le monde du dieu de la Pluie

Pour les Mayas, Chaak, le dieu de la Pluie, était à la fois annonciateur de mort et de fécondité. Il pouvait aussi bien envoyer la pluie que dévaster le pays. Chaak joue un rôle prépondérant dans les rituels de l'ère maya tardive. On lui sacrifiait de petits enfants au sommet des montagnes. Si les enfants pleuraient, cela était considéré comme un bon augure, car leurs larmes symbolisaient la pluie. La même chose vaut pour les jeunes vierges qui était jetées dans des gouffres karstiques avec des sculptures et des récipients en or.

Chaak regroupait quatre divinités, symbolisant chacune une couleur et un point cardinal : est/rouge, nord/blanc, ouest/noir, sud/jaune. La géomancie chinoise établit une répartition similaire des couleurs et des points cardinaux.

force de rituels magiques. Lors de ces rituels, les esprits se manifestaient soit dans des objets magiques, soit en s'incarnant dans le prêtre lui-même.

Les Mayas vécurent plus de 1 000 ans à Tikal. Nul ne sait pourquoi la ville a soudain été abandonnée au bout de 9 siècles d'occupation. Les habitants eurent-ils trop peur des forces redoutables de l'au-delà ? Décidèrent-ils eux-mêmes le sacrifice rituel de leur propre cité ou furent-ils vaincus par un puissant ennemi ? On ne sait pas davantage pourquoi, au cours des siècles qui suivirent, l'endroit ne fut plus jamais habité.

Invocation des esprits

Les Mayas actuels se divisent en dix-huit clans, répartis entre le Guatemala et le Mexique, où ils vivent de l'agriculture. Leur tradition est leur seule source de fierté : aujourd'hui comme jadis, les hommes-médecine des villages du Yucatán s'adonnent au chamanisme. Ils allument des bougies sur des autels naturels devant des grottes mystérieuses ouvrant sur Xibalba, le monde inférieur, et répandent sur le sol le sang d'un animal sacrifié pour ce rituel. Des forces sacrées sont ainsi activées et la communication peut s'établir avec les ancêtres défunts.

Leurs pratiques religieuses pourraient dissimuler une clé du monde des Mayas antiques. Par exemple, au cours de la cérémonie de début de l'hiver des Mayas Chorti, les chamans invoquent les dieux avec des paroles magiques. Divers ingrédients magiques, ainsi qu'une boisson faite de maïs, de cacao et d'eau sont distribués, tandis que d'épaisses volutes d'encens dissimulent des silhouettes imaginaires que les prêtres seraient réellement capables de percevoir.

Réalité ou illusion ?

On peut penser que l'odeur forte de l'encens combinée aux boissons fermentées et aux drogues légères altèrent les capacités de perception des participants. D'un autre côté, on ne peut ignorer que la même apparition est souvent vue par plusieurs personnes en même temps. Ce phénomène pourrait s'expliquer par une autosuggestion due à l'envie farouche de voir quelque chose.

On peut également chercher une explication rationnelle dans le phénomène de l'extase religieuse. L'altération des sens due à un jeûne prolongé, parfois observée en médecine après une intervention chirurgicale, pourrait être une troisième piste. Les patients expérimentent avec leurs cinq sens des scènes qui ne correspondent aucunement à la réalité et qui, pourtant, leur paraissent bien tangibles.

Pendant que la science s'interroge sur les visions des clans mayas antiques et actuels, et qu'elle cherche dans le comportement des descendants la clé des ancêtres, chacun est libre de se forger sa propre image de cette grandiose civilisation, en allant visiter les célèbres ruines de Tikal, de Palenque, de Chichén Itzá ou de Copán.

Le palais de Palenque couvre plus de 5 000 mètres carrés. Sans doute construit au cours des VIIe et VIIIe siècles, il se distingue des autres ruines mayas par sa tour à quatre étages qui servait probablement d'observatoire. La plupart des édifices de Palenque remontent au roi Pacal II (603-683) et à son fils Chan-Bahlum.

Nazca, fascination dans le désert

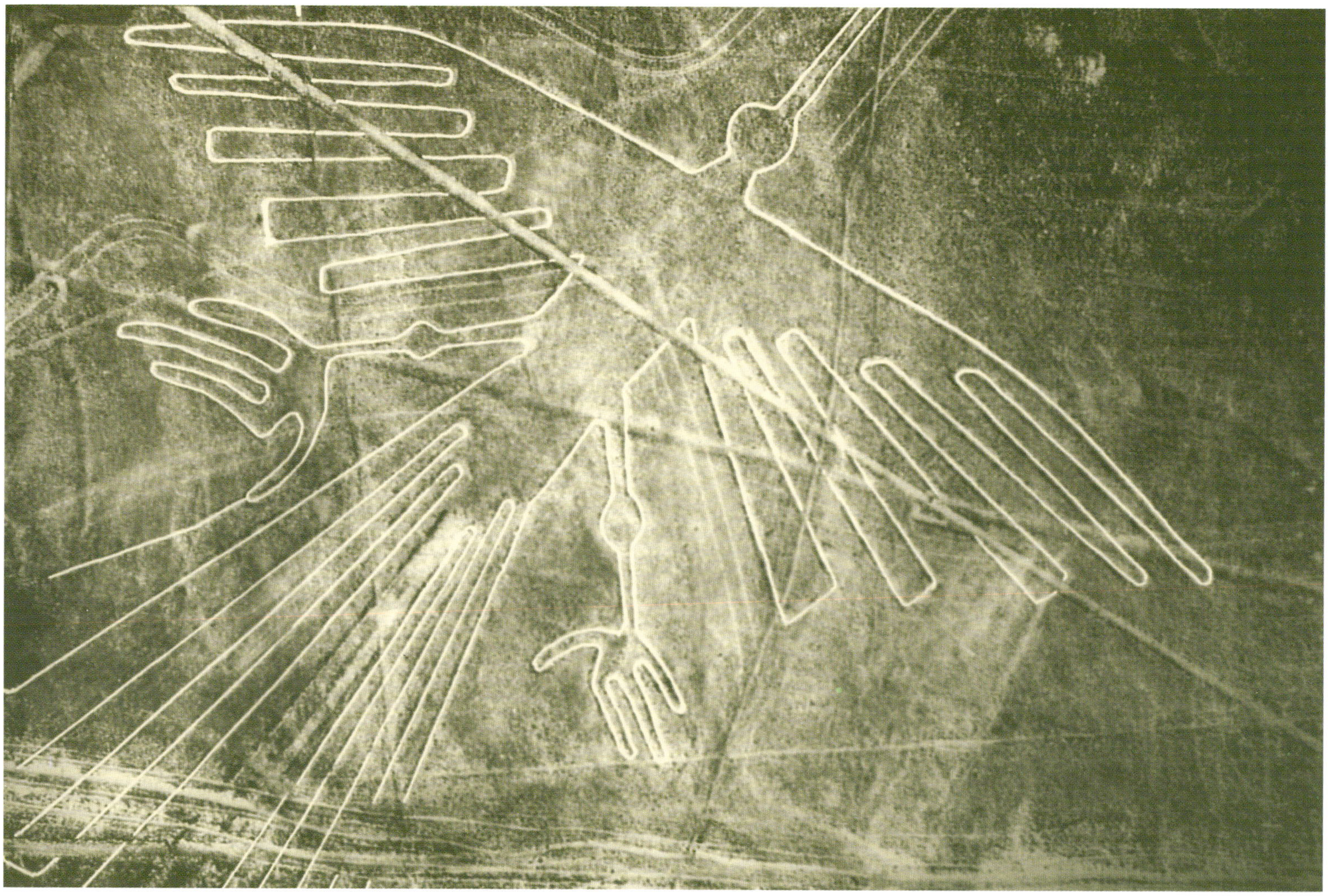

Le premier de la centaine de dessins des environs de Nazca a été découvert en 1941. En survolant une colline au sommet aplati, l'archéologue Paul Kosok reconnut l'image gigantesque d'un oiseau, dont les contours clairs se détachaient du sol plus sombre.

Des lignes droites de plusieurs kilomètres de long, tracées sur des promontoires dénués de végétation, des oiseaux géants qui déploient leurs ailes gigantesques, des triangles, des trapèzes et des rectangles ont été conservés, depuis des siècles, par le climat sec du désert. Sur ce plateau de l'actuel Pérou, entre la côte du Pacifique et les Andes, un peuple inconnu a tracé plus d'une centaine de ces dessins énigmatiques dont l'envergure n'apparaît que depuis les airs. Ces lignes mystérieuses forment des araignées et des colibris géants, ainsi que d'autres motifs et objets non encore élucidés à l'heure actuelle. Non loin de la ville péruvienne de Nazca, l'une des merveilles de ce monde a été creusée dans le sol inculte. Ses dimensions ne sont apparues dans leur intégralité qu'aux hommes du XXe siècle.

Un singe dans le désert

C'est au cours de ses recherches sur l'ancien système d'irrigation des Incas, en 1941, que l'archéologue américain Paul Kosok mit au jour les célèbres motifs géométriques apparus après avoir ôté la couche superficielle de cailloux qui les recouvrait. C'est en observant le terrain depuis les airs qu'il découvrit l'étendue de ces dessins. Les silhouettes géantes d'araignées, de colibris, de poissons, de lézards, d'un singe et d'un oiseau d'une envergure de 122 mètres – représentant probablement un condor – se succèdent sur un espace désertique de près de 500 kilomètres carrés.

Pistes d'atterrissage antiques ?

Aux côtés des représentations animales, les archéologues découvrirent un nombre impressionnant de dessins géométriques : zigzags et spirales recouvrent le sol du désert, graphiques fascinants et rectangles précis qui, vus des airs, évoquent irrésistiblement la piste d'atterrissage d'un quelconque aéroport moderne.

Complexe astronomique ?

En reportant les lignes et les figures à une échelle réduite sur une feuille de papier, Paul Kosok fit une découverte stupéfiante : le soir du solstice d'été, c'est-à-dire le 21 décembre dans l'hémisphère Sud, le soleil se couche très exactement à l'extrémité d'une de ces lignes. Il est donc possible que l'ensemble des tracés et des dessins de Nazca rappelle les points du lever et du coucher de différentes étoiles. C'était en tout cas la théorie défendue par le Dr Maria Reiche (1903-1998, Pérou), archéologue et mathématicienne allemande qui étudia les lignes préhistoriques pendant des décen-

Les scientifiques ignorent comment les peuples anciens ont pu tracer, sans aucune aide technologique, des figures aussi précises que ce « petit » singe de 145 mètres dont la queue forme une spirale parfaite.

L'écrivain Erich von Däniken a avancé la théorie selon laquelle les lignes de Nazca seraient des pistes d'atterrissage pour des visiteurs extraterrestres.

Des visiteurs du cosmos

L'AAS (société de recherche archéologique et astronautique) et le SETI (Search for Extraterrestrial Intelligence ou Centre de recherche d'intelligence extraterrestre) pensent que des astronautes extraterrestres ont installé, dans la plaine désertique de Nazca, deux pistes d'atterrissage pour leurs engins en orbite autour de la Terre. Après leur départ vers les étoiles, les tribus préincas qui peuplaient l'endroit et souhaitaient le retour des dieux, tracèrent de nouvelles lignes très exactement orientées d'après des étoiles fixes.

Auprès des étranges dessins d'animaux on reconnaît des silhouettes humaines aux yeux de hibou, dotées d'auréoles, censées rappeler les visiteurs cosmiques.

Non loin des pictogrammes déjà connus, l'écrivain Erich von Däniken a découvert une structure constituée de lignes horizontales et verticales, semblable à un échiquier géant, et disposée en un arc rempli de signaux de morse. À côté de cette structure, von Däniken a reconnu, depuis les airs, des objets circulaires abritant en leur centre des rectangles et des triangles. Contrairement aux figures animales et humaines, il pense que ses découvertes pourraient être un « système d'approche visuel » ou encore un « message en code binaire ».

nies et se battit pour que leur valeur soit reconnue et préservée. À l'heure actuelle, des programmes informatiques précis ont été lancés, simulant le mouvement pendulaire de l'axe terrestre au fil des siècles. Les résultats permettraient non seulement de dater avec précision l'époque des dessins, mais aussi de déterminer si le site de Nazca était bien un gigantesque complexe astronomique.

Les lignes tracées dans le sol s'étirent, parfaitement droites, sur de nombreux kilomètres à travers la plaine inhabitée.

La mystérieuse civilisation Nazca

Bien qu'une datation précise n'ait pas été possible jusqu'à maintenant, une accumulation d'indices laisse à penser que les mystérieux signes dans le désert sont contemporains de la civilisation Nazca, comprise entre 300 avant et 900 apr. J.-C. S'il s'agissait vraiment d'un calendrier astronomique de la première heure, les dessins péniblement tracés dans le sol auraient été le fruit de siècles d'observation du ciel nocturne.

En route vers le soleil dans un ballon inca

Selon l'historien Jim Woodman, les Incas étaient capables de construire des ballons à air chaud. Ils plaçaient dans les nacelles les dépouilles de leurs chefs de clans pour les envoyer vers le soleil. Cette théorie *a priori* farfelue est étayée par deux indices : d'une part, certaines décorations peintes sur des récipients en argile et des céramiques de la civilisation Nazca représentent des objets ressemblant fort à des montgolfières ; d'autre part, on a retrouvé dans les tombes nazcas des étoffes dont la densité, la légèreté et la solidité surpassent celles des matériaux modernes utilisés pour les ballons à air chaud. En 1975, des membres de l'International Explorer Club de Floride, construisirent, avec un matériau imité de l'ancien, un ballon qui atteignit une altitude de 90 mètres avant de plonger dans la mer. Ces éléments étayent la théorie de Woodman selon laquelle les dessins creusés dans le sol ne peuvent avoir été tracés que par une civilisation capable de voler : les Incas eux-mêmes !

D'autres chercheurs ont avancé que le ballon aurait pu permettre aux créateurs de ces dessins gigantesques de contrôler très exactement le tracé des lignes et des figures. Pour preuve les grands « trous de feu » ronds, aux pierres noircies, situés à l'extrémité de nombreuses lignes. Ils pourraient avoir servi à chauffer les ballons avant l'envol.

Une vie dédiée à Nazca

Le Dr Maria Reiche étudiait les géoglyphes de Nazca depuis le milieu des années 1940. Elle fut la première à mesurer les dessins, dont certains atteignent 300 mètres, et à s'intéresser de plus près à leur alignement astronomique. Selon elle, les constructeurs des lignes et des pictogrammes ont d'abord dessiné leurs motifs à petite échelle avant de les réaliser grandeur nature sur le terrain. À cette fin, il leur a fallu déplacer des dizaines de milliers de tonnes de cailloux. Pour Maria Reiche, les figures de Nazca étaient nécessairement l'œuvre d'une civilisation à son zénith, même si leur origine et leur signification lui échappaient.

Le secret peut-il être élucidé ?

Depuis 1994, les fragiles géoglyphes de Nazca sont inscrits au patrimoine culturel

Le géant d'Atacama

Dans le désert d'Atacama, à cheval entre le Chili et le Pérou, à 1370 kilomètres de Nazca, une silhouette de 120 mètres, la plus grande représentation d'un être humain au monde, observe le ciel du haut de la Sierra Unica. Le géant porte une couronne sur la tête, ses pieds sont chaussés de bottes et sa main se termine en pointe de flèche. À proximité du géant se trouvent des représentations d'oiseaux et de lamas, des spirales et des cercles, des dessins d'hommes volants et celui d'un candélabre géant à trois branches. Pour les archéologues locaux, les pictogrammes indiqueraient la voie aux caravanes incas de passage. L'âge et l'origine de ce dessin sont encore inconnus à ce jour.

Ce n'est qu'à une grande distance ou depuis un avion qu'on est capable d'appréhender les dimensions colossales du géant d'Atacama. En dépit de recherches approfondies, les scientifiques n'avancent que de vagues conjectures sur la signification de ce dessin.

Après avoir vu le premier géoglyphe en 1941, le Dr Maria Reiche s'efforça, d'abord par ses propres moyens, plus tard avec l'aide modeste d'une fondation américaine, de poursuivre l'étude de la civilisation Nazca. En 1952, elle présenta ses travaux de recherche aux sénateurs du gouvernement péruvien.

Maria Reiche arriva au Pérou en 1932. C'est le professeur d'archéologie Paul Kosok qui lui fit connaître les géoglyphes de Nazca.

de l'UNESCO. Menacés aussi bien par la pollution que par le tourisme, l'archéologie tente de les préserver, au moins sous forme numérique. Dresde, la ville natale de Maria Reiche, s'est fixé comme objectif de poursuivre l'œuvre de la scientifique, décédée au Pérou en 1998, et de mettre les résultats de ses recherches à la disposition du monde entier. Une collaboration avec un groupe de scientifiques de l'université de Tübingen est en cours pour étudier les lignes et les géoglyphes selon la thèse d'un contexte astronomique. On rapproche actuellement les vues aériennes réelles avec un modèle informatique du terrain comportant les géoglyphes. Il est également prévu de développer un modèle spécifique de données qui permettra de rapprocher et d'analyser les relevés géométriques, astronomiques, archéologiques et thématiques. La simulation par ordinateur permettra aussi de tenir compte de phénomènes astronomiques sur une durée allant de 1500 avant à 1500 après Jésus-Christ. Cela devrait permettre de faire apparaître, s'ils existent, les plans de construction et leur alignement sur les données astronomiques de l'époque. Ces calculs enrichiront l'état des connaissances archéologiques sur les créateurs de la civilisation Nazca. Néanmoins, le secret des géoglyphes ne sera sans doute jamais totalement élucidé.

Très âgée et presque aveugle, Maria Reiche continua son travail sur les dessins de Nazca. À sa mort, en 1998, elle était devenue l'une des personnalités les plus connues du Pérou.

Karakorum, l'autoroute des géants

Ce cimetière musulman du village de Karakul, Tadjikistan, est situé à 3 700 mètres d'altitude. À l'arrière-plan, on reconnaît le Muztagata, deuxième sommet de la chaîne du Pamir (7 546 mètres), qui surplombe la passe de Karakorum entre la Chine et le Pakistan.

Sur le haut plateau du Karakorum (Cachemire, Pakistan) en Asie centrale, à la frontière entre le Pakistan, la Chine et l'Inde, la construction d'une autoroute a permis de mettre au jour une fantastique galerie de pétroglyphes comprenant plus de quarante mille dessins individuels. Les rochers, littéralement recouverts de scènes de culte bouddhiste et de dieux du néolithique, de guerriers, de chasseurs et d'animaux, ont gardé à ces lieux un caractère sacré pendant près de 8 000 ans.

Pétroglyphes magiques

Le « vernis du désert » qui s'est déposé comme une patine sur les blocs de granit au fil des millénaires, n'est autre que de la poussière de manganèse solidifiée à la surface des rochers sous l'effet de la chaleur du soleil. Ce vernis a procuré aux artistes préhistoriques la « toile » sur laquelle ils ont invoqué des énergies magiques, des êtres divins et des forces démoniaques.

Les « géants » sont l'un des plus grands mystères des rochers de granit. Le professeur Harald Hauptmann, archéologue de l'université de Heidelberg, en Allemagne, a découvert les motifs les plus anciens en 1989. Il estime que ces dessins de plus de 2 mètres ont plus de 6 000 ans et qu'ils furent gravés dans la pierre à l'époque des premières civilisations nomades d'Asie. Ces géants vénérés comme des êtres sacrés se dressent jambes écartées, bras tendus et portent sur la tête des casques surmontés de structures semblables à des antennes. Contrairement aux autres gravures, ils ont survécu intacts au passage des millénaires. Jamais éraflés, ni altérés d'aucune manière, ils ont sans doute fortement impressionné les générations suivantes qui les ont traités avec tous les égards, alors même que la mémoire de leurs créateurs et de leurs motivations s'était perdue dans la nuit des temps.

Une visite des dieux

Les spéculations vont bon train au sujet de ces étranges personnages. Tandis que certains y voient des êtres divins avec une auréole de lumière ou de cheveux, ou encore affublés de couvre-chefs bizarres, d'autres pensent qu'il s'agit plutôt de la représentation de rencontres mystérieuses faites par les habitants de la vallée de l'Indus. Ils auraient pu voir des astronautes préhistoriques, des intelligences extraterrestres qu'ils auraient ainsi immortalisés dans la pierre. Images divines, invocations religieuses, extraterrestres : il n'existe toujours pas d'explication rationnelle à ce qui a pu se dérouler en des temps immémoriaux sur « l'autoroute des géants ».

Galerie de rébus

En 1955, le professeur Karl Jettmar de l'université de Heidelberg découvrit de très anciennes gravures sur pierre à un endroit situé entre les villages de Shatial, de Chilas

Représentations religieuses

Entre Shatial et Chilas (Cachemire), des empreintes de mains et de pieds de plus de 8 000 ans nous font remonter loin dans l'histoire de l'humanité. Des voyageurs ont autrefois apposé leurs mains sur les sombres roches. À l'aide d'outils en pierre ils ont réussi à en graver les contours, laissant à la postérité des témoins uniques de leur existence. Ces simples représentations exprimaient vraisemblablement leur rapport religieux à l'environnement. Peut-être signifiaient-elles : Je suis. J'existe. J'implore le monde, la nature, les dieux. En effet, ces empreintes côtoient des images stylisées de chèvres, de moutons et de gibier. Il est possible que l'on ait cherché à apaiser l'esprit des animaux tués et à s'attirer l'aide des dieux pour la chasse.

À Taxila-Sirkap (Pakistan), ce stupa surmonté d'un aigle bicéphale est le seul à présenter une telle décoration. C'est devant ces niches, qui abritaient autrefois une statue du Bouddha, que les croyants déposaient leurs offrandes.

Ce détail d'un socle de stupa montre une frise de bouddhas dans leurs niches. Les alentours de Taxila étaient autrefois un important centre du bouddhisme. C'est de cet endroit que cette doctrine a pu se répandre pacifiquement à la Chine et à toute la partie orientale de l'Asie. La culture hellénistique parvint jusqu'ici lorsque Alexandre le Grand (356-323 av. J.-C.) intégra cette région à son empire.

et de Gilgit. Il entreprit, 17 ans plus tard, une expédition sur le site en compagnie du professeur Ahmad Dani, un ethnologue pakistanais de l'université Quaid-i-Azam à Islamabad. Le voyage qui les mena en plein cœur d'un Cachemire en crise s'avéra périlleux, mais des milliers de pétroglyphes – datant des âges de pierre et de bronze jusqu'à la période préislamique – récompensèrent les chercheurs de leur peine. Il est étonnant que pèlerins et marchands, nomades et guerriers de nombre de nations aient tous ressenti l'endroit comme un lieu particulier. En effet, l'expédition retrouva des inscriptions dans dix langues différentes, parmi lesquelles le chinois, l'indien, le perse et même l'hébreu.

Point de fusion des religions

Des dessins préhistoriques d'éléphants, de chevaux et de guerriers perses lourdement armés, ainsi que de nombreux symboles religieux ornent ce musée en plein air, unique en son genre. Le motif le plus souvent représenté est celui du stupa. Les stupas sont à la fois le symbole de la fin du voyage de la vie et la porte d'entrée vers le monde des dieux. Ces monuments à la forme de dôme sont des objets de méditation pour les croyants qui y déposent leurs offrandes. Une participation physique ou financière à la construction d'un stupa est également un bon moyen de s'attirer les bonnes grâces des dieux. Les voyageurs n'avaient que rarement cette possibilité. Ce sont donc les pétroglyphes qui leur servaient à manifester leur foi. La répétition d'un symbole ressemblant à la croix chrétienne prouve que cette région de l'Indus était un centre religieux important. Depuis 1981, le Dr Volker Thewalt, archéologue allemand, a libéré de nombreuses gravures de la gangue de sable blanc qui les recouvrait. Il a souvent dû effectuer ses pénibles travaux par une température supérieure à 55 °C, mais la récompense en a été la découverte d'histoires complètes en images.

La fin des dessins

Si la vallée de l'Indus près de Chilas reste encore un important centre religieux au Ier millénaire apr. J.-C., une nouvelle croyance s'installe ensuite peu à peu : des haches et des disques solaires symbolisent alors des divinités belliqueuses. Avec l'avancée de l'islam au XIVe siècle, le sanctuaire tombe dans un sommeil de Belle au bois dormant et les habitants croient voir des fées voleter au-dessus des anciens lieux de culte. Aujourd'hui, les gens ont perdu la crainte respectueuse de leurs ancêtres pour ce lieu magique et ils utilisent les pierres gravées pour construire leurs maisons. Il y a lieu de s'inquiéter plus encore, puisqu'il existe un projet de barrage qui inonderait la région tout entière. Un des derniers liens vers le monde de nos ancêtres, des démons et des dieux serait ainsi tranché, supprimant à jamais toute possibilité d'étudier leur monde si différent et leurs connaissances perdues.

Fées et esprits

Les archéologues connaissaient depuis longtemps la référence faite au début du VIIe siècle par le pèlerin chinois Hiuen Tsang, aux étranges rochers dans le nord du Pakistan : « De nombreux faits magiques ont lieu dans ces montagnes. Ce sont les traces des Arhats et des Sramaneras (fées et esprits) qui visitent ces lieux et dessinent avec leur doigts comme s'ils chevauchaient des chevaux ou marchaient à pied de long en large. »

Aujourd'hui, nous savons que la « galerie des rébus » a été sculptée par des hommes qui cherchaient à influencer leur monde à l'aide de symboles magiques.

Le nord de la vallée de l'Indus était déjà peuplé bien avant les nombreuses civilisations plus développées qui s'y succédèrent par la suite. Entre le Cachemire et Tachkent, les parois rocheuses présentent des milliers de pétroglyphes, de graffitis et d'inscriptions dans différentes langues. Au fil des siècles, nomades, marchands et autres voyageurs les ont gravés sur les rochers du col de montagne. (Pétroglyphes de Thalpan, près de Chilas, sur le rocher-autel, Thalpan Bridge).

Bali, l'île des gardiens-démons

Les nombreux temples de Bali ont tous une caractéristique commune : l'entrée, le plus souvent un portail double, est gardée par des sentinelles de pierre et des démons effroyables. Leur rôle est de dissuader les forces négatives de prendre possession des lieux sacrés et d'empêcher les vols d'objets précieux à l'intérieur du temple. Les démons, aujourd'hui dotés d'une image négative, étaient considérés, à l'origine, comme de simples êtres surnaturels (du grec daimones, *« surnaturel »). Ils peuplaient le royaume du milieu et servaient d'intermédiaires entre les dieux et les hommes. C'est sans doute pour cette raison que le rôle de gardiens du temple leur fut dévolu.*

Au cœur de la nuit à Bali : pieds nus, un homme saute dans les braises d'écorces de noix de coco, provoquant autour de lui une gerbe d'étincelles. L'homme est en transe et se rend à peine compte qu'il marche sur le feu.

La nuit, les habitants de Bali se livrent à leurs cérémonies et à leurs rituels ancestraux, et cherchent à établir, par la transe, le contact avec les dieux et les démons. Le jour, en revanche, appartient aux touristes qui visitent chaque année en grand nombre cette île de l'archipel indonésien à l'image harmonieuse de danse, de musique, de palmiers et de plages. Toutefois, la mythologie balinaise est toujours très vivace derrière cette façade idyllique, comme lorsque les démons prennent possession de prêtres masqués ou que des danseuses graciles bannissent le mal de ce monde par leurs mouvements stylisés.

Des forces divines

La religion balinaise est une forme d'hindouisme mâtinée de bouddhisme et de religions animistes qui attribuent une âme à la nature et à ses phénomènes. Le dieu suprême, Ida Sanghyang Wasa, réunit en lui les forces positives et négatives. Il est à la fois l'absolu et l'insaisissable. C'est pourquoi les temples balinais ne comportent aucune représentation divine, mais seulement des trônes vides destinés au dieu invisible.

Les autres dieux et déesses sont des émanations des forces organisatrices de ce dieu suprême. Quant aux démons, ils incarnent les forces destructrices. Ses principales manifestations sont celles des dieux hindous. Brahmâ symbolise le dieu créateur, Vishnou est le conservateur. Dans le cycle éternel de l'univers, Shiva est le destructeur, mais aussi le porteur d'une nouvelle création. C'est pourquoi le volcan le plus élevé de Bali, le Gunung Agung, lui est assimilé.

Volcan magique

La fin des troubles contre les autorités coloniales hollandaises, en 1963, montra à quel point les croyances ancestrales sur l'affrontement des forces cosmiques étaient encore profondément ancrées dans le peuple. La cérémonie Eka Dasa Rudra, qui n'a normalement lieu que tous les cent ans, fut organisée par anticipation pour restaurer l'harmonie dans le pays. Les prêtres déconseillèrent au gouvernement d'appliquer ce plan, car le temps n'était pas encore venu. Une foule nombreuse se pressa néanmoins au temple sacré situé au pied du Gunung Agung. C'est là que la colère des dieux se déchaîna. Soudain, des flots de lave s'échappèrent du volcan et se répandirent sur la foule, faisant de nombreuses victimes. Seul un groupe de croyants, qui adressa ses prières à Shiva, fut épargné lorsque la coulée de lave se sépara en deux.

Depuis cet événement, l'ancienne croyance du combat éternel entre le bien et le mal est plus forte que jamais, et les habitants de l'île manifestent leur profonde religiosité par des offrandes et des prières aux démons et aux dieux.

Dans les temples de Bali, les danses en costume traditionnel suivent des chorégraphies anciennes et racontent les histoires des dieux et des rois de la mythologie. Ici, comme dans toutes les légendes, le bien triomphe toujours du démon maléfique.

Un ordre mondial soumis à la magie

À Bali, des pratiques animistes millénaires, vénérant les forces démoniaques de la nature par des offrandes, se sont mêlées à l'hindouisme et ont donné naissance à une religion unique qui se caractérise à la fois par une mystique très ancienne et des traits plus modernes. Le cosmos de l'hindouisme balinais se trouve dans une évolution perpétuelle, dans laquelle chaque élément a un rôle à jouer, aussi minime soit-il. Hommes, animaux, plantes et objets inanimés contribuent tous au maintien d'un univers sous-tendu par une force de cohésion (Dharma). Les forces destructrices (Adharma), quant à elles, cherchent à plonger le monde dans le chaos. Tout doit donc être mis en œuvre afin d'atteindre un équilibre. Certaines théories scientifiques appliquent les mêmes réflexions dans les modèles matière-antimatière, comme la théorie des trous noirs. Dans ce cas, l'antimatière est considérée comme une forme de matière différente. C'est l'interaction des deux formes de matière qui a déclenché les processus physiques élémentaires ainsi que la création et le développement de l'univers.

Ces sept statues presque identiques sont les seules, sur l'île de Pâques, à se tourner vers la mer et le royaume imaginaire de Hiva. D'après la légende, c'est de là que sont venus les éclaireurs partis à la recherche du pays de Rapa Nui.

L'île de Pâques, nombril du monde

En 1722, l'amiral hollandais Jakob Roggeveen appareilla à la recherche d'un continent légendaire (*Terra australis*), censé se trouver quelque part dans le sud du Pacifique. Les 5 et 6 avril de la même année, il aperçut enfin une terre dans l'étendue infinie de l'océan. Ce n'était pas le continent recherché, mais juste un petit morceau de terre cerné par les eaux.

La découverte ayant eu lieu le jour de Pâques, il baptisa l'endroit île de Pâques. Le long de la côte, les hommes d'équipage signalèrent des sculptures mégalithiques gigantesques qu'ils considérèrent comme les œuvres sans grand intérêt de la population primitive de l'île. Dans leur arrogance, ils ne

virent pas qu'ils se trouvaient devant l'un des plus grands mystères du monde, un mystère qui suscite jusqu'à ce jour de nombreuses questions : comment les autochtones ont-ils réussi à sculpter ces colosses de plus de 10 mètres dans la pierre de lave, à les transporter et à les dresser? Qui représentent-ils et quelle est leur valeur religieuse?

Un passé énigmatique

Une aura magique s'étend toujours sur l'île que ses habitants polynésiens appellent Rapa Nui, « grande île plate », ou encore Te-Pito-O-Te-Henau, « nombril du monde ». Leur histoire, énigmatique et mystique, est aussi faite d'atrocités et de souffrances. Des recherches archéologiques ont permis

Géants de pierre énigmatiques, dieux de pierre mystérieux, divinités muettes, monuments occultes, ne sont que quelques-unes des nombreuses fonctions attribuées aux moai, ces gigantesques statues de Rapa Nui. On ignore toujours pour quelle raison ces monuments ont été dressés.

L'arrivée mythique

Les habitants de l'île de Pâques racontent qu'en des temps immémoriaux, un être surnaturel du nom de Uoke aurait atteint l'île au départ du mystérieux pays de Hiva. Uoke aurait traversé le Pacifique sur une « perche » géante dans l'intention de détruire l'île rocheuse, mais il échoua.
Il fut suivi par un groupe de trois cent personnes originaires de Hiva, pays qui fut ensuite anéanti par un grand raz-de-marée. C'est par magie que les nouveaux arrivants avaient pu voir la petite île au loin, mais c'est en s'orientant d'après les étoiles qu'ils s'y rendirent. Ils prirent toutefois la précaution d'envoyer sept sages en éclaireurs afin de préparer l'île à leur arrivée. Hotu Matua, leur chef, était l'égal d'un roi-dieu pour les habitants. De petites tablettes couvertes d'inscriptions, découvertes sur l'île, pourraient probablement nous en apprendre plus long. Malheureusement, personne n'est plus capable de les déchiffrer aujourd'hui.

Près de mille statues de tailles différentes ont été recensées sur l'île de Pâques, mais ce sont naturellement les géants qui ont retenu l'attention. Le plus grand mesure plus de 20 mètres et son poids est estimé à 250 tonnes. Il repose encore dans sa gangue de pierre, près du cratère de Rano raraku (photo). Non loin reposent des centaines de colosses entamés ou prêts à être transportés.

d'établir que l'île se peupla vers 300 apr. J.-C. En revanche, l'origine de ses habitants est aussi inconnue que leurs connaissances architecturales sont énigmatiques.
Deux hypothèses prévalent à l'heure actuelle. Soit il y aurait eu trois vagues d'immigration par des groupes polynésiens, soit il y aurait eu un lien avec l'Amérique du Sud. Cette deuxième hypothèse a été émise par l'ethnologue norvégien Thor Heyerdahl (1914-2002), sur la base de différents indices : des murs en pierre travaillés comme au Pérou, des croyances similaires, comme celle selon laquelle un récif au large de la côte aurait abrité un œuf d'oiseau et l'aurait doté de pouvoirs magiques, l'existence d'espèces végétales qui ne poussaient, à l'origine, qu'en Amérique du Sud. En 1947, son incroyable traversée sur un bateau en roseau, du Pérou à l'île de Pâques, prouva que son hypothèse était envisageable.

La disparition d'une grande civilisation

La chute de l'ancienne civilisation intervint peu après l'arrivée des Hollandais. Lorsque l'explorateur britannique James Cook (1728-1779) se rendit sur l'île 50 ans plus tard, en 1774, les grandes statues avaient été renversées. Une lutte de pouvoir entre deux groupes ethniques, les « longues oreilles » et les « courtes oreilles », avait entraîné l'éradication presque totale de la classe aristocratique des longues oreilles. En 1862, des esclavagistes péruviens capturèrent neuf cents insulaires, parmi les-

quels le dernier *Ariki* (« roi ») et tous les dépositaires du savoir, et les emmenèrent au Pérou et au Chili.
En ce même XIXe siècle, les maladies réduisirent finalement la population à cent onze personnes. C'est ainsi que se perdit presque entièrement la connaissance des origines, des cultes anciens et du secret de l'île.

Sur la piste des secrets

En 1955, Thor Heyerdahl accosta dans cette île de 118 kilomètres carrés et s'attela à percer le mystère de la technique de fabrication des colosses de pierre. Les carrières à flanc de volcan abritent encore des centaines de bifaces, ces outils de pierre préhistoriques taillés sur les deux faces, ainsi que de nombreuses statues à tous les stades de sculpture. Pendant 18 jours, des ouvriers essayèrent d'arracher à la pierre une nouvelle figure, *moai* (« statue ») pour les autochtones, à l'aide de ces outils.
Le résultat fut accablant : seuls les contours étaient reconnaissables et les sculpteurs avaient les mains complètement abîmées. En revanche, ils réussirent à transporter l'un des six cents géants de pierre à l'aide d'une technique de levier primitive, même si l'entreprise se révéla très ardue.
Une question subsiste : pour quelle raison les quatre mille habitants de l'île ont-ils consacré quelque 300 ans à un travail aussi improductif ? Quelle était la force spirituelle qui les motivait ?

Mythes et forces surnaturelles

Ce sont les statues elles-mêmes, les rites et les récits qui parlent du passé mythique de l'île. Si l'on prend les légendes au pied de la lettre, les grands magiciens disposaient d'une force spirituelle, la *mana*, qu'ils concentraient sur une pierre ronde, appelée *Te Pito Kura*, pour ensuite soulever les mégalithes par le seul pouvoir de leur verbe. Peut-on ajouter foi à une telle légende ? De manière tout à fait étonnante, il existe des récits analogues aux quatre coins du monde, en Égypte, au Tibet et au Mexique, par exemple.

En 1886, Ure Vaeiko, l'ancien du village, raconta qu'un ancêtre, Heke le sage, avait fait construire des routes de toutes les directions vers le cœur de l'île triangulaire, afin d'obtenir le dessin d'une toile d'araignée grise, laquelle aurait fini par « s'élever dans le ciel ». Faut-il reconnaître ici un système de coordonnées céleste, tel que le connaissent les astronomes ?

Magie insulaire

Peut-être les insulaires poursuivaient-ils un tout autre but. En effet, contrairement à ce que l'on pourrait croire, à l'exception de quelques-uns les *moai* ne regardent pas vers la mer, mais vers un point situé au-dessus du centre de l'île. Si l'on matérialise la direction de leur regard par des lignes imaginaires, on obtient le tracé d'une pyramide. S'agissait-il de concentrer ainsi une force magique prodigieuse sur le « nombril du monde » ? Les insulaires ont-ils réussi ? Pouvaient-ils vraiment s'affranchir de la force de la gravité ? Leurs dieux se composaient de deux sortes de pierre (du tuf et du basalte). L'objectif était-il d'aligner ainsi toute une batterie d'« éléments » minéraux afin d'empêcher la répétition de la catastrophe qui avait anéanti Hiva, leur légendaire patrie ? Ces maîtres architectes disposaient-ils du savoir désormais perdu d'une civilisation ancienne ? Les statues monumentales se taisent depuis des siècles et ne se laisseront sans doute pas de sitôt arracher leur secret.

Le culte des étoiles

Les insulaires appellent aussi leur pays Mata-Ki-Te-Rani, « les yeux qui regardent vers le ciel ». Ce nom vient du regard perçant des *moai* dont les yeux étaient autrefois faits de corail blanc serti dans les orbites sombres. Les statues pouvaient ainsi scruter jour et nuit le cosmos, à l'instar des astronomes. Plus étonnant, certaines statues sont placées dans l'alignement de la trajectoire du soleil (solstices d'hiver et d'été). Il existait en outre une confrérie « d'hommes érudits qui étudiaient le ciel » (*Tangata Rani*), ainsi qu'un observatoire stellaire (*papa ui hetu'u*). Il se peut que les habitants de l'île de Pâques aient voué un culte au soleil et aux étoiles.

Ko Te Riku est le nom d'un moai *de 20 tonnes et de 4,74 mètres de haut. Sa tête est surmontée d'un* pukao *rouge vif de plusieurs tonnes. Les yeux de corail blanc de la statue sont visibles de loin. C'est aujourd'hui la dernière statue « voyante » de l'île.*

L' Uluru sacré d'Australie

Peuplée depuis au moins 50 000 ans, l'Australie abrite en son centre un sanctuaire : l'Uluru (Ayers Rock).

Au cœur de l'Australie, au sud-ouest d'Alice Springs, se trouve sans doute l'un des plus beaux joyaux de notre planète : l'Uluru, ou Ayers Rock en anglais. Pour les autochtones du cinquième continent, les Aborigènes, ce monolithe géant est aussi sacré que la Coupole du Rocher à Jérusalem pour les juifs, ou la Kaaba, qui abrite la Pierre noire au centre de la Grande Mosquée de La Mecque, pour les musulmans. D'après une légende locale, c'est sur l'Uluru qu'a débuté la création du monde.

Lieu de pèlerinage pour tous

La montagne sacrée d'Uluru (330 mètres de haut) attire tous ceux qui désirent y vivre une expérience mystique, quelle que soit leur origine culturelle. La nature y déploie un scénario à couper le souffle aux plus blasés : le matin, en raison des pigments qu'il

contient, le monolithe dont la forme évoque un animal endormi, luit d'une couleur jaune dorée semblable à l'ambre, tandis qu'au crépuscule il se teinte d'une chaude couleur de rubis. Les nuages de pluie, plutôt rares dans le Territoire du Nord, lui confèrent une sombre opalescence. L'Uluru abrite des lieux sacrés, masculins et féminins, des cavernes silencieuses, des points d'eau et des promontoires rocheux. Les sentiers du Temps du Rêve, l'histoire aborigène de la création, s'y réunissent et en font un endroit de magie qui nourrit toujours les mythes anciens.

De la nature de « l'esprit-enfant »

Les Aborigènes croient qu'une femme peut également être fécondée par l'esprit, pour peu qu'elle entre en contact avec l'énergie d'un lieu. L'Uluru compte ainsi quelques cavernes de fécondité qui abritent de grands rochers de forme phallique. Des femmes en auraient poli la surface rugueuse en se frottant contre eux pour activer leur fécondité. Elles s'asseyaient ensuite auprès des trous d'eau et des bosquets qui poussent tout autour de l'Uluru. Selon les autochtones, ces endroits permettraient aujourd'hui encore, lorsque les circonstances s'y prêtent, d'apercevoir les « esprits-enfants ». Les femmes attiraient ces êtres fragiles sur leurs genoux pour les nourrir.

Mystique au lever du soleil

L'escalade de l'Uluru au lever du soleil est autorisée aux non-initiés, sous réserve qu'ils empruntent des sentiers spécifiques. Les Aborigènes espèrent, par le biais de cette expérience mystique, partager et faire comprendre leur vision du monde aux représentants d'autres cultures. Il est vrai que cet endroit, situé au cœur

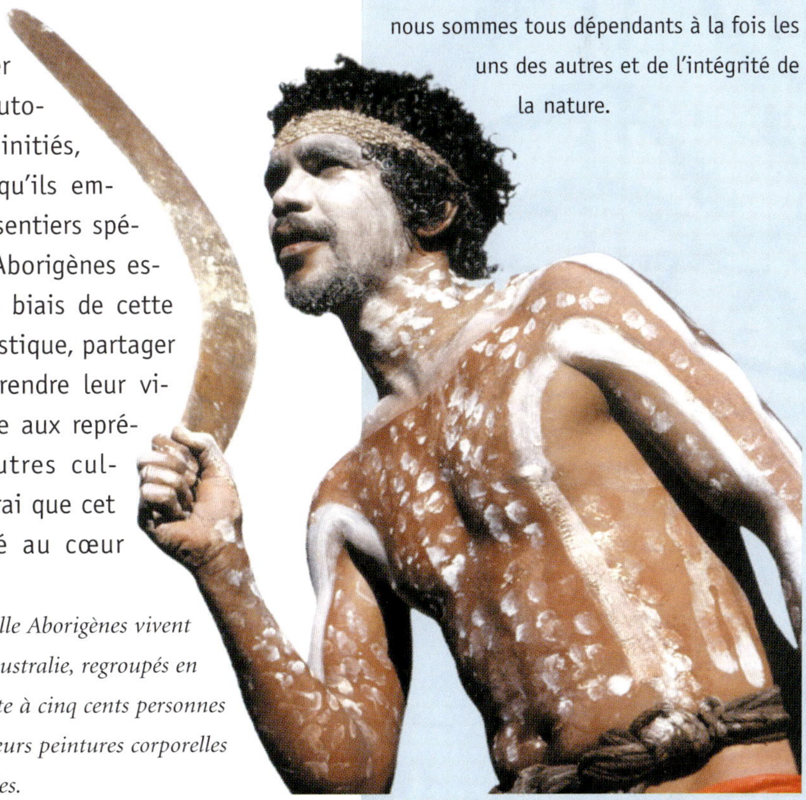

Cent soixante mille Aborigènes vivent aujourd'hui en Australie, regroupés en clans de cinquante à cinq cents personnes différenciés par leurs peintures corporelles lors des cérémonies.

L'esprit des ancêtres comme archétype

Pour les Aborigènes, le Temps du Rêve symbolise l'époque de la création dans laquelle chaque vie faisait partie d'un système dont les différents éléments étaient reliés les uns aux autres.

C'était un véritable réseau de relations qui se trouva activé lorsque les esprits éternels des ancêtres se manifestèrent pour la première fois. Les Aborigènes sont toujours capables de matérialiser le Djang, l'énergie spirituelle du Temps du Rêve, en célébrant divers rites transmis par les ancêtres qui leur permettent d'entrer en communication avec eux.

Ils pensent que l'esprit des défunts peut leur ouvrir la porte du Temps du Rêve où toute chose fut créée et où toute chose est éternelle. Soulignons que certains mystiques du Moyen Âge, tels que François d'Assise, Maître Ekkehard et Hildegarde de Bingen avaient la même vision de la création comme principe universel de vie que les Aborigènes. Cette conscience conservée au-delà des millénaires parviendra peut-être à empêcher les hommes du XXIe siècle d'occulter systématiquement que nous sommes tous dépendants à la fois les uns des autres et de l'intégrité de la nature.

Cette peinture rupestre se trouve à Arnhemland, Territoire du Nord. Les Aborigènes n'ayant pas d'écriture jusqu'à une période récente, c'est en images qu'ils se transmettaient leurs mythes. L'homme représenté ici a le corps peint pour une cérémonie.

géographique de l'Australie, ne laisse personne indifférent. Au loin se dessine la silhouette du massif du Kata Tjuta, ou monts Olgas. Cette formation montagneuse constituée de trente-six sommets distincts s'étend sur 36 kilomètres carrés à l'ouest d'Ayers Rock, et se compose de blocs rocheux fortement érodés. Son nom ancien se traduit par « endroit aux nombreuses têtes » car on pense qu'il s'agit de la patrie de nombre d'ancêtres du Temps du Rêve.

Le dieu des Aranda

En ce Temps du Rêve, la légende raconte que l'Uluru fut érigé par deux enfants divins. C'est là qu'Altjira, le grand dieu des

Les Aborigènes tentent de vivre en harmonie avec la nature. Cela devient de plus en plus difficile car la civilisation industrielle et technique influence de plus en plus leur mode de vie. L'argent et les biens de consommation séduisent notamment les jeunes générations. Nombreux sont ceux qui vont vivre dans les villes pour travailler, abandonnant en chemin leurs valeurs culturelles ancestrales.

Aranda, l'un des peuples primitifs les plus puissants, a placé le soleil, la lune et les étoiles au firmament, formé les montagnes, les fleuves et les trous d'eau, planté les eucalyptus et les fleurs sauvages, et donné vie aux animaux. Se sentant seul après un long sommeil, il se servit d'un rocher de l'Uluru pour façonner l'homme. Le dieu raconta tous ses secrets à sa nouvelle création et lui enjoignit de les transmettre fidèlement de génération en génération afin que l'humanité puisse vivre et grandir.

Porteurs de traditions culturelles

Les connaissances intégrées dans la mythologie du Temps du Rêve furent effectivement transmises sous forme de chants, de danses et d'objets sacrés. Cependant, au cours des deux derniers siècles, la colonisation anglaise détruisit en partie ces traditions. C'est bien tardivement que ses ethnologues firent la découverte qui allait sauver les Aborigènes : ceux que l'on appelait les sauvages de l'âge de pierre n'étaient en rien une horde primitive. Ils étaient au contraire les porteurs d'une culture millénaire dont les concepts remontaient au commencement du monde.

La bible des Aranda

La mission du Britannique Carl Strehlow, arrivé en Australie en 1894, protégea de nombreux Aborigènes contre les exactions des fermiers blancs.

Selon la volonté des hommes-médecine, il devait conserver leur trésor spirituel pour une autre époque qui montrerait plus de compréhension pour la civilisation autochtone.

À partir de la masse d'informations transmises, Strehlow conçut la fameuse « bible des Aranda », ainsi que des lexiques de la langue aborigène. Les messages de la bible peuvent se résumer en phrases simples :

- Les fondements de la vie pour toutes les générations ne se maintiendront qu'à la condition que l'homme vive en harmonie avec la nature.
- Le chant, la danse et les contes activent l'énergie vitale.
- Tous les hommes sont responsables de la transmission des règles d'or de la vie et des valeurs spirituelles de génération en génération.

Par ailleurs, les parents aborigènes ne considèrent pas leurs enfants comme leur propriété personnelle. De même, ils ne se sentent pas responsables de leur caractère et de leur personnalité. La famille des enfants est le clan aborigène tout entier, au sein duquel chacun a les mêmes parents : la force des ancêtres et la Terre mère.

Chez les Aborigènes, les femmes participent aux cérémonies. Le rituel le plus important a pour rôle de rappeler l'ancien Temps du Rêve.

PAYS
ET LÉ

Situs
Insulæ Atlantidis, à
Mari olim absorptæ ex
mente Ægyptiorum et
Platonis discriptio.

DISPARUS GENDAIRES

L'Atlantide, le paradis perdu

Le monde entier connaît l'Atlantide, mais personne ne l'a jamais vue. Suivant la description de Platon, l'artiste contemporain Dovilio Brero représente le royaume englouti comme une ville construite en cercles concentriques séparés par des fossés remplis d'eau.

La légendaire Atlantide a alimenté les mythes et les rêves des époques et des civilisations les plus diverses. Pacifiques, très développés techniquement, les Atlantes étaient avant tout un peuple heureux.

L'Atlantide représente l'âge d'or de l'humanité, affirment en chœur tous ceux qui veulent croire que le continent perdu n'est pas une chimère, car son existence et sa disparition sont loin d'être certaines. C'est le philosophe et écrivain grec Platon (427 – 347 av. J.-C.) qui nous a transmis le mythe de ce continent englouti par les flots.

Dans deux dialogues, *Timée* et *Critias*, Platon souligne que l'existence du continent dont il parle est bien réelle, qu'il ne s'agit pas d'une fiction.

Naissance d'un mythe

Platon, sous les traits de Critias, nous apprend qu'il a entendu parler de l'Atlantide par l'un de ses ancêtres, l'homme d'État grec Solon. Ce dernier aurait lu l'histoire du continent disparu lors d'un voyage en Égypte. Dans ses dialogues, Platon évoque une guerre qui aurait opposé l'Atlantide à l'Athènes des premiers temps, 9 000 ans auparavant, et précise la situation géographique des adversaires : les uns vivaient en deçà des Colonnes d'Hercule, l'actuelle Gibraltar, les autres, au-delà. Ces indications ont donné lieu à d'innombrables spéculations sur l'emplacement exact de l'Atlantide. Certains chercheurs pensent que l'Atlantide se situait dans la zone des actuelles Açores, d'autres la rapprochent de l'Amérique, à proximité de Bimini, un groupe d'îles au large de la Floride, où les traces d'une civilisation engloutie auraient effectivement été retrouvées sous l'eau. L'Atlantique de Platon ne correspondrait donc pas à notre Atlantique moderne, ce qui n'a rien d'étonnant si l'on se souvient que pour les Grecs anciens, ce mot signifiait « océan universel ». L'Atlantide aurait donc pu se situer aussi bien à Troie qu'à Santorin ou en Inde.

L'État idéal

D'après Platon, l'Atlantide était un continent parfaitement normal. « Il s'étirait du nord au sud, comprenait des montagnes, des fleuves, des lacs et des terres cultivées ». Platon parle d'une capitale de forme circulaire, qui s'étendait au sommet d'une colline sur trois canaux et deux bandes de terre surmontés d'une avenue magnifique. Le centre spirituel de la cité était un temple dédié à Poséidon, un somptueux édifice dressé au milieu de palais, car l'Atlantide était dirigée par de sages rois, descendants du dieu de la Mer.

Platon décrit la société du continent légendaire comme une démocratie idéale, une forme de gouvernement qu'il

Des cartographes du Moyen Âge ont dessiné l'emplacement de l'Atlantide d'après les descriptions de Platon. La carte qui fait apparaître un continent gigantesque entre l'Afrique et l'Amérique, témoigne également de l'intérêt inextinguible de l'humanité pour le continent englouti.

Platon, philosophe et auteur grec, était connu pour l'importance qu'il accordait aux idées. Selon lui, les idées sont les formes primitives de toute chose. Pour les chercheurs de l'Atlantide, Platon est aujourd'hui la seule source d'information relative au continent disparu.

L'Atlantide, une erreur historique ?

Dans ses dialogues, Platon raconte que son ancêtre Solon aurait appris, lors d'un voyage en Égypte, qu'une guerre avait opposé l'Athènes des premiers temps à l'Atlantide, quelque 9 000 ans auparavant. Cependant, à cette époque, les Grecs n'existaient pas encore. Les premiers peuples grecs ne sont apparus qu'au IIe millénaire av. J.-C. On peut donc s'étonner que l'Atlantide soit gouvernée par des dieux grecs. Atlas, le premier roi de l'Atlantide, était censé être un fils du dieu de la Mer Poséidon.

Les historiens ont réfléchi à cette incohérence et avancé l'hypothèse suivante : une erreur aurait pu être commise sur la date et la guerre aurait pu avoir lieu, non pas 9 000, mais 900 ans avant Solon, soit vers 1500 av. J.-C. Il se trouve qu'à cette époque, une éruption volcanique a bien dévasté l'île égéenne de Santorin.

Si l'on accepte cette théorie des dates, l'Atlantide aurait donc pu être un morceau de la Grèce actuelle, ce qui expliquerait par ailleurs la prééminence des dieux grecs.

Extraits du *Critias* de Platon

«Cette île, autrefois plus vaste que la Libye et l'Asie réunies, fut engloutie par un tremblement de terre. C'est pourquoi, aujourd'hui encore, cette mer est impraticable et inexplorable, la navigation étant gênée par les hauts-fonds vaseux que l'île a formés en s'affaissant. [...] Pendant de nombreuses générations, aussi longtemps que la nature du dieu se fit sentir en eux, ils obéirent aux lois et restèrent attachés au principe divin auquel ils étaient apparentés [...]. Mais quand la portion divine qui étaient en eux s'altéra, par son fréquent mélange avec un élément mortel considérable, et que le caractère humain prédomina, ils se conduisirent indécemment [...].»

Régulièrement, des personnes en transe «voient» l'Atlantide, ici dans un dessin de l'architecte berlinoise Marete Mattern. Ces visions évoquent un aspect de l'histoire des origines de la mythologie grecque qui rappelle, à son tour, la version biblique du Déluge. Lorsque Pandore eut apporté sur terre la misère et la souffrance, Zeus décida de punir les mauvaises actions des hommes. Il fit tomber la pluie pendant neuf jours et neuf nuits. Tous les humains, à l'exception de deux, perdirent la vie. Ces survivants engendrèrent le peuple des Hellènes.

Santorin : d'après les chercheurs, ce paradis touristique grec autrefois appelé Thera, pourrait être la légendaire Atlantide. Au centre de cette île, la plus au sud des Cyclades, dans la mer Égée, on peut voir le cratère d'un volcan entré en éruption vers 1525 av. J.-C., qui aurait pu être responsable de la disparition des Atlantes.

ne cessait de préconiser à ses contemporains. Il est possible, comme le soulignent certains sceptiques, que l'Atlantide ne soit qu'une invention idéologique de Platon lui servant à mieux soutenir ses concepts philosophiques et politiques.

La vie quotidienne en Atlantide

Platon et les affirmations plus controversées du voyant américain Edgar Cayce (1877-1945) sont aujourd'hui les seules sources d'information relatives au quotidien de l'Atlantide. Le philosophe grec nous parle d'une architecture somptueuse. Des pierres naturelles de couleur blanche, noire et rouge, avaient servi de matériau de construction. Il y avait deux sources en Atlantide : une chaude, une froide. Grâce à la source d'eau chaude, des thermes avaient pu être construits pour toutes les classes de la population. Le pays était riche et offrait à chacun ce qui était nécessaire à son existence quotidienne. Un commerce florissant avec d'autres civilisations avancées permettait d'importer de nombreuses choses belles et rares de l'étranger. Selon les visions d'Edgar Cayce, les Atlantes constituaient une civilisation très développée. D'après lui, ils étaient capables de faire la différence entre les métaux conducteurs et non-conducteurs, et possédaient des connaissances en physique atomique. En conséquence de quoi, ils avaient les moyens de produire de l'énergie et d'en contrôler les

flux. Cependant, malgré toutes ses connaissances, l'Atlantide était condamnée à disparaître. C'est Platon qui nous en donne la raison : au début, les rois de l'Atlantide respectaient les lois édictées par les dieux et leur esprit unissait l'indulgence à la sagesse. Petit à petit, les rois et leurs sujets succombèrent à des désirs humains, tel, selon Platon, celui de posséder « de l'or et des biens ». La nature divine du continent fut oubliée et Zeus décida sa perte.

La disparition d'une civilisation entière

Platon nous dit qu'un jour l'Atlantide fut victime d'une catastrophe naturelle, d'un tremblement de terre. Si c'est la vérité, les experts s'accordent à dire qu'il s'agit probablement d'une monumentale explosion volcanique sous-marine ayant entraîné un raz-de-marée et une augmentation drastique du niveau de la mer qui engloutit l'Atlantide.

D'après les visions d'Edgar Cayce, l'arrogance des Atlantes a provoqué une succession de trois catastrophes. Elles étaient toutes suffisamment prévisibles pour que de nombreux habitants aient le temps de s'exiler avant qu'elles n'aient lieu. Selon lui, la première catastrophe aurait eu lieu en 50000 av. J.-C. La deuxième, vers 28500 av. J.-C., aurait divisé le continent en trois îles plus petites du nom de Poseidia, Og et Aryan.

Enfin, la dernière catastrophe, le tremblement de terre évoqué par Platon, aurait entraîné la disparition définitive de la légendaire Atlantide.

Fouilles à Santorin : la civilisation grecque aurait pu être influencée par les Atlantes.

Santorin: mise au jour d'une ville conservée par la lave. Certains archéologues y voient les vestiges de l'Atlantide.

Avalon, le royaume dans les brumes

Les nappes de brouillard nimbent la colline sacrée de Glastonbury d'un voile mystérieux. C'est ici, paraît-il, que se trouvait Avalon, le royaume des brumes qui accueillit le roi Arthur après sa mort. Fascinés, des sourciers ont déclaré : « Chercher des énergies à Glastonbury avec une baguette de coudrier, c'est comme de chercher de l'eau dans la mer. » Glastonbury est aujourd'hui encore un lieu d'énergie très réputé.

Dans *Les Brumes d'Avalon*, la romancière américaine Marion Zimmer Bradley (1930-2000) redonne vie à un vieux royaume gouverné par le légendaire roi Arthur et ses chevaliers de la Table ronde, marqué par le puissant enchanteur Merlin et la quête du Saint-Graal. Arthur, aimé, respecté et craint, réalisait avec son épée Excalibur des miracles dont on se souvient encore aujourd'hui.

La Jérusalem anglaise

À Glastonbury, considéré comme un lieu saint par les tenants du spiritisme, une « Jérusalem anglaise » dans le comté de Somerset, les visiteurs perçoivent encore le souffle des secrets et des mythes qui enveloppent l'endroit depuis des siècles. C'est sur l'île autrefois légendaire d'Avalon que le roi Arthur et sa femme Guenièvre seraient enterrés, là où grandit le futur archevêque de Canterbury Thomas Becket (1118-1170), là où se trouvait, selon la légende, le royaume des brumes des prêtresses du lac.

La maîtrise du temps

À l'époque des Celtes, les druides, dotés d'immenses pouvoirs, pouvaient atteindre

l'autre monde, celui de la quatrième dimension, par la porte de Twr Avallach. Cette dimension était régie par des lois physico-métaphysiques, la traversée de l'espace et du temps, par exemple, telles qu'on ne les trouve que dans les royaumes magiques. Les druides y puisèrent de nombreuses connaissances parmi lesquelles l'immortalité de l'âme, la réincarnation ou encore la maîtrise du temps. La liberté poétique des légendes créa la fée Morgane, prêtresse du lac, demi-sœur du roi Arthur, qui lui-même n'était pas un roi, mais sans doute un général d'importance locale au VIe siècle. Les récits disent que Morgane était convaincue que les hommes créent leur propre réalité par leurs paroles, leurs pensées et leurs actes.

La porte n'est pas fermée

Les spécialistes modernes de la conscience pensent que la fée, dans sa sagesse, n'a pas définitivement fermé la porte de l'autre monde après la mort d'Arthur. « Elle commence à se rouvrir timidement, déclare le physicien et guérisseur berlinois Franz Bludorf (né en 1950). À l'heure actuelle, des connaissances anciennes que l'on croyait perdues, comme la maîtrise du temps, par exemple, remontent à la surface. Ce qui n'était autrefois réservé qu'à un petit nombre d'initiés peut désormais être accessible à tous. »

D'après ce scientifique, nous ne percevons pas directement le temps, nous le subissons de manière plutôt passive, par la succession des événements. Une cause entraîne un effet. « Celui qui est capable de fléchir le temps, explique Bludorf, est capable d'allonger ou de raccourcir à loisir cet espace de temps. De toute évidence, les druides maîtrisaient cet art qui leur permettait de franchir les portes de l'autre monde d'Avalon. »

À l'issue de son long règne – la bataille de Camelot aurait eu lieu en 537 – un navire aurait transporté Arthur à Avalon d'où il doit revenir un jour. Le roi Arthur est immortel. Nombreux sont ceux pour qui son mythe prouve l'existence éternelle du royaume d'Avalon... Quand bien même nous avons du mal à le voir.

Arthur à Glastonbury – Avalon

La petite ville anglaise de Glastonbury, dans le comté idyllique de Somerset, vit de son passé mythique qui anime aujourd'hui encore le quotidien de ses habitants et de ses visiteurs. Les initiés et les amateurs le savent bien, c'est ici que s'ouvrait autrefois la porte légendaire menant à Avalon. Glastonbury était alors entouré d'eau et de marais, et c'était la voie d'eau par laquelle on accédait aux royaume des brumes.

La légende raconte qu'après sa mort, le roi Arthur se rendit à Avalon. En 1190, des moines bénédictins de Glastonbury retrouvèrent sur les terres de leur abbaye une tombe portant l'inscription suivante : *Hic iacet sepultus inclitus rex arturius in insula avalonia* qui signifie : « Sur cette île d'Avalon, est enterré le célèbre roi Arthur ». Des archéologues ont confirmé la découverte de la tombe, mais jusqu'à ce jour, rien ne permet d'affirmer qu'il s'agit bien de celle du roi Arthur.

Le souverain, ou plutôt ce que l'on tient pour ses ossements, repose aujourd'hui dans un caveau de marbre à Glastonbury.

Arthur, le roi légendaire des Gallois, et ses chevaliers de la Table ronde sont les héros d'une ample saga faisant intervenir l'enchanteur Merlin, éducateur d'Arthur, une épée magique du nom d'Excalibur, ainsi qu'un gobelet mystique, le Saint-Graal. Cependant, l'existence réelle du roi Arthur est très controversée. Même si la légende affirme qu'il était le fils du roi Uther Pendragon, il n'était sans doute, en réalité, qu'un chef de guerre tombé en 537 lors de la bataille de Camelot. (Gravure coloriée à la main, 1823).

Shangri-La, utopie secrète

L'Homme mystère, *c'est ainsi que le peintre autrichien Karl Käfer (né en 1947) a intitulé cette œuvre. Elle représente un maître spirituellement illuminé, vêtu d'un manteau magique, devant un paysage de montagnes abruptes de l'Himalaya.*

La légende selon laquelle les derniers secrets spirituels de l'humanité seraient protégés par des maîtres érudits dans une vallée cachée de l'Himalaya se maintient depuis des siècles. Ces maîtres enseignent leurs connaissances à leurs disciples et ont une influence indirecte sur le destin des hommes. Le directoire secret, dont les membres sont dotés de pouvoirs surnaturels, vit à Shangri-La (aussi appelée Shamballa). Le monde est-il secrètement mené par une main invisible ? Les hauts plateaux tibétains abritent-ils réellement une sorte de gouvernement mondial ? Les auteurs antiques font souvent référence à une « puissance supérieure » qui serait intervenue dans les événements historiques, généralement par des « manifestations célestes ». Ainsi, par exemple, les fléaux lumineux d'une balance seraient apparus dans les nuages lorsque les Spartiates vainquirent les Athéniens à la bataille maritime de Coronée (394 av. J.-C.).

Centre spirituel

Dans les légendes asiatiques, Shangri-La est le centre spirituel de la Terre où se prépare le renouvellement spirituel de l'humanité. C'est de là que son nouvel idéal pacifique sera communiqué au monde au cours du XXIe siècle. Bouddha, Zarathoustra, Lao-Tseu et Jésus auraient passé leurs jeunes années chez les maîtres. Le *Livre tibétain des Morts* parle du directoire secret : « Sentinelles silencieuses, animés d'une pitié divine, ils contemplent le monde du haut de leurs remparts jusqu'à la fin du Kali Yuga – l'ère obscure – qui verra le jour de l'éveil naître pour toutes les nations. »

Le comte de Saint-Germain

Le nom de Shangri-La, le « pays du sacré et de la paix », est également évoqué dans les textes sacrés de l'hindouisme (les Purâna) comme un lieu géographique réel. La théosophie d'Adyar elle-même, mère de toutes les communautés théosophiques ultérieures, considère Shangri-La comme le lieu de résidence des maîtres et le siège de leurs adeptes et disciples spirituels, tel le légendaire comte de Saint-Germain : à la fois alchimiste, philosophe, compositeur, virtuose du violon et rénovateur de loges secrètes, il aurait été accueilli dans les cours royales des XVIIe et XVIIIe siècles, et n'était censé posséder ni bulletin de naissance, ni certificat de décès. Toutefois, la réalité de son existence n'est pas avérée. Voltaire disait de lui que c'était « l'homme qui savait tout et ne meurt jamais ».

Des occultistes occidentaux ont placé Shangri-La dans des régions inaccessibles du désert de Gobi. D'après l'enseignement de l'école Arcane (fondée en 1923 à New York comme centre d'apprentissage des techniques de méditation), Shangri-La est « le centre ou l'état de conscience divine ». La fondatrice de la Société théosophique, Helena Petrowna Blavatsky (1831-1891), considérée par ses disciples comme la représentante des maîtres secrets, aurait obtenu son savoir de maîtres de l'Himalaya, défunts et vivants.

En lien avec la science moderne

Mme Blavatsky considère son « enseignement secret », son *magnus opus* paru en quatre volumes en 1888, comme une « synthèse entre la science, la religion et la philosophie ». Des penseurs tels que l'astronome Camille Flammarion (1842-1925) ou l'inventeur Thomas Edison (1847-1931) se sont sentis interpellés par cet ouvrage. Le professeur W. D. McDavid (né en 1929), biophysicien de l'université du Texas, a souligné lors d'un symposium en 1984 qu'il existait « des similitudes frappantes entre l'enseignement secret et les résultats de la science moderne en ce qui concerne la création de l'Univers et de la vie sur Terre. »

L'expédition de Nikolai Roerich

En 1925, accompagné par un petit groupe de condisciples, le peintre, homme de science et pacifiste russe Nikolai Konstantinovitch Roerich (1874-1947) se lança dans la traversée de l'Himalaya. Il est à l'origine de ce qu'il est convenu d'appeler le Pacte Roerich, un contrat de protection des biens culturels en cas de guerre, signé le 14 avril 1935 par vingt et un États membres de l'Union panaméricaine. Le groupe s'était fixé comme objectif la découverte de l'héritage culturel de l'Asie centrale, mais son espérance secrète était de trouver l'énigmatique Shangri-La. Dans son livre *Shamballa*, Roerich interprète un « grand objet lumineux apparu soudain dans le ciel » comme le « signe favorable d'une puissance protectrice ».
Nikolai Roerich a-t-il jamais atteint son pays merveilleux ? Il n'en a jamais parlé, mais l'une de ses plus belles toiles, intitulée *Burning of Darkness*, montre un groupe d'hommes vêtus de longues robes sortant de la faille d'une montagne de l'Himalaya par une nuit de pleine lune. Parmi eux se trouve un homme chauve et barbu, Roerich lui-même, sans aucun doute, qui semble faire partie de cette communauté secrètes de moines.

L'aventurier connu sous le nom de comte de Saint-Germain était vraisemblablement d'origine portugaise. Il se faisait également appeler Aymar ou marquis de Betmar et fréquentait, depuis 1770, la cour de Paris ainsi que diverses cours allemandes. (Gravure contemporaine).

Eldorado, le royaume de l'or

Avec l'intérêt grandissant pour les pays lointains, au XIXe siècle, de nombreuses expéditions attirèrent des peintres et des dessinateurs. Le légendaire Eldorado fut alors souvent représenté comme un haut plateau fertile bordé par un lac, vision véritablement paradisiaque. Le paysage représenté ici dans une aquarelle de George Barnard (1832-1890) a été inspiré par un voyage en Guyane.

Fascinés, les Indiens Muisca suivaient la cérémonie lacustre. Sur un radeau de bambou recouvert de poudre d'or se dressait un éphèbe royal, lui aussi recouvert de la tête aux pieds d'une fine couche d'or mat. Son regard était fixé sur la surface vert sombre et lisse de l'eau, à ses pieds se trouvaient des offrandes en or pur d'une richesse incroyable : des gobelets finement ciselés, des joyaux, des émeraudes et des amulettes. La lagune tout entière s'emplissait du parfum agréable de la résine de motché, tandis que les Indiens, revêtus de somptueuses parures de plumes acclamaient le roi d'or. Le fond sonore des instruments à vent et des tambours cessa d'un seul coup sur un signe secret. L'homme doré jeta alors les trésors dans le lac où ils disparurent silencieusement dans les profondeurs obscures. Par ce rite, le jeune roi venait de pénétrer dans le cercle des seigneurs. La scène s'est paraît-il réellement déroulée sur le lac de Guatavita, non loin de Bogota, en Colombie.

L'or, drogue véritable

L'or est une drogue, l'or rend fou à moins d'en avoir à ne plus savoir qu'en faire. Il s'est toujours trouvé des peuples vivant dans des zones aurifères, qu'il s'agisse de l'ancienne Égypte, du Mexique, de la côte occidentale de l'Afrique et surtout, des régions du nord de l'Amérique latine. Des gisements d'or incommensurables y ont entraîné l'éclosion d'une civilisation qui fut totalement détruite au XVIe siècle par les conquêtes espagnoles. À la recherche de ces incroyables richesses, et espérant notamment mettre la main sur les trésors gisant au fond du lac de Guatavita, les conquistadors ont littéralement massacré les populations indiennes et dévasté le pays. La quête de l'Eldorado, le pays de l'or, dura des siècles et coûta la vie à de nombreux chercheurs de trésors et à d'innombrables indigènes. Aujourd'hui encore, on retrouve des objets datant de siècles différents, attestant le fabuleux trésor des légendes.

Le centre de l'or

Nourris des histoires sur le fabuleux trésor gisant au fond du lac de Guatavita, les conquistadors supposèrent que des richesses encore plus grandes les attendaient. Dans un premier temps, ils cantonnèrent leurs recherches à ce lac. Sur les mille Espagnols qui avaient entrepris la marche vers Guatavita en 1536, seuls cent soixante-dix survécurent. En 1580, Antonio de Sepulverde, marchand de Bogota, fit creuser par huit mille Indiens une gigantesque entaille sur les bords du lac afin d'abaisser le niveau de l'eau. L'entaille est encore visible de nos jours. Lorsqu'un éboulis tua plusieurs centaines d'ouvriers, le chantier fut arrêté. Néanmoins, des émeraudes de la taille d'un œuf, des plastrons et des cannes en or massif purent être envoyées au roi d'Espagne Philippe II.

Dans les années qui suivirent, la reine Élisabeth Ire d'Angleterre dépêcha le navigateur sir Walter Raleigh dans la jungle amazonienne à la recherche de la cité de Manoa où même les casseroles étaient, paraît-il, en or. Sa vaine recherche lui coûta sa tête. Croyant à un complot, la reine le fit enfermer. Elle le fit exécuter en 1618 dans l'intérêt de la nouvelle politique anglaise de rapprochement avec l'Espagne. En fin de compte, la

Le naturaliste et géographe Alexander, baron von Humboldt (1769-1859), fit réaliser une aquatinte du lac de Guatavita d'après ses propres esquisses. L'entaille dans le bord du lac, commanditée par Antonio de Sepulverde en 1580, est ici parfaitement visible.

Les Incas qui fabriquaient eux aussi des gobelets en or martelé, étaient l'une des tribus qui peuplaient la région supposée de l'Eldorado à l'époque précolombienne.

Manoa

Les Indiens d'Amérique du Sud racontèrent aux chercheurs européens que le pays merveilleux de Manoa, un deuxième Eldorado, se trouvait sur une île magique au milieu d'un grand lac salé : « Tous les couverts du palais sont en or pur ou en argent, ainsi que les objets les plus insignifiants. » Au centre de l'île se trouvait un temple solaire entouré de statues en or représentant des géants, un prince et des arbres. On situe aujourd'hui Manoa au sud de l'Orénoque, dans l'actuel Venezuela, mais à ce jour, la recherche du paradis doré n'a provoqué que souffrance pour les indigènes d'Amérique latine.

Manoa n'est pas le seul Eldorado possible, d'autres villes de Guyane, de l'Équateur et du Pérou qui possédaient d'importants gisements d'or sont envisageables. Cette tête de singe dorée provient d'une civilisation Motché (200-800 apr. J.-C.) dans le nord du Pérou.

Ce manche d'un couteau de cérémonie provient d'une civilisation Lambayeque (vers 100-1450 apr. J.-C.) dans le nord du Pérou.

Métallurgie

Les régions situées entre le Panamá et le Pérou, très diversifiées géologiquement, constituent le fameux Eldorado des Indiens. L'ensemble des pays de la côte Pacifique sud, ainsi que les pays limitrophes du Panamá sont considérés comme le berceau du travail de l'or et de la céramique. Les objets découverts sont parfois très anciens, comme ce gobelet d'or et d'argent en forme de jambe (probablement le symbole d'un sacrifice) datant du ve siècle av. J.-C. La poignée dorée d'un couteau de cérémonie (ci-dessus), également retrouvée au Pérou, est attribuée à la tribu Lambayeque qui maîtrisait elle aussi l'art de transformer les métaux, autrement dit, la métallurgie.

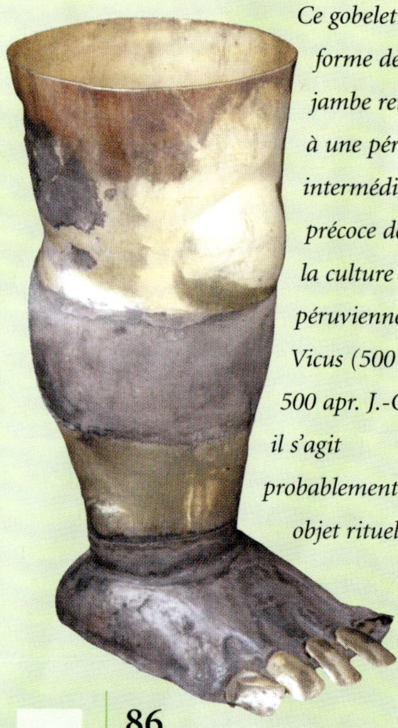

Ce gobelet en forme de jambe remonte à une période intermédiaire précoce de la culture péruvienne Vicus (500 av.-500 apr. J.-C.), il s'agit probablement d'un objet rituel.

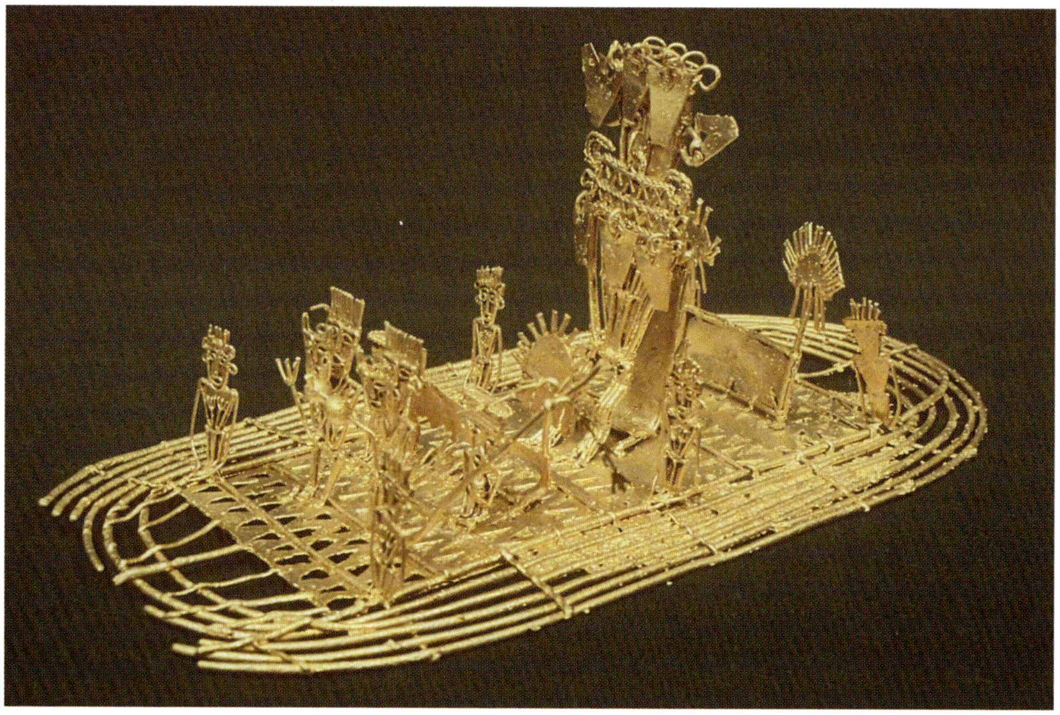

Cette offrande votive colombienne finement ciselée, en forme de radeau, représente la cérémonie royale d'Eldorado.

fièvre de l'or fit peu à peu oublier la légende du roi doré et de son pays l'Eldorado. Aujourd'hui encore, les recherches sur l'origine du pays fabuleux se concentrent aux alentours du lac de Guatavita.

Gran Moxo

Lorsque le Portugais Barco Centenera mourut en 1622, il emporta avec lui un secret en or. Il avait découvert au cœur de la jungle impénétrable du Brésil une mystérieuse cité perdue qu'il décrivit en 1601 : « Au milieu du lac se trouvait une île avec de somptueux édifices. Leur beauté dépassait l'entendement humain. » Cette ville appelée Gran Moxo par les Indiens devint le rêve et le cauchemar de nombreuses expéditions organisées au cours des siècles.

Sur la piste du secret

Le document portant le numéro 512 de la Bibliothèque nationale de Rio de Janeiro est tout à fait sensationnel. Il contient le rapport détaillé d'un groupe de chercheurs d'or portugais, datant de 1743, au sujet d'une cité en ruine au Brésil : la célèbre Gran Moxo. Six Portugais accompagnés par une douzaine d'esclaves africains et une trentaine d'Indiens décidèrent de suivre l'itinéraire emprunté par leur compatriote. L'expédition se dirigea vers le nord jusqu'aux hauts plateaux où elle buta sur une chaîne montagneuse abrupte et déchiquetée. Les aventuriers escaladèrent la paroi rocheuse escarpée et parvinrent enfin à un plateau du haut duquel ils aperçurent, au loin, la silhouette d'une ville. Les maisons étaient entourées de blocs de pierre massifs, mais la cité était totalement abandonnée et semblait avoir été détruite par un tremblement de terre. L'expédition retrouva quelques morceaux d'or et plusieurs mines, et le fleuve tout proche rendit quelques pépites d'or.

Des Indiens blancs

Les Portugais décidèrent de revenir dans la cité, mieux équipés cette fois, pour emporter le reste des réserves d'or. Arrivés au fleuve Paraguassu, ils envoyèrent un rapport préliminaire au vice-roi à Bahia par le biais d'éclaireurs indiens. Ce fut leur dernier signe de vie. Aucun des explorateurs ne refit plus jamais surface. Se sont-ils perdus ? Ont-ils été attaqués par leurs esclaves ou leurs Indiens ? Dans leurs dernières notes, ils disent avoir vu deux personnes à la peau blanche et aux longs cheveux noirs. L'Amazonie abritait-elle une tribu mystérieuse à la peau blanche, gardienne d'une civilisation disparue ? Toutes les expéditions qui eurent lieu par la suite, qu'elles soient françaises ou britanniques, connurent une fin tragique. La vaste jungle brésilienne défend-elle ainsi l'un de ses derniers secrets ?

Le navigateur britannique sir Walter Raleigh fut l'une des premières victimes de la malédiction de l'Eldorado. Il paya ses recherches de sa vie.

La tragédie du colonel Fawcett

Convaincu de détenir la position exacte de l'Eldorado, grâce aux informations obtenues par les Indiens Nafaqua, et d'y retrouver les vestiges d'une civilisation disparue, l'aventurier anglais Percy Fawcett lança son expédition en 1922. En 1925, le colonel Fawcett accompagné par son fils Jack et un jeune Anglais du nom de Raleigh Rimmel quitta le dernier avant-poste de la civilisation pour s'enfoncer vers les hautes terres inexplorées du Mato Grosso, au Brésil. « Je n'ai qu'un seul but : dévoiler les secrets qui se cachent depuis des siècles dans les épaisseurs de la jungle. Nous avons bon espoir de retrouver les ruines d'une ancienne civilisation blanche », écrivit-il avant son expédition qui lui fut pourtant fatale. Des expéditions plus tardives retrouvèrent des traces de son entreprise, mais le colonel lui-même resta introuvable et devint le mythe de la jungle.

Cette parure pectorale précolombienne richement décorée et représentant un chaman portant un masque d'alligator, est datée de 900-1200 apr. J.-C.

Cette gravure de Theodore de Bry, du XVIe siècle, décrit la cérémonie de dorure de l'homme d'or de l'Eldorado. Pendant ce temps, les sujets s'enivrent avec des coupes en or pour vivre plus intensément cette cérémonie d'initiation.

Asgard, la citadelle des dieux germaniques

L'Islande serait la patrie des dieux germano-nordiques. Les endroits favoris des célestes pourraient bien coïncider avec ces paysages féeriques. En visitant l'île avec les mythes de l'Edda sous le bras, on constate des ressemblances étonnantes entre la réalité et les légendes.

La citadelle d'Asgard, le monde inférieur d'Helheim, le pont vers le royaume des morts, les repaires des démons et les palais des géants existent réellement. Les auteurs des anciennes légendes germano-nordiques ont crypté leurs descriptions de lieux et les ont entourées d'énigmes littéraires.

Le théâtre des mythes divins se trouve en mer du Nord, loin du continent européen, près du cercle polaire : sur l'île volcanique d'Islande qui, jusqu'au XIIIe siècle, fut le dernier bastion des religions germaniques : traditions et croyances anciennes s'y maintinrent même après l'introduction du christianisme. C'est en Islande que l'*Edda*, collection de mythes nordiques et première œuvre littéraire de portée mondiale, a été rédigée en 1230. Elle parle des dieux et des déesses des Germains, du dieu père Odin (ou Wotan) et de sa monture à huit jambes, Sleipnir, du dieu du Tonnerre Thor et du dieu du Soleil Baldur, du rusé Loki qui sème sans cesse la discorde dans le Walhalla – le siège des dieux – et du dieu de la Fécondité Freyr qui se meurt d'amour pour la superbe Frigg, fille des dieux.

Mots allemands issus des mythes

De nombreux mots courants de la langue allemande trouvent leur origine dans l'*Edda*. Le nom de la déesse de la Mort, Hel, s'est transformé en *Hölle*, « l'enfer ». Le dieu Donar (ou Thor) a donné *Donner*, le « tonnerre », tandis que la déesse de l'Amour Freya a donné son nom à *Freitag*, « vendredi ».
Des concepts tels que Crépuscule des dieux, Nornes, Ases, Walhalla ou Walkyries, sont extraits du recueil du poète et homme d'État islandais Snorri Sturluson (1179-1241). Dans ces intenses aventures mythiques, ces récits de début et de fin du monde, ces tragédies et ces comédies, les habitants du Walhalla se comportent exactement comme les humains sur terre.

Sur les traces de l'*Edda*

Pour le Munichois Walter Hansen (né en 1934), spécialiste de l'*Edda*, le recueil de mythes est une sorte de guide touristique pour les lieux oubliés du panthéon germano-nordique. Dans une tentative de rapprocher la mythologie et la géologie, il découvrit dans une région inhabitée d'Islande l'endroit présumé où le messager divin Hermodhr s'enfonça à dos de cheval dans les enfers pour reprendre Baldur, le dieu du Soleil assassiné. Hansen traversa également la rivière Gjöll, cours d'eau légendaire formant la frontière avec les enfers, et trouva le pont menant au sombre royaume de la déesse de la Mort Hel. Ce dernier avait été taillé dans la pierre de lave par les eaux tumultueuses d'une cascade.
« Les légendes naissent de la fascination exercée par un paysage, affirme Walter Hansen. Chaque mythe est relié à un endroit. Je suis convaincu d'avoir trouvé Asgard, le siège des dieux, en Islande, pays visité par les premiers poètes de l'*Edda* ! »

Le paysage comme source d'inspiration

L'affirmation ne manque pas de sens. La légende de Rübezahl, génie tutélaire des montagnes, vient bien du mont des Géants en République tchèque, le mythe de Vulcain, dieu romain du Feu, vient quant à lui du Vésuve en éruption, tandis que le lieu où danse le diable ne se trouve pas par hasard au cœur des marais du Harz en Allemagne. Le toit scintillant de neige de la citadelle des dieux, Asgard, se révèle aux yeux du voyageur lorsqu'il s'approche du volcan Herdubreid dans le sud-est de l'Islande. On aperçoit même le trône d'Odin, Hlidskjalf, qui se dresse dans le ciel comme le décrit la légende. De nombreux autres lieux mystiques se dévoileront au visiteur attentif, s'il compare les données géographiques avec l'*Edda*. Les mythologues en sont convaincus : celui qui a vu Asgard a franchi un jalon important de son existence terrestre, car il a pu, de son vivant, jeter un regard sur le royaume des cieux.

Yggdrasil, l'arbre divin

L'arbre de vie, ce frêne qui soutient le monde, est décrit dans l'*Edda* comme l'arbre du destin, à la fois symbole de l'avenir et du passé du monde. Presque toutes les cultures ont un arbre sacré, et la vision d'un tel arbre soutenant le monde n'est pas propre à l'Islande. Les arbres grandissent et bougent, ils murmurent comme des voix humaines et servent de résidence à de nombreux animaux.
Le mystère réside en cela qu'à l'époque de l'*Edda*, il n'y avait pas, en Islande, d'arbres, susceptibles de servir de modèle à Yggdrasil. La légende a peut-être été amenée sur l'île par des immigrants. Certains mythologues pensent que le frêne divin décrivait la Voie lactée qui se tend chaque nuit à travers le ciel.

Les anciens mythes nordiques dépeignent Yggdrasil, le frêne de vie, comme un arbre toujours vert dressé au centre du monde. Sous ses racines jaillit l'eau de la naissance originelle et la source du destin. Couverture d'un ouvrage de 1847, extrait des Mallet's Northern Antiquities.

La reine de Saba et son légendaire royaume

Les souverains éthiopiens tiraient leur dignité impériale en droite ligne de la reine de Saba. L'empereur éthiopien Haïlé Sélassié, déchu en 1974, se considérait comme le 255e descendant direct de la reine et du roi Salomon, ce qui légitimait sa prétention au trône.

Entouré de sa cour, le roi Salomon reçoit à Jérusalem la reine de Saba qui pose de riches présents à ses pieds. Cette histoire d'amour éternelle a-t-elle vraiment eu lieu ou n'est-elle qu'une invention biblique ? Le Flamand Frans Francken II (1581-1642) a peint cette rencontre.

La reine de Saba, ayant appris la réputation du roi Salomon, vint le trouver pour l'éprouver par des énigmes. Elle arriva en nombreuse compagnie, munie de grandes quantités d'or et de pierres précieuses. Salomon répondit à toutes ses questions. Reconnaissant toute la sagesse du roi, le souffle manqua à la reine de Saba qui lui dit : « Ce que j'ai entendu sur toi et ta sagesse dans mon pays est vraiment la vérité. » Elle offrit alors à Salomon cent vingt talents d'or et quantité de baume et de pierres précieuses.

Antique rencontre au sommet

C'est ainsi que la Bible décrit l'une des rencontres au sommet les plus énigmatiques du monde. Un puissant roi est mis à l'épreuve par une femme dont la puissance et la richesse n'ont d'égales que les siennes. Bien que la Bible ne nomme jamais la reine par son nom, celle-ci embrasa néanmoins les imaginations comme aucune autre à travers les millénaires, car il est dit qu'elle possédait les trésors les plus fabuleux de tout l'Orient. Elle finit par devenir légendaire. La poésie et la peinture la firent entrer dans la postérité sous les traits d'une grande séductrice à la beauté exotique. Même Hollywood a superbement mis en scène ce symbole suprême de l'érotisme. Mais cette reine a-t-elle jamais existé ? La Bible l'aurait-elle inventée à seule fin de mettre le roi Salomon en valeur ? Quand a-t-elle vécu et quel était son nom ? Où se trouvait son royaume ? L'archéologie n'en est encore qu'aux débuts de ses recherches captivantes où les lieux, les époques et les événements sont passés au crible. D'après l'ensemble des sources connues à ce jour, la visite diplomatique tenait moins de la romance que de la mise en place de relations

Cette scène de l'autel de Klosterneuburg (Autriche), datant du XIIe siècle, retrace la rencontre légendaire entre le roi Salomon et la reine de Saba.

Théories sur l'identité de la reine Makeda

L'épopée nationale éthiopienne affirme que sa lignée royale trouve son origine dans la rencontre entre la reine Makeda et le roi Salomon. L'histoire ne nous est pas inconnue, il s'agit peut-être là du nom de la reine de Saba. Toutefois, dans ce récit, Salomon séduit Makeda par la ruse.
Axoum, l'ancienne cité royale éthiopienne, devrait fournir des informations à la recherche historique. Des expressions telles que « le bain de la reine de Saba » se sont maintenues dans le langage populaire pour désigner cette ville, mais les éléments archéologiques et les documents datables ne remontent pas aussi loin. Une tradition juive a néanmoins existé en Éthiopie jusqu'au Ier millénaire av. J.-C. Il est donc possible que les légendes sur la reine de Saba mêlent des récits bibliques aux récits du royaume minéen.

commerciales : un échange de produits de luxe contre des denrées alimentaires qui faisaient cruellement défaut aux habitants du désert Arabique et à leur reine.

Ange ou démon ?

La reine de Saba est entourée d'un mystère à double sens. Elle était, paraît-il, atteinte d'une difformité du pied, raison pour laquelle elle fut souvent représentée au Moyen Âge avec un pied bot poilu, ou un pied de cheval, ou encore une patte d'oie, signe certain de sa filiation diabolique.

Des légendes juives racontent qu'à son arrivée dans le palais de Salomon elle traversa une salle pavée de cristal. Pensant qu'il s'agissait d'eau, elle releva sa robe et bien qu'ayant dévoilé ses jambes, elle réussit à subjuguer Salomon. De cette liaison devait naître Nabuchodonosor, futur seigneur de Babylone et destructeur de Jérusalem.

Dans ces versions, la puissante et attirante reine de Saba est présentée comme une séductrice démoniaque. En revanche, dans les légendes chrétiennes, l'anomalie de la reine est présentée comme une chose positive : alors qu'elle veut traverser la rivière du Kidron, dans la vallée entre Jérusalem et le mont des Oliviers, elle a une vision prophétique. Les poutres en bois du pont

À travers les millénaires, la mystérieuse reine de Saba a exercé une attirance étrange sur de nombreuses cultures. Dans le livre de Job, la reine de Saba, habituellement dépourvue de nom, s'appelle Lilith de Samarkand, comme le démon femelle et la sorcière de la tradition juive. Néanmoins, les racines de l'histoire de Lilith remontent encore beaucoup plus loin. Quelque 2000 ans avant la rédaction de l'Ancien Testament, l'épopée de Gilgamesh fait état d'une Lilith qui fut plus tard amalgamée à la reine de Saba.
C'est dans le palais des Doges de Venise que Giambattista Tiepolo (1696-1770) met en scène l'arrivée de la reine de Saba auprès du roi Salomon, dans une pompe d'un baroque flamboyant.

Pour certains archéologues, la reine de Saba n'est autre que la reine pharaonique Hatshepsout (1490-1468 av. J.-C.). Selon cette théorie, la reine légendaire reposerait dans le temple d'Hatshepsout dans la Vallée des Rois.

serviront un jour à construire la croix sur laquelle Jésus trouvera la mort. Refusant de marcher sur le pont, elle traverse la rivière dans l'eau où son pied bot démoniaque se transforme, comme par miracle, en pied humain. C'est ainsi que la reine de Saba devient l'une des premières prophètes du Christ, le futur sauveur du monde. L'islam la représente même comme une disciple d'Allah.

Le mystérieux royaume de Saba

La reine de Saba n'est-elle qu'un personnage imaginaire ? Pas du tout, pensent de nombreux chercheurs. Le royaume de Saba a réellement existé. De nombreux scientifiques situent aujourd'hui le légendaire pays de l'or et de l'encens dans l'actuel Yémen. L'archéologue allemand Rolf Beyer ajoute qu'aux débuts de l'histoire arabe, les reines étaient plus fréquentes que les rois. La mystérieuse régente pourrait également avoir été une reine nomade, appartenant à un peuple sans écriture. Comme elle est arrivée « en nombreuse compagnie » à Jérusalem, Beyer pense que les innombrables « présents » s'accompagnaient probablement d'une menace militaire.

Régente de Ma'in

Les présents apportés sont un indice supplémentaire quant au pays d'origine de la reine. L'encens et la myrrhe n'existaient alors que dans le sud-est de l'Afrique ou dans le sud-ouest de la péninsule Arabique. Au IXe siècle av. J.-C., un royaume de Saba, situé dans l'actuel Yémen, est réellement entré dans l'histoire. Selon les datations, il ne manque qu'une centaine d'années jusqu'au règne de Salomon, vers 965-926 av. J.-C. Il est bien possible que la reine de Saba ait régné sur le royaume précédent, le royaume minéen, dont les frontières s'étendaient jusqu'à la Jordanie. Par le biais de l'Éthiopie, les Minéens avaient tissé des relations commerciales jusqu'en Égypte. Un contact avec Israël n'aurait donc rien eu d'étonnant. Il n'a pas été possible, jusqu'à présent, d'entreprendre des fouilles dans l'ancienne capitale de ce royaume, Ma'in, pour des raisons politiques.

Par conséquent, le mystère de la fabuleuse reine de Saba reste entier pour le moment. Son mythe est, quant à lui, toutefois bien vivant, en attendant les preuves archéologiques.

La théorie Hatshepsout

Le philologue et auteur russe I. Velikovsky (1895-1979) a avancé la théorie que la reine de Saba aurait pu être la reine égyptienne Hatshepsout. Il fonde cette supposition sur deux thèses. D'une part, il situe les dynasties pharaoniques quelque 500 ans plus tard que les autres scientifiques, ce qui lui permet par ailleurs de clarifier bon nombre de contradictions historiques courantes. D'autre part, il s'appuie sur l'historien Flavius Josèphe (Ier siècle apr. J.-C.) qui désigne la mystérieuse reine de Saba comme la « reine de l'Égypte et de l'Éthiopie ». Des bas-reliefs égyptiens retracent une expédition de Hatshepsout dans le « pays divin de Punt ». Derrière ce nom pourrait se cacher la presqu'île du Sinaï comme le confirment les plantes, typiques de ce pays, représentées par les frises dans les temples. Voilà qui fournirait une solution des plus originales à une énigme dont l'origine se perd dans la nuit des temps.

La reine Hatshepsout, représentée comme un pharaon masculin, avec Seshat, la déesse de l'Écriture. (Relief de Karnak).

Çatal Höyük, lieu de culte de la Grande Déesse

Cette représentation en trois dimensions d'une grande communauté agricole du VIe millénaire av. J.-C. a été réalisée sur la base des découvertes archéologiques faites à Çatal Höyük en Anatolie. L'original fait partie du patrimoine culturel prussien, et se trouve exposé au musée d'État de Berlin.

Pendant des millénaires, l'une des premières cités du monde est restée ensevelie en bordure des hauts plateaux d'Anatolie. Lorsque l'archéologue britannique James Melaart y découvrit en 1952 des vestiges datant de l'âge de pierre, il n'imaginait pas encore que la colline en pente douce au milieu de la plaine aride dissimulait une telle surprise. Plus de 8000 ans auparavant, les hommes de l'âge de pierre avaient réalisé à cet endroit une véritable œuvre de pionnier. Sous le signe d'une plantureuse divinité féminine, les habitants de Çatal Höyük engagèrent alors l'une des évolutions culturelles les plus incroyables de l'histoire de l'humanité. L'origine de ce développement reste un mystère que les archéologues du Proche-Orient explorent depuis des décennies.

La première cité

« Je reconnus les vestiges de murailles incendiées. Cela ne pouvait signifier qu'une chose : des maisons, beaucoup de maisons. Pour moi, il ne faisait aucun doute que Çatal Höyük était une gigantesque cité datant de l'âge de pierre. » C'est en ces termes que Melaart décrivit ses premières impressions. Les habitants avaient bâti là une communauté aux dimensions respectables. Des maisons rectangulaires, construites à l'instar des rayons d'une ruche, formaient des complexes d'habitation dotés de cours intérieures. Les pièces étaient accessibles par des échelles partant d'ouvertures pratiquées dans les toits ; il n'y avait ni rues, ni portes. De toute évidence, cette architecture entraînait des accidents comme l'indiquent les squelettes aux os brisés retrouvés par endroits. La ville comptait dix mille habitants. Elle était également un centre du culte de la fécondité comme en témoignent des fresques et des statues. Un réservoir de blé abritait la statuette intacte d'une opulente déesse mère venant de mettre un enfant au monde. La figurine personnifiait la force de reproduction des hommes et de la terre.

La fin des dieux

Les rituels dédiés à la déesse mère cessèrent brutalement en 4000 av. J.-C. Les invasions de peuples indo-germaniques venus du sud de la Russie introduisirent des religions à dominante patriarcale. Remplacées par de nouvelles croyances, les

Rituels de fécondité

La foi en les rituels de fécondité s'est maintenue jusqu'au XXIe siècle. Les Trobriandais, peuple insulaire de Papouasie-Nouvelle-Guinée, exécutent aujourd'hui encore une danse de fécondité mimant l'accouplement. Au Japon, lors des processions des fêtes de la fécondité, les femmes portent de gigantesques phallus en bois à travers les rues. Ces derniers symbolisent l'union du ciel et de la terre et sont nécessaires à une bonne récolte de riz. En Europe centrale, des poupées féminines en paille sont dressées dans les champs après les récoltes. L'anthropologue anglais sir James George Frazer (1854-1941) a souligné que les rituels de fécondité de nos ancêtres s'étaient maintenus dans de nombreuses traditions matrimoniales.

La statuette de cette divinité accouchant entre deux animaux indique l'existence d'un culte de la fécondité ainsi que l'adoration d'une déesse mère à Çatal Höyük. La figurine, découverte pendant des fouilles, fut façonnée vers 5650 av. J.-C.

Point de départ vers la civilisation

Quels événements énigmatiques se déroulèrent à l'époque de nos ancêtres ? Qui s'est livré aux expériences d'élevage les plus réussies de l'histoire de l'humanité ? De fait, le système d'« économie productive » était la condition requise pour une nouvelle étape vers une civilisation sédentaire, la construction de maisons et de dispositifs d'irrigation, et la mise en place de structures de communication. Ce pas franchi, la technique allait désormais permettre à l'homme d'agir sur son environnement. Pour la première fois de l'histoire du monde, une espèce allait s'étendre non par l'adaptation génétique, mais par le développement culturel dans les contextes les plus divers.

déesses à qui nos ancêtres devaient leur progression vers le néolithique, devinrent inutiles. Il est à noter que leur déclin coïncida avec la disparition de l'une des plus anciennes villes connues au monde.

Le secret d'une révolution

Jusqu'au XXᵉ siècle, la presqu'île anatolienne, ou Asie Mineure, était considérée à la fois comme une frontière culturelle et un phénomène historique. Toutefois, l'intérêt des savants des XVIIIᵉ et XIXᵉ siècles se concentra essentiellement sur les vestiges des édifices de l'Antiquité. La découverte d'objets plus anciens modifia progressivement la vision des archéologues. Après 3 000 ans d'oubli, des fouilles permirent de faire remonter des profondeurs de l'histoire le royaume des Hittites, ce peuple guerrier, fondateur d'un véritable empire en Anatolie centrale, au IIᵉ millénaire av. J.-C. Ces derniers eux-mêmes étaient tombés sur d'anciennes cités-États des débuts de l'âge de bronze, vers 3000 av. J.-C., lorsqu'ils débarquèrent dans la presqu'île. Troie la légendaire était l'un de ces anciens États. Pourtant, elle n'était pas la cité la plus ancienne d'Asie Mineure. Il faut encore remonter 3 000 ans en arrière, entre le VIIIᵉ et le VIᵉ siècle av. J.-C., pour arriver à la période de Çatal Höyük.

L'agglomération des débuts de l'âge de pierre était entourée par une muraille fermée. Il n'est pas certain que cette enceinte ait été construite pour défendre la population contre des attaques ennemies car nulle trace de combat n'a été retrouvée au cours de ses 1 000 ans d'histoire.

Sur les murs, à l'intérieur des maisons de Çatal Höyük, les archéologues ont retrouvé des peintures montrant aussi bien des hommes que des animaux. Ces représentations, d'une fougue remarquable, sont les plus anciennes du monde.

Les génies de l'âge de pierre

En revanche, les pacifiques habitants de Çatal Höyük étaient, semble-t-il, de géniaux inventeurs. Leur cité se développa à partir de 6000 av. J.-C. pour devenir non seulement un centre agricole et commercial, mais aussi un centre artistique, comme en témoignent les peintures murales et les objets retrouvés dans les tombes. En l'espace de quelques siècles, cette population d'Asie Mineure réussit à passer de l'état de société tribale primitive à celui d'une civilisation citadine organisée. La portée de cette évolution devient claire lorsqu'on rappelle que, pendant 2 millions d'années, soit quatre-vingt-dix-neuf pour cent de toute l'histoire de l'humanité, l'homme a vécu de la chasse et de la cueillette dans des hordes itinérantes. Puis, tout à coup, est intervenu un changement majeur : la « révolution néolithique ». Mode de vie, organisation sociale, technique et culture se transformèrent radicalement tandis que l'homme réussit à apprivoiser et à cultiver des espèces céréalières sauvages comme l'orge ou l'épeautre, et à domestiquer certains animaux comme les moutons, les vaches et les chèvres. La mise au jour des vestiges historiques de Çatal Höyük permet d'étudier ce rapport homme-nature-technique et son évolution. Toutefois, le catalyseur de cette évolution reste à jamais le secret de ces génies de l'âge de pierre.

Çatal Höyük dissimulait une grande variété de trésors historiques, parfaitement conservés grâce à des conditions climatiques et géographiques optimales. Sur place et dans tous les musées de Turquie sont exposés des peintures murales, des poteries, des armes en obsidienne, des ossements animaux, des squelettes humains et des outils de pierre. Les fouilles ont été tellement minutieuses qu'il nous est aujourd'hui possible d'avoir une vision très exacte de la vie quotidienne des anciens habitants de Çatal Höyük.

Le palais royal assyrien à Ninive abritait autrefois les tablettes d'argile sur lesquelles le mythe de Dilmun, le pays de l'immortalité, avait été consigné. Aquarelle, vers 1880, d'après un dessin de reconstitution archéologique.

Dilmun, le pays de la vie éternelle

La vie éternelle existe-t-elle ? Depuis des milliers d'années, les hommes sont à la recherche du pays où l'on peut échapper à la mort. Déjà dans la mythologie sumérienne, il est fait mention du légendaire Dilmun (parfois Dilum), pays de la vie éternelle. C'est sur des tablettes d'argile vieilles de 5 000 ans, conservées dans la bibliothèque du roi assyrien Assourbanipal (668-v. 627 av. J.-C.), que le récit le plus ancien de la littérature mondiale, l'épopée de Gilgamesh, évoque cet endroit paradisiaque.

L'histoire du roi légendaire Gilgamesh qui régnait sur Ourouk vers 2600 av. J.-C. y est consignée. Ce dernier, fils d'une déesse et d'un prêtre, était mortel. C'est pourquoi il demanda

à son dieu de le conduire dans le « pays de la vie ». Les Sumériens pensaient que les hommes pouvaient y échapper à la mort.

Le roi sumérien aurait réellement trouvé ce paradis. D'après la légende, il aurait rencontré, à Dilmun, Ziusudra (Utnapishtim en babylonien) qui avait survécu au Déluge. Les dieux lui avaient accordé l'immortalité tant recherchée par Gilgamesh.

Des immortels

Gilgamesh trouva-t-il ce qu'il cherchait ? Oui et non. Ziusudra lui dévoila la recette secrète de l'immortalité : c'est la « fleur de la vie éternelle » qui pousse dans les profondeurs de Dilmun. Gilgamesh creusa donc un profond fossé qui finit par l'absorber. Il trouva la plante de jouvence auprès d'un lac souterrain, mais avant qu'il ne puisse la manger, le serpent Mush lui vola sa précieuse trouvaille. Gilgamesh, parvenu si près du but de ses rêves d'immortalité demeura ce qu'il était : un simple mortel. Sa notoriété, elle, devint toutefois immortelle.

La découverte de Dilmun

L'archéologue britannique Geoffrey Bibby est persuadé d'avoir trouvé le légendaire Dilmun. L'archipel de Bahreïn, au beau milieu du golfe Persique, semble remplir tous les critères. Dilmun n'est pas seulement un mythe, il est également désigné comme partenaire commercial dans des documents marchands des Sumériens (IIIe millénaire av. J.-C.). Le temple sacré de Barbar fut autrefois érigé à Bahreïn à partir de blocs de calcaire taillés à la perfection et assemblés sans aucun mortier. Un escalier mène à un bassin, qui servait à recueillir l'eau sacrée. Bibby pense qu'il pourrait s'agir d'Apsu, l'abîme des eaux primordiales où Gilgamesh plongea vers les profondeurs. Autre preuve, selon l'archéologue : la découverte sous des remblais de terre de cent mille tombes constituant le plus grand cimetière préhistorique du monde. De toute évidence, les morts enterrés là croyaient fermement à une vie après la mort et à leur rencontre avec les anciens dieux.

Vivre éternellement ?

La vie éternelle peut-elle exister ? La recherche génétique moderne a permis, en 1999, de découvrir une protéine responsable du processus de vieillissement. Des souris chez lesquelles ce gène fut neutralisé, vécurent un tiers plus longtemps. De nombreux scientifiques estiment qu'il est possible d'allonger l'âge moyen de l'homme à beaucoup plus de 100 ans.

Nos ancêtres avaient eux aussi le désir d'une vie éternelle. Le plus souvent, ils étaient censés parvenir à cet état grâce à des breuvages magiques ou à des remèdes miraculeux. Il faut également se souvenir que l'âge moyen était autrefois bien plus faible qu'aujourd'hui. De petites infections ou blessures pouvaient être mortelles, la mortalité infantile était très élevée et de nombreuses femmes mouraient en couches. À l'heure actuelle, ces facteurs sont parfaitement maîtrisés. Les médicaments modernes sont en mesure de vaincre des maladies longtemps considérées comme incurables et d'obtenir ainsi un prolongement de la durée de vie que l'on recherchait autrefois par des remèdes à base de plantes. Le rêve d'immortalité formulé dans les mythes de si nombreux peuples n'est pourtant pas près de se réaliser.

Cette colossale statue irakienne d'un héros maîtrisant un lion est censée représenter Gilgamesh. Elle date de l'époque du roi Sargon II. (722-705 av. J.-C.).

Tollan, royaume mystérieux des Toltèques

Les peuples autochtones appelaient la région Teolalpa, « le pays des dieux ». À Tollan, les dieux mineurs communiquaient, paraît-il, avec les divinités majeures par l'intermédiaire de cordons. Ces atlantes de pierre, mesurant plus de 4,50 mètres, supportaient autrefois un temple.

Lorsque, vers 1215, les Aztèques parvinrent dans la vallée de Mexico où ils allaient bientôt poser la première pierre d'un puissant empire, le royaume de Tollan n'existait plus que dans les mythes et les légendes. L'étonnement saisit les Aztèques à la vue des maisons en ruine et des statues de basalte qu'ils retrouvèrent dans la capitale désertée. Plusieurs sources historiques citent Tollan (ou Tula), la ville parfaite et paradisiaque qui connut pourtant une fin tragique. L'intégrité, la foi et la sagesse de ses habitants, les Toltèques, sont proverbiales. De nombreux peuples mexicains les considèrent comme les inventeurs de l'artisanat, et montrent un profond respect envers leurs hommes-médecine, véritables scientifiques qui maîtrisaient l'art de la guérison par les plantes. Ils savaient interpréter les étoiles, possédaient un calendrier et comptaient de nombreux poètes et chanteurs. Leur État et leur culture atteignirent un niveau très élevé.

L'Eldorado mexicain

Tollan était également la cité légendaire aux incroyables palais dont les salles étaient décorées d'or, d'argent, de turquoise, de plumes rares et de coquillages rouges. Les Toltèques, leur zone d'habitation et leur capitale se dérobent jusqu'à ce jour à une estimation historique exacte. Des descriptions et des fouilles archéologiques contradictoires contribuent à consolider le mythe plutôt qu'à l'éclaircir. Pourtant, les nombreuses légendes transmises par les cultures suivantes détiennent un fond de vérité indéniable.

L'empreinte des Toltèques

La cité de Tollan fut fondée en 856 apr. J.-C. De vastes portiques démontrent que

La cité des ancêtres

L'ancienne ville en ruine de Tula, dont les vestiges se trouvent à 60 kilomètres au nord de Mexico, est-elle bien la légendaire capitale des Toltèques, ou bien porte-t-elle seulement ce nom en souvenir d'une époque plus lointaine ? Les archéologues n'ont retrouvé que peu de similitudes avec la ville idéale de la légende. Les Toltèques eux-mêmes parlaient d'un pays mythique dont ils étaient issus et qui se trouvait dans la région des « sept cavernes ». La somptueuse Tollan n'a peut-être pas encore été retrouvée.

Ces ruines témoignent encore de la splendeur architecturale de la capitale du royaume légendaire de Tollan, qui fut détruite en 1170. Les visages des colonnes de pierre indiquent leur origine toltèque aux historiens.

de grands regroupements s'y déroulaient. La société des Toltèques était dominée par un ordre militaire qui reléguait les prêtres au second rang. Des seigneurs de type féodal dirigeaient un pays qui s'étendait jusqu'au sud-ouest des États-Unis actuels, au Guatemala et à Chichén Itzá (Yucatán). Vers l'an 1000, les Toltèques dirigés par Quetzalcóatl abandonnèrent les hautes terres pour s'installer sur la côte et dans le Yucatán, sur les terres des Mayas dont la culture connut un renouveau sous l'influence toltèque. À la fin du Xe siècle, la capitale, Tollan, fut attaquée par des barbares venus du nord et en 1168, les envahisseurs Chichimèques incendièrent la ville. Enfin, une guerre civile accéléra encore la chute des prêtres-rois toltèques.

Période de lumière

Les missionnaires espagnols entendirent une étrange histoire lors de leur arrivée à Mexico. Les Toltèques adoraient une divinité du nom de Quetzalcóatl (« serpent à plumes ») à qui ils sacrifiaient, non des humains, mais des papillons. Il était le créateur du Soleil et donnait la vie grâce à son souffle spirituel. À cela s'ajoutait le légendaire prêtre-roi toltèque Quetzalcóatl, parfois confondu avec le dieu lui-même. Ce Topiltzin-Quetzalcóatl (Topilzin signifie « petit prince ») régna au Xe siècle. La culture des Toltèques atteignit son apogée sous son règne. À l'arrivée des conquistadors et des missionnaires chrétiens dans le pays, Quetzalcóatl revêtit d'une certaine façon les traits du Christ. La compassion, l'humanité et même le concept de résurrection se retrouvent dans son mythe.

Naissance miraculeuse d'un Christ

Les récits les plus étranges entourent la naissance du divin seigneur. Son père, le roi Mixcóatl épousa une princesse de Xochicalco. Cependant, Topiltzin-Quetzalcóatl fut conçu 10 ans après la mort de son père, de manière surnaturelle, par une boule de feu céleste qui glissa sur sa mère. Il grandit avec elle à Xochicalco. Une fois adulte, son devoir le poussa à se rendre à Tollan, la patrie de son père, pour apporter le culte de Quetzalcóatl aux Toltèques. Un puissant

Tollan, la capitale des Toltèques, est nimbée, depuis les origines, d'une aura divine. Les géants de pierre, derniers témoins du passé, y sont pour quelque chose. On racontait, et on raconte encore aujourd'hui, que ces statues représentaient des dieux, à l'image des extraterrestres autrefois alliés aux prêtres-rois de la ville.

Cet édifice circulaire à Chichén Itzá porte le nom de Caracol (« escargot », en espagnol), en raison de la forme en spirale de ses couloirs intérieurs. Cet observatoire permettant de suivre les mouvements de Vénus, souligne les capacités exceptionnelles des Mayas.

adversaire, le prince Huemac d'une dynastie aristocratique concurrente de Tollan, se dressa contre lui et lui fit quitter la ville. Le prince Quetzalcóatl ne put être vaincu que parce qu'il succomba à la tentation d'un être démoniaque : la légende raconte qu'un méchant vieillard vint le trouver et le persuada de boire le *pulque* sacré (alcool d'agave). Troublé par les vapeurs d'alcool, Quetzalcóatl prit peur, s'enfuit de Tollan et se dirigea vers la côte du golfe du Mexique. Une fois là, il revêtit une robe de plumes et, dans un grand embrasement de flammes, monta au firmament où il siège désormais sous la forme de l'étoile du matin.

Le crépuscule des dieux

Les Aztèques et les Mayas croyaient que le roi-dieu Quetzalcóatl avaient disparu au-dessus de la mer en direction de l'orient, pour revenir prendre un jour le pouvoir. Ce fut cette croyance erronée qui provoqua leur chute. En effet, les prophéties s'accomplirent avec l'arrivée des Espagnols : une comète devait apparaître dans le ciel, une bruyante colonne de feu devait devenir visible, un éclair dépourvu de tonnerre devait frapper et l'eau devait s'agiter sans le moindre souffle de vent.

Tout cela devait se passer en l'an Ce Acatl, c'est-à-dire, en 1519, l'année où Hernán Cortés conquit le royaume des Aztèques. Venu de l'est par la mer, il portait, comme Quetzalcóatl, un manteau recouvert de croix. Le prenant pour leur roi de retour, l'empereur des Aztèques, Moctezuma (Montezuma), et son peuple se rendirent sans combattre à leur destin.

Contacts transatlantiques

Des contacts euro-américains ont eu lieu très tôt, semble-t-il, par l'intermédiaire des Égyptiens, des Romains et des Vikings. Quetzalcóatl aurait-il pu être originaire d'Europe ou s'y être réfugié ? En effet, le prêtre-roi appartenait à un clan du nom de Nonohualca Teolixca Tlacochcalca, venant d'un pays nommé Tlapallan. Ce « pays à l'est, de l'autre côté de la mer » était la patrie de ceux « qui parlent une langue étrangère », des « soldats » et des « messagers de dieu ». Les prêtres étaient appelés servants du « temple du seigneur », « prêcheurs », « révérends » et ils portaient la tonsure comme les moines européens. Un ordre monastique moyenâgeux aurait-il déjà tenté de christianiser les peuples indiens ?

Pendant longtemps, les ruines de la ville de Zimbaoche, dans l'actuel Zimbabwe, furent considérées comme les vestiges du mythique pays de l'or Ophir. Les archéologues ont toutefois prouvé que les murailles de cette cité africaine ne furent érigées qu'au XIIe siècle.

Ophir, le fabuleux pays de l'or

« Sur cette flotte, Hiram envoya, auprès des serviteurs de Salomon, ses propres serviteurs, des matelots qui connaissaient la mer. Ils arrivèrent à Ophir et en rapportèrent de l'or : quatre cent vingt talents qu'ils remirent à Salomon. » (I Rois, IX, 27). Depuis 3 000 ans, aventuriers et scientifiques recherchent Ophir, le légendaire pays de l'or du roi Salomon. Sur son ordre, un temple merveilleux fut bâti à Jérusalem entre 972 et 932 av. J.-C. Il fit venir, d'un pays tenu secret, les métaux précieux qui servirent à la construction. Existe-t-il une piste qui pourrait mener au fabuleux trésor de Salomon ?

Mission secrète

La lecture de la Bible donne de précieux indices quant à la situation du royaume mys-

térieux. Les Israélites n'étaient pas des navigateurs, même s'il est attesté que Salomon fonda une importante entreprise d'échanges maritimes dans la ville portuaire d'Ezeon-Geber, sur le golfe d'Akaba (une baie au nord-est de la mer Rouge). Néanmoins, ses sujets ne s'y entendaient guère en construction navale et en navigation. C'est pourquoi Salomon s'adressa à Hiram, le roi des Phéniciens, qui disposait des meilleurs marins pour n'importe quelle expédition en mer. Il est d'ailleurs intéressant de noter que des sources phéniciennes parlent, elles aussi, de la création d'un port sur la mer Rouge.

La Bible contient une dernière information d'importance : les « navires du roi vinrent une fois en trois ans ». Cela signifierait qu'il leur avait fallu 17 mois pour parvenir à leur but. Les marchands rapportèrent non seulement de l'or et de l'argent de leur voyage, mais aussi de l'ivoire. C'est pourquoi certains situent Ophir en Éthiopie ou au Yémen, ou encore en Somalie, en Afrique de l'Ouest, en Perse ou en Inde.

Salomon en Afrique

En 1507, on crut avoir trouvé le royaume de l'or. Un rapport du comptoir portugais de Sofala, dans le sud de l'Afrique, parlait de la ville de Zimbaoche d'où des marchands rapportèrent de l'or. Le mythe du Grand Zimbabwe était né. Lorsque l'historien portugais Barros (1496-1570) évoqua une mystérieuse forteresse de pierre, puis lorsque « quelques vieux Maures » assurèrent au moine dominicain João dos Santos, en 1609, que l'or apporté à la reine de Saba venait de la région, les pieux chercheurs d'or ne se tinrent plus. En 1871, l'Allemand Karl Mauch (1837-1875) parvint aux ruines de Zimbabwe qu'il identifia comme les ruines du roi Salomon. Bien que l'archéologue britannique David Randall eût établi dès 1906 que l'architecture des lieux ne révélait aucune influence orientale et que les datations pointaient clairement vers le XIIe siècle, les Rhodésiens blancs conservèrent le mythe d'Ophir pour des raisons politiques.

La découverte du pays de l'or n'était qu'un rêve, mais aussi longtemps qu'Ophir vivra dans l'imagination des peuples, les archéologues et les aventuriers n'abandonneront pas leurs recherches.

Expédition en Amazonie

La théorie de l'archéologue américain Gene Savoy (né en 1929) est pour le moins inhabituelle. Il pense, en effet, que la biblique Ophir se trouve en Amérique du Sud. Savoy, qui a mis au jour plus de quarante cités de la civilisation Inca au Pérou, a eu cette idée en fouillant les ruines des Indiens Chachapoya, aujourd'hui disparus. Des documents, des squelettes et de rares descendants attestent que ces Indiens avaient la peau blanche. Quelques symboles pourraient même être d'origine phénicienne. Dans les années 1940 déjà, un archéologue français, le professeur Marcel Homet, était tombé sur des vestiges de cette culture dans la région amazonienne. Gene Savoy entend prouver qu'une expédition du roi Salomon est bien parvenue jusqu'en Amazonie et au Pérou.

Ce fragment d'une tablette d'argile porte une inscription en hébreu commençant par les mots : « L'or d'Ophir ». Il est malheureusement impossible de déterminer le type de document dont il s'agissait.

Les tombeaux étrusques tardifs, souvent taillés à même la roche, présentent néanmoins des façades ouvragées. Ces tombes de la région de Cerveteri, datant du Vᵉ-IVᵉ siècle av. J.-C., témoignent de ce développement architectural.

Énigmatiques Étrusques

« Autrefois, le nom glorieux de l'Étrurie résonnait dans toute l'Italie, des Alpes jusqu'à la route de Messine », écrivait l'historien romain Tite-Live (59 av.-17 apr. J.-C.) au sujet du foyer de la civilisation des Étrusques. Au début du Ier millénaire avant notre ère, les Étrusques étaient l'une des civilisations les plus avancées d'Europe. Pourtant nul ne sait jusqu'à ce jour d'où ce peuple énigmatique pouvait venir, ni qui étaient ces mystérieux habitants de l'Italie. Ils marquèrent leurs contemporains et la postérité par la profondeur de leur foi, la légèreté supposée de leurs mœurs et surtout leur art de la divination. Cette dernière qualité sera peut-être un jour le facteur qui permettra d'élucider leur fascinant mystère. Dans un avenir proche, un médium de talent saura peut-être nous donner des informations sur les côtés encore obscurs de l'histoire étrusque.

Civilisation précoce

Les Étrusques qui apparaissent sur les peintures murales aux couleurs vives retrouvées dans de vieux tombeaux semblent gais et décontractés, emplis d'une joie de vivre inextinguible. Ces œuvres remarquables ont été réalisées par des artistes de talent. Des ingénieurs aux connaissances approfondies de la statique ont construit des ponts qui se sont maintenus jusqu'à aujourd'hui. Ils ont également consolidé des routes et mis en place des systèmes d'irrigation. Les Romains adoptèrent ce savoir-faire ainsi que la technique du travail des métaux et le

L'énigme de la langue

Jusqu'à une période récente, seuls cinq cents mots de la langue étrusque étaient connus. C'est pourquoi les archéologues d'Orvieto (Italie) se réjouirent tant lorsqu'ils découvrirent, en 1999, une petite tablette en bronze portant les trente-deux lignes d'un contrat. Cela leur permit d'ajouter vingt-sept mots au vocabulaire déjà connu et d'apprendre des structures grammaticales et des verbes nouveaux. Le Dr Giuseppe Della Fine, du Musée archéologique, nous décrit la situation : « Vouloir comprendre l'étrusque à partir des rares exemples dont nous disposons reviendrait à vouloir apprendre l'italien sur l'unique base des inscriptions funéraires figurant dans les cimetières. » Le décryptage complet de cette langue prendra sans doute encore un peu de temps.

La langue étrusque suscite de nombreuses questions. Cette inscription a été retrouvée à Tarquinia, dans une chambre funéraire sur laquelle les archéologues ne se sont pas encore penchés (VIIe-VIe siècle av. J.-C.).

L'âge d'or

L'or a toujours fasciné l'homme. Les Étrusques n'échappent pas à cette règle. Ils ont créé de véritables œuvres d'art à partir de ce métal rare. Le secret de leur travail de l'or est resté entier jusqu'à l'aube du XXIe siècle. Leurs orfèvres et leurs alchimistes avaient développé une technique permettant de relier des billes d'or minuscules, de seulement 0,1 millimètre de diamètre, sans aucune soudure apparente. C'est la taille du point qui clôt cette phrase. L'orfèvre Andrea Cagnett, de Corchiano (Italie), a résolu le mystère en l'an 2000. Il a trouvé la recette dans des manuscrits anciens : il suffit de mélanger et de réchauffer le jus de trois légumes avec de la poussière de charbon de bois et des particules d'or, pour que de minuscules perles d'or se forment comme par enchantement.

Les Étrusques disposaient de riches gisements de métaux. Leurs artisans talentueux en firent de fascinantes œuvres d'art à l'aide de techniques partiellement oubliées. Ils fabriquaient également des prothèses dentaires en or.

système arithmétique des Étrusques. Pourtant, nous ne savons que peu de choses à leur sujet car nul n'est capable de déchiffrer leur écriture dérivée de l'alphabet grec, telle qu'elle apparaît dans les inscriptions funéraires qui nous sont parvenues.

De même, leur langue est parfaitement énigmatique car elle n'est comparable à aucune autre au monde. D'où venaient donc les premiers habitants de la Toscane, du Latium et de l'Ombrie ?

L'historien grec Hérodote (Ve siècle av. J.-C.) pensait qu'ils auraient pu venir de Lydie (Anatolie occidentale). Une famine aurait poussé le fils du roi Tyrrhénos à se réfugier en Italie avec une partie de son peuple. Cette théorie est probablement fausse car les Lydiens possédaient un idiome indo-européen et ne présentaient aucune similitude culturelle avec les Étrusques.

Le silence de l'histoire

Si les Étrusques ne venaient pas de Lydie, ils furent peut-être chassés jusqu'en Italie par des envahisseurs inconnus qui s'attaquèrent au royaume des Hittites (l'actuelle Turquie) en 1200 av. J.-C., et provoquèrent en Grèce la disparition de la civilisation mycénienne.

Néanmoins, toutes les découvertes qui pointent dans cette direction peuvent également s'expliquer par des contacts commerciaux. Les Étrusques étaient-ils issus d'un groupe autochtone italien ou bien parvinrent-ils en Italie par le nord ? Nous savons qu'une civilisation proto-étrusque s'était déjà établie là lors de la transition de l'âge de bronze à l'âge de fer, vers 1000 av. J.-C. Malheureusement, la trace de ces ancêtres disparaît, elle aussi, dans le néant.

Contacts avec l'avenir

L'aura de mystère qui enveloppe les Étrusques vient également de leur capacité magique à prédire l'avenir. La tradition orale rapporte que les débuts de leur civilisation fut marquée par un événement étrange et fabuleux. Un enfant mystérieux à l'apparence d'un vieillard leur serait soudain apparu. L'apparition de ce petit être, qui nous rappellerait presque une rencontre du troisième type issue de la science-fiction, eut lieu à proximité de Tarquinia. Il « sortit » d'un champ fraîchement labouré, terrorisant le paysan qui s'y trouvait. L'histoire de cet être étrange qui se nommait Tagès, se répandit comme un feu de paille à travers toute l'Étrurie. Les gens se précipitèrent pour contempler ce miracle. Parmi eux se trouvait Tarchon, le fondateur de la première cité-État. Le « petit-fils de dieu » répondit avec une grande sagesse à toutes leurs questions. Le fils du ciel expliqua aux hommes les secrets de la vie et du monde, et leur apprit comment voir dans l'avenir. Après cela, il se serait évaporé dans les airs.

Questions existentielles

Dans ce contexte, il n'est pas étonnant que les Étrusques aient été convaincu de la prédétermination absolue de toute vie. D'après les prophéties étrusques, l'Étrurie allait exister pendant 10 siècles. Le plus fascinant est que cette prédiction allait se réaliser. La fondation des États étrusques débuta au XIe siècle av. J.-C. ; en 280 av. J.-C. toutes les cités étrusques étaient devenues des vassales de Rome. Il s'ensuivit la « période sombre ».

De graves problèmes économiques, la désorientation, des troubles sociaux et la terreur détruisirent la société étrusque. Pour l'historien italien Mario Torelli, les

Étrusques furent victimes de leur fatalisme : « Ce n'était rien d'autre qu'un suicide collectif. À la fin, ils ne voulaient plus rien d'autre que disparaître dans le monde romain sans laisser de traces. »

À leur apogée, les Étrusques étaient devenus l'une des plus grandes puissances maritimes de l'Antiquité. Ils entretenaient des routes commerciales vers l'Afrique du Nord, l'Espagne et la Suède. Leur société était la plus libérale de tout le monde antique, car les femmes, libres, étaient les égales des hommes. Cette « immoralité » choquait les Grecs dont les femmes devaient se satisfaire d'un rôle subalterne. Ils condamnaient également le luxe qui autorisait les esclaves à posséder des vêtements raffinés. Dans les autres cultures, les esclaves n'avaient aucun droit.

La chute des Étrusques

La décadence, la jalousie et l'incompréhension des peuples voisins, ainsi qu'une infériorité militaire certaine devant la République romaine montante contribuèrent sans doute à la disparition de la culture des Étrusques. Le facteur déterminant fut néanmoins la conviction de leur propre fin qui les empêcha de s'élever contre leur destin. Finalement, malgré toutes les tentatives d'explication, le mystère de l'origine et de la disparition des Étrusques reste entier.

Les tombeaux étrusques sont souvent des œuvres architecturales globales : des portes, des pièces attenantes, des colonnes et des fauteuils de pierre forment l'environnement quotidien des défunts.

La culture des Anasazi

Dès les débuts de l'âge de pierre, les niches et cavernes situées sous les saillies rocheuses, servirent de logement aux peuples primitifs. Ces abris causés à l'origine par l'érosion de roches plus poreuses, furent travaillés par les Anasazi dès 200 av. J.-C., jusqu'à former une cité entière comme le célèbre Cliff Palace, structure troglodytique complexe qu'on peut découvrir à Mesa Verde. D'autres habitations ont été retrouvées dans le Chaco Canyon, dans le sud-ouest des États-Unis.

La phase des Vanniers qui dura environ jusqu'en 450 apr. J.-C., fut suivie par la phase étendue des Vanniers. La poterie s'ajouta à la vannerie et les Anasazi se lancèrent dans le commerce de ces récipients qui faisaient d'excellentes réserves pour la conservation de la nourriture.

Le peuple des Anasazi a vécu jusqu'au XIIIe siècle dans le sud-ouest des États-Unis, là où le Nouveau-Mexique, le Colorado, l'Utah et l'Arizona se rejoignent. Le terme d'Anasazi vient de la langue Navajo et signifie « les Anciens », « les pères de la tribu », « les ancêtres », mais aussi « les vieux ennemis ». On ignore comment les Anasazi se nommaient eux-mêmes. Ils peuplèrent la région de ces quatre États entre 100 et 1300 apr. J.-C. La postérité a surtout retenu d'eux leurs habitations à flanc de falaise à Mesa Verde (Colorado) et leurs villages du Chaco Canyon (Nouveau-Mexique). Nul ne sait pourquoi ils les ont abandonnés. On présume que de longues périodes de sécheresse les ont poussés à s'installer un peu plus loin, dans le sud de l'Arizona ou le centre du Nouveau-Mexique. Les pacifiques Hopi sont considérés comme les descendants des Anasazi.

Habitations troglodytiques

Pendant leur âge d'or, des niches naturelles dans la roche servaient d'abris et de réservoirs d'eau aux Anasazi. Des siècles de pluies légèrement acides avaient creusé les falaises de Mesa Verde et taillé tout un réseau de petits canaux dans la pierre. Les vestiges des Anasazi témoignent que ce peuple vivait en harmonie avec la nature. Les archéologues ont ainsi retrouvé les indices d'une connaissance aiguë de l'action du soleil. Par exemple, Pueblo Bonito, un village du Chaco Canyon construit en forme de D, le long de la falaise, s'ouvrait vers le

sud. Les habitations s'élevaient en terrasses sur quatre étages. L'été, le soleil vertical frappait les toits plats qui renvoyaient la chaleur vers le haut avant que l'air ne devienne trop chaud dans le village. En revanche, l'hiver, le soleil bas brillait sur les murs des maisons et les réchauffait. Comment les Anasazi pouvaient-ils connaître les principes de l'énergie solaire ? Ce peuple était-il très avancé ou agissait-il par pur instinct ?

Les différentes phases du développement Anasazi

En matière de culture et d'architecture Anasazi, les archéologues distinguent quatre grandes périodes. La première, dite des Vanniers, a duré de 100 à 450. Elle doit son nom aux exceptionnels paniers des Anasazi, dont le tressage était si serré qu'on peut encore y transporter de l'eau de nos jours. À l'époque, les Anasazi vivaient dans des cavernes aux plafonds bas sur les pentes de la Mesa ou dans le fond du canyon, dans des maisons de pierre souterraines. Ils se nourrissaient de gibier et de petits animaux, cultivaient le maïs et les citrouilles. Cette période fut suivie de la phase étendue des Vanniers au cours de laquelle la poterie et le commerce vinrent s'ajouter à la vannerie. Pendant la phase Pueblo (de 750 à 1100), les Anasazi se regroupèrent en villages. Pour la première fois, ils construisirent des maisons à la surface du sol, et améliorèrent les maisons souterraines existantes. Enfin, pendant la phase Grand Pueblo (de 1100 à 1300) ils perfectionnèrent leur architecture et leurs techniques de construction.

Ils abandonnèrent la Mesa au profit des grandes niches rocheuses du canyon où ils

Cliff Palace, cité bâtie à flanc de falaise

En 1888, les archéologues Richard Wetherhill et Carlie Mason découvrirent une agglomération troglodytique dans la zone du haut plateau de Mesa Verde, dans le sud-ouest du Colorado. Il s'agit de l'un des

Les unités d'habitation construites en terrasses étaient parfaitement protégées contre les variations climatiques de l'endroit, tant par leur orientation par rapport au soleil que par leur système de ventilation. La situation reculée du village apportait un facteur de sécurité supplémentaire.

plus impressionnants vestiges de la culture Anasazi : Cliff Palace. Ce complexe comptait vingt-trois salles communes, les *kiva*, et deux cents maisonnettes de pierre et de torchis. Les Anasazi ont perfectionné leurs habitations et leurs villages entre 100 et 1300.

Depuis les premières découvertes de Mesa Verde, de nombreuses autres agglomérations indiennes ont été retrouvées. Pour la seule année 1996, quatre cents d'entre elles ont été mises au jour après un grand incendie dans le parc national de Mesa Verde. Les incendies de l'an 2000 ont également permis de dégager les couches de végétation qui avaient recouvert les villages au fil des siècles.

Les Hopi, héritiers des Anasazi

Les Hopi sont considérés comme les descendants des Anasazi. Les deux cultures présentent de nombreuses similitudes. Le système de pensée et le mode de vie des Hopi permettent de comprendre la civilisation disparue de leurs ancêtres. Pendant des siècles, l'agriculture a été l'élément central de la vie des Hopi. Ils s'orientaient selon les saisons, d'après les étoiles, la lune et le parcours du soleil. Aujourd'hui encore, les valeurs des Hopi sont fondées sur un respect profond de la nature. Animistes, ils croient à l'interdépendance de toute chose. Les *kiva*, ces salles cérémonielles souterraines, identiques à celles des Anasazi, sont au cœur de la vie de chaque village. Les ouvertures pratiquées dans le toit des *kiva* permettent aux Hopi d'observer les étoiles. On peut en conclure que les *kiva* des Anasazi, utilisées à des fins religieuses, avaient également une signification astronomique.

Pueblo Bonito : le nom de ce village, étagé en quatre terrasses, dans le Chaco Canyon, indique déjà l'héritage culturel des Anasazi préhistoriques. Les Indiens des pueblos (Hopi, Suni, etc.), descendants de la culture Anasazi, ont adopté un grand nombre de traditions préhistoriques comme la construction en terrasse des maisons dont les pièces ne sont pour la plupart accessibles que par des échelles passant par le toit. À l'heure actuelle, cinquante mille Hopi vivent dans les réserves indiennes de l'Arizona et du Nouveau-Mexique. Ce complexe caractéristique de leur culture se trouve à proximité du Grand Canyon.

Les kiva, *ces salles souterraines de forme arrondie, fermées par des toits en bois à l'époque des Anasazi, formaient le cœur architectural et spirituel de la cité troglodytique de Cliff Palace. Elles servaient de salles communautaires, de cuisines et de points de rencontre religieux.*

construisirent des maisons de plusieurs étages en pierre et en torchis. Ils n'allaient pourtant pas y rester longtemps...

Main dans la main avec le monde des esprits

Certains spécialistes de l'ésotérisme pensent qu'à un moment de leur histoire, les Anasazi auraient pu ressentir des « énergies négatives » qui les auraient poussés à s'en aller. Il est certain que plus le peuple grandissait et évoluait, plus il témoignait d'intérêt pour la spiritualité et la religion. Au centre de l'agglomération se dressaient les *kiva*, des pièces communautaires rondes et souterraines, couvertes d'un toit en bois. L'accès se faisait par une ouverture centrale qui servait également à évacuer la fumée du foyer. Derrière le foyer se trouvait un *sipapu*, une petite ouverture dans le sol. Les Anasazi pensaient que les esprits des ancêtres du clan étaient sortis de ce trou qui était également le moyen de communiquer avec eux. Un puits d'aération faisait face au *sipapu*. Baptisé « puits aux esprits », il servait sans doute aussi à établir le contact avec un autre monde.

Homme et religion

Entretenir de bonnes relations avec les esprits et les dieux était primordial pour les habitants des lieux dont la vie ou la mort dépendaient des dons de la nature. Les archéologues pensent que la construction d'un nombre accru de *kiva* pendant la dernière période Anasazi s'explique par une tentative de s'attirer les bonnes

Des hommes au torse triangulaire portant des masques sacrés sont un thème récurrent dans les dessins et les peintures rupestres Anasazi. Les masques faisaient sans doute partie de l'attirail cérémoniel et aidaient les chamans à entrer en contact avec les esprits.

grâces de l'esprit de la Pluie. En effet, des recherches climatiques ont permis d'établir que vers 1100, la région a connu une grande période de sécheresse. Dans les représentations religieuses des premiers peuples nord-américains, le Grand Esprit règne sur la création. L'entretien de cette création est confié aux dieux ou aux esprits des éléments qui font leur « rapport » au Grand Esprit. Pour les clans indiens, les compétences des esprits couvraient, par exemple, le soleil, la terre, l'été, l'hiver, la foudre, le tonnerre ou la pluie. Cette dernière, ou plutôt son absence, fut la cause probable de la disparition des Anasazi. Leurs chamans avaient sans doute prédit à maintes reprises, mais en vain, le retour de l'eau.

Les chamans, intermédiaires vers le monde des esprits

Le chaman est l'autorité magique et religieuse du clan. Il sert d'intermédiaire entre les vivants et le monde des esprits. Contrairement au prêtre du christianisme, il ne tire pas son savoir d'un dogme établi, mais d'une épreuve personnelle douloureuse. La relation entre le chaman et le monde spirituel revêt ainsi le caractère d'une religion individuelle. Le chaman tire ses forces et son pouvoir d'une rencontre avec ses visions. La façon dont se déroule sa première rencontre avec les esprits construit son propre mythe ; il sera désormais écouté et respecté par le peuple.

La fin d'un peuple

Les traces d'occupation Anasazi à Mesa Verde et dans le Chaco Canyon disparaissent vers le milieu du XIIIe siècle. La plupart des chercheurs s'accordent à penser que le manque de pluie a poussé le clan à quitter l'endroit et à s'établir un peu plus loin. Pourtant, les Drs Christy et Jacqueline Turner, bioarchéologues de l'université de l'Arizona, sont convaincus que leur disparition est la conséquence d'une guerre civile inhumaine entre cannibales. L'étude approfondie des squelettes Anasazi aurait en effet permis de mettre en évidence des traces de cannibalisme. Néanmoins, les ossements « sciés » retrouvés par les Turner pourraient aussi bien provenir de sacrifices humains offerts à l'esprit de la Pluie. Aucune des deux hypothèses ne peut être vérifiée. La disparition des Anasazi fait partie de ces mystères de l'histoire de l'humanité qui savent si bien diviser les savants.

Imploration, rituels de fécondité ou de chasse, quel que soit leur objet, les peintures rupestres des Anasazi cherchaient avant tout à s'attirer les bonnes grâces des dieux.

Territoire maya, les mondes perdus de la jungle

La pyramide blanche de Canaa domine l'ancienne cité maya de Caracol nichée au cœur de la jungle du Belize, en Amérique centrale. Avec ses 42,50 mètres de haut, l'édifice sacré est le plus élevé de tout le pays, et un symbole de la foi en des puissances surnaturelles.

La civilisation maya se développa entre 2000 av. et 1500 apr. J.-C. au Mexique, au Guatemala, au Honduras, au Belize et au Salvador. Ce peuple légua de nombreux mystères à la postérité. Ainsi, l'ascension des royaumes mayas et leur fin abrupte restent inexpliquées. Les cités merveilleuses à l'architecture impressionnante furent abandonnées tellement vite par leurs habitants qu'ils ne prirent même pas le temps d'enterrer les derniers morts. Submergés par une végétation luxuriante, les sanctuaires des dieux, des esprits et des ancêtres s'enfoncèrent dans un sommeil de 1 000 ans. Chichén Itzá, cité en ruine sur la presqu'île mexicaine du Yucatán est l'un des meilleurs exemples de ce scénario. Lors du passage au IIe millénaire, la ville détenait encore une grande importance politique et religieuse. Pourtant, peu après, ses habitants l'abandonnèrent.

La dernière marche

Le livre sacré *Chilam-Balam*, littéralement le « Livre du prêtre-jaguar », raconte que le clan des Mayas Itzá construisit ses premières forteresses le long de la côte du Yucatán vers la fin du VIIIe siècle, après avoir conquis les peuples mayas déjà implantés dans la région. Le secret de leur succès tient peut-être à leur nouvelle forme d'organisation politique : plutôt qu'un seigneur unique, ils choisissaient toute une équipe pour les diriger. Ils planifièrent leur capitale selon une approche parfaitement cosmopolite, conclurent des alliances ou arrachèrent parfois le pouvoir par la force. Leur soudaine disparition intervint vers 1250 pour des raisons inconnues. Les survivants du légendaire peuple des Itzá se lancèrent dans une dernière marche pour se réfugier dans la région mythique de Tikal, au Guatemala.

Dieux et astronomie

Chichén Itzá était un centre à la fois politique et religieux. Abandonnée depuis longtemps à l'époque des conquêtes espagnoles des XVe et XVIe siècles, la cité était encore un lieu de pèlerinage pour les descendants mayas. Ils préservèrent l'accès à un puits sacré dans lequel de l'or avait été jeté, et des humains sacrifiés et chargés d'emporter des messages dans l'au-delà. Le dieu Kukulcán, être hybride entre l'homme, l'oiseau et le serpent, aurait régné à cet endroit. Les Itzá célébraient sa descente annuelle du cosmos par des jeux raffinés d'ombre et de lumière. La pyramide de Kukulcán est bâtie avec une telle précision que le 21 mars, premier jour du printemps, la lumière du soleil ondule sur les marches comme un serpent, avant d'aboutir dans une tête de reptile taillée dans la pierre.

Copán et le culte des étoiles

L'ancien centre cérémoniel de Copán, bâti jusqu'au IXe siècle dans la forêt tropicale du Honduras, fait partie des cités mayas classiques conçues en harmonie avec le cosmos, car la puissante dynastie royale voyait son destin indéfectiblement lié à un système astrologique complexe.
Copán a été construite selon les lignes directrices de l'astronomie pour permettre aux prêtres-astronomes d'effectuer des relevés

La vie de ces Indiens mayas du Guatemala est imprégnée de rituels traditionnels et chrétiens. Ils allument des cierges avec dévotion pour apaiser les ancêtres et les dieux. Malgré la christianisation de l'Amérique centrale, les descendants des grands Mayas ont conservé une partie de leur culture.

Paysages sacrés

Il y a 4 000 ans, des peuples paysans ont développé en Méso-Amérique des rites qui se sont conservés jusqu'à aujourd'hui. L'épi de maïs était le « rayon de soleil sacré des dieux », car c'est à partir de maïs que ceux-ci avaient façonné les hommes. Les semailles et les récoltes étaient des rituels sacrés. Après Tollan ou le pays des Olmèques, le pays maya fut désigné comme le dernier des pays magiques. Aujourd'hui encore, les chamans des descendants mayas invoquent la bénédiction de dieux très anciens sur les récoltes. Des autels en bois symbolisent les quatre côtés de la Terre, tandis que la croix représente la vie.
Au Guatemala, les prêtres-magiciens apaisent les idoles de l'époque maya classique en leur offrant de l'alcool de canne, et de nombreux Mayas se rendent dans les lieux antiques pour vénérer les divinités de la nature. Ils exigent aujourd'hui que les sanctuaires de leurs ancêtres leur soient restitués.

Des astronomes dans la forêt vierge

Chef-d'œuvre astronomique et lieu de culte sophistiqué : dix-huit statues de monstres terrestres et de divinités stellaires contemplent les vestiges de Uaxactún, au Guatemala, du haut d'une pyramide de 15 mètres. Ce monde de magie vivante présente un aspect de la cosmologie, le « mont sacré » tel qu'il émerge des eaux originelles. La pyramide tourne sa façade principale vers l'orient, face à trois temples plus modestes. En traçant une ligne de relèvement entre deux des stèles, on obtient le point exact du lever du soleil à l'équinoxe. Les lignes de visée qui atteignent les angles des temples extérieurs à 5 mètres de hauteur, indiquent la position exacte du soleil au moment des solstices d'hiver et d'été.

Cette pierre d'autel se trouve dans le parc national de Tikal. Il représente deux personnages face à face, revêtus de vêtements de parade. Entre eux, on distingue un petit autel sacrificiel.

exacts de la position du soleil. Chaque nuit, ces sages étudiaient les constellations où vivaient leurs dieux, et prédisaient les éclipses de lune et de soleil avec une précision étonnante, plusieurs siècles à l'avance. Vénus, l'étoile la plus lumineuse dans le ciel nocturne et matinal, occupait une place à part dans l'astronomie des Mayas. Elle était vénérée pour sa force rayonnante. Les Mayas calculèrent que sa révolution autour du soleil demandait 583,92 jours. Ce résultat a été confirmé par de récentes analyses informatiques.

D'autres cités étaient dédiées à l'observation des étoiles Castor et Pollux, situées dans la constellation des Gémeaux, et de Canopus, la deuxième étoile fixe la plus claire, à proximité du pôle Sud.

Secrets du calendrier

Fascinés par le phénomène du calcul du temps, les Mayas élaborèrent des calendriers complexes dont la précision égale les nôtres. Ils établirent des indications de date exactes, remontant à 90 et même à

400 millions d'années. Ils utilisaient déjà le zéro, un « non-chiffre » que les mathématiciens grecs et romains ne connaissaient pas encore. Nul ne sait comment ils firent ces calculs en l'absence de technologie moderne, car certaines dates ne peuvent être établies qu'après une observation du ciel ininterrompue pendant plusieurs siècles. Malheureusement, comme à Chichén Itzá,

les maîtres du temps de Copán connurent une fin abrupte. Ils abandonnèrent leur cité au beau milieu de la sculpture d'un monument à la gloire de leur dernier seigneur, Yax-Pac. La statue resta inachevée.

Le pays des guerriers de Vénus

La cité-État de Caracol, encore inconnue il y a quelques années, était une puissance importante située à la frontière occidentale du Belize avec le Guatemala. Son roi divin Te avait réussi à vaincre les alliances de Uaxactún au nord du Guatemala, ainsi que le royaume voisin de Tikal. Entre 1989 et 1990, une équipe archéologique a mis au jour un document en pierre qui raconte comment Te captura et sacrifia son rival « double-oiseau » de Tikal.

Chichén Itzá était l'une des dernières grandes cités mayas du nord de la presqu'île du Yucatán. On y trouve le temple des Guerriers qui, bien qu'à moitié détruit, reste encore très impressionnant. Devant les colonnes élevées pour rappeler l'ondulation d'un serpent trône Chaak, le dieu de la Pluie.

Le temple du Grand Jaguar qui se dresse sur la pyramide à neuf marches de Tikal, au Guatemala, est le symbole même de la période maya classique. Néanmoins, plusieurs styles architecturaux cohabitent dans la cité, ce qui permet de conclure à l'influence d'autres peuples centraméricains, tels ceux de Teotihuacán. Le jaguar même était l'animal que les Mayas craignaient le plus au monde. En effet, ils croyaient qu'après son coucher, le soleil se transformait en jaguar.

Les dieux accordèrent alors une foudroyante progression à Caracol. Elle devint une métropole dominante dont les temples sacrés et les pyramides célébraient la grandeur. Pourtant, la vengeance, la guerre et le chaos allaient bientôt déferler sur les territoires des Mayas.

La guerre des étoiles

Une grêle de javelots s'abattit sur les guerriers. Les pointes d'obsidienne frappèrent les corps peints en rouge et noir qui tombèrent sur le sol, ensanglantés. Le son de trompettes en bois couvrait les hurlements des blessés et des mourants. Deux gigantesques armées se livraient une bataille sans merci. Vers la fin de la période maya classique, presque tous les clans étaient en guerre.

Il fallait faire le plus de prisonniers possibles afin de pouvoir les sacrifier aux dieux. Ces scènes dramatiques accompagnaient les cycles de vie des Mayas. Dans leur conception du monde, c'était le seul moyen de renforcer le pouvoir terrestre et spirituel de leur chaman-roi dont le bien-être était la chose la plus importante à leurs yeux. C'est lui, en

effet, qui communiquait avec le monde de l'au-delà et des ancêtres, au nom de tous ses sujets, pour obtenir assistance et force. Or, les entités de l'au-delà exigeaient le prix du sang pour leur aide. Plus ils recevaient de sacrifices humains, plus ils étaient enclins à prêter main-forte au roi et à son État.
Avant chaque combat, ils cherchaient à s'attirer les bonnes grâces du dieu-Vénus et les campagnes étaient déterminées par les constellations planétaires favorables. Ce qui avait débuté de manière raisonnée prit rapidement des proportions suicidaires, car les seigneurs se mirent à exiger toujours plus de victimes. Si bien qu'un jour, la bonne étoile de Caracol s'éteignit. En l'an 859 apr. J.-C., la merveilleuse cité sombra dans les oubliettes de l'histoire.

Crânes lumineux

Une nouvelle civilisation oubliée a été retrouvée en 1994 dans le nord-est du Honduras. Au cœur de la jungle de Mosquito sur le Rio Talgua, les chercheurs ont découvert une caverne sacrée, dite des « crânes lumineux », dans laquelle gisaient les témoignages d'une civilisation vieille de 3 000 ans. Lorsque les archéologues éclairèrent la caverne avec leurs lampes de poche, les crânes et les squelettes se mirent à luire. Ils étaient recouverts d'une peinture rouge-brun et de cristaux de calcium phosphorescents. Les scientifiques sont persuadés que ce lieu de culte existait déjà un siècle avant Copán.

Le plan des dieux

La chute des Mayas fascine le monde entier depuis des décennies. Au fil des recherches, de nombreuses raisons ont été avancées pour expliquer leur disparition : invasions d'insectes, épidémies, changement climatique, tremblement de terre, révoltes et guerres. Pourtant, même la somme de toutes ces catastrophes ne réussit pas à résoudre l'énigme. Pourquoi, les cités n'ont-elles pas été repeuplées ? Il est possible que l'exode ait eu lieu pour obéir à des prédictions divines. On peut supposer que, comme les Olmèques du Mexique, les cités mayas de Tikal, Caracol, Palenque ou Chichén Itzá ont procédé à l'enterrement rituel de leurs lieux de culte afin de les reconstruire ailleurs.. Ont-elles toutes obéi à un plan secret des dieux ?

Les sons des temps oubliés

Le plus vieil enregistrement du monde a 1 300 ans. Le support : la pyramide de Kukulcán à Chichén Itzá. Lorsqu'on frappe des mains devant l'escalier, on entend un écho imitant le cri du quetzal, l'oiseau symbole de Kukulcán.
L'archéologue américain D. Lubman qui découvrit le phénomène en 1998 pense que le chant de cet oiseau multicolore était reproduit pendant les fêtes religieuses. Les ondes sonores atteignent tout d'abord les marches inférieures et sont réfléchies par les sections verticales. L'auditeur perçoit un son qui va en s'amenuisant et qui ressemble à s'y méprendre au cri du quetzal sacré, une sorte de « biuup » prolongé. Le quetzal est aujourd'hui l'emblème du Guatemala. Autrefois, ses longues plumes bleu-vert servaient de parure aux princes mayas et aztèques.

Les Mayas érigaient des stèles pour se rappeler les jalons les plus importants de leur histoire. Des inscriptions y côtoient les images des rois-dieux des diverses cités-États. Grâce, en partie, à ces reliques de pierre, le passé du peuple mythique n'a pas complètement sombré dans l'oubli.

Lhassa, un monde d'un autre temps

Au-dessus de Lhassa, au beau milieu de la « montagne rouge », se dresse le Potala, l'ancienne résidence du dalaï-lama, chef spirituel bouddhiste. Comme les prophéties l'avaient prédit, le palais fut pris d'assaut par la Chine communiste dans les années 1950. Le dalaï-lama dut se réfugier en Inde et d'innombrables trésors culturels furent détruits.

Même les plus rationnels d'entre nous ne peuvent résister à la fascination exercée par les valeurs spirituelles du Tibet et les symboles de son indestructible religion. D'où vient donc le charme de ce pays et de son enseignement onirique ? Quelles sont les forces spirituelles qui attirent tant de gens ? La réponse se trouve aussi bien dans le passé que dans le présent du royaume enchanteur du Tibet.

Le toit du monde

Les sommets de l'Himalaya se dressent majestueusement au-dessus des lambeaux de brume argentée dans un spectacle à couper le souffle, tandis que les rayons du soleil font scintiller les neiges éternelles sur fond de ciel bleu. Entouré de hauts plateaux arides et d'impressionnantes chaînes montagneuses, le Tibet est le pays le plus élevé du monde avec une altitude moyenne de 4 000 mètres. Loin de toute civilisation, un mode de vie religieux a pu s'y développer, peuplé d'esprits et de démons menaçants, de dieux bienveillants, rythmé par des pratiques occultes et des rituels dédiés à la nature.

Les symboles les plus marquants de ce monde en voie de disparition sont un roi-dieu et une ville sacrée : le dalaï-lama et Lhassa.

À première vue, Lhassa, la « place des dieux », ne se distingue guère des autres agglomérations chinoises de petite taille, avec ses grandes avenues qui traversent des quartiers sans âme avant de parvenir au centre. Pourtant, Lhassa n'est pas une ville comme les autres. Au sommet du Marpori, cette « montagne rouge » qui surplombe la vallée, se dresse le Potala rouge et blanc, emblème et symbole de la liberté du Tibet. L'ancienne résidence du dalaï-lama, chef

Révolution culturelle au Tibet

En octobre 1950, les troupes de la république populaire de Chine traversèrent les frontières du Tibet. Ainsi se réalisèrent d'anciennes prophéties de moines tibétains qui avaient annoncé le destin tragique de ce peuple profondément religieux. La révolution culturelle maoïste, qui désignait la religion comme « l'opium du peuple », chassa par la force les quelque six cent mille moines et nonnes bouddhistes de leurs couvents. Près de onze mille d'entre eux furent enterrés vivants ou torturés à mort. Le dalaï-lama, chef spirituel et dirigeant du Tibet, dut se réfugier en Inde en 1959, livrant le Potala aux Chinois. En 1987, une rébellion de moines fut réprimée dans le sang par les troupes d'occupation chinoises.

Le Tibet, aussi intéressant pour ses paysages que pour sa culture, est en proie à un conflit de religion dont la responsabilité revient à l'administration chinoise du pays. Les Tibétains se révoltent toujours contre les occupants indésirables, comme ici, en octobre 1987.

Une divinité sur Terre

Pour les Tibétains, de nombreux lamas sont des moines réincarnés qui ont réussi à surmonter les souffrances de la vie et qui reviennent librement sur terre pour aider leurs semblables. La plus haute incarnation est celle du dalaï-lama, adoré comme la réincarnation de Changchub Sempa, le dieu protecteur du Tibet. Le premier dalaï-lama réincarné vécut au XVIe siècle et s'appelait Bsod-nams-rgya-mtscho.

Lorsqu'un dalaï-lama meurt, son successeur est reconnu par des oracles et des visions. L'enfant choisi par les moines subit de nombreux tests (par exemple, la reconnaissance d'objets spécifiques ayant appartenu au précédent dalaï-lama). C'est ainsi que le 14e dalaï-lama, Tenzin Gyatso (né en 1935) fut choisi en 1939. Son œuvre pour la libération du Tibet lui a valu en 1989 le prix Nobel de la paix.

Comme tous ses prédécesseurs, l'actuel dalaï-lama, connu sous son simple nom de moine Tenzin Gyatso, est vénéré comme la réincarnation d'Avalokiteshvara, le bodhisattva de la compassion. Sa lignée de réincarnation remonte jusqu'à Songtsen Gampo, considéré comme l'émanation humaine d'Avalokiteshvara.

spirituel du bouddhisme tibétain, n'est accessible que par un système complexe d'escaliers. Le palais qui s'élève sur treize étages, abrite cent chapelles, dix mille châsses sacrées, de nombreuses tombes et vingt mille statues du Bouddha.

La montagne du Bouddha

Lorsque l'alpiniste autrichien Heinrich Harrer (né en 1912) atteignit la ville interdite de Lhassa en 1946, les Tibétains lui racontèrent que le Potala ne pouvait être qu'une œuvre des dieux, car jamais les hommes n'auraient pu réaliser une telle splendeur. D'après eux, des êtres surnaturels auraient conçu ce chef-d'œuvre. Harrer y découvrit des peintures somptueuses, ainsi que des tonnes d'or, d'argent et de perles.

En 1950, les troupes chinoises entrèrent au Tibet, détruisant les temples et des trésors culturels inestimables. Depuis, le gouvernement chinois a reconnu la valeur touristique de Lhassa et du Potala, le plus grand temple bouddhiste du monde. La restauration des temples de la ville a donc été entreprise à partir de 1980. En dépit des nombreuses persécutions infligées par les nouveaux dirigeants communistes, la vie religieuse au pied du Potala n'a jamais été vaincue. Pendant les jours de fête bouddhistes, les pèlerins affluent à Lhassa en grand nombre, les bras chargés de fleurs et de petites lampes à huile, symboles de sagesse et d'illumination. Un jour, espèrent-ils, leurs dieux reviendront auprès d'eux.

Tibet magique

L'Europe moyenâgeuse avait eu vent de rares rumeurs au sujet d'un pays étrange, situé au cœur de l'Himalaya, où l'on connaissait les pratiques chrétiennes. Au début du XVIIe siècle, les moines jésuites Antonio de Andrade et Manuel Marques, déguisés en pèlerins bouddhistes, quittèrent l'Inde pour tenter d'atteindre le pays légendaire dont il était déjà question depuis plusieurs siècles. Traversant de périlleux cols montagneux, aveuglés par la neige et harassés par leur voyage, ils furent les premiers Européens à parvenir au Tibet. Ils fondèrent une mission chrétienne à l'ouest de Lhassa, mais elle fut pillée en 1635 par une armée de religieux bouddhistes.

Dans la ville interdite

En 1661, deux autres jésuites, l'Autrichien Johann Grueber et le Belge Albert d'Orville, décidèrent de traverser le pays du dalaï-lama. Après trois mois d'un pénible voyage, les moines arrivèrent à Lhassa, interdite aux étrangers.

Éblouis par le grandiose Potala, ils furent néanmoins choqués par l'adoration vouée au dalaï-lama, car ils pensaient qu'un tel honneur ne pouvait revenir qu'au pape. À l'époque, le Tibet était dirigé par l'impressionnant 5e dalaï-lama. Tout comme ses prédécesseurs, il était considéré comme l'incarnation librement consentie d'un dieu.

Les jésuites durent également constater que les Tibétains n'étaient pas une communauté d'inspiration chrétienne, mais qu'ils pratiquaient un mélange de religion animiste et de bouddhisme. L'histoire de cette foi remonte très loin dans le passé. Au Ve siècle, différents clans nomades furent réunis en un royaume unique par un guerrier du nom de Songtsen Gampo. Même la Chine capitula devant cet homme. Un mariage dy-

nastique avec la princesse Wen Cheng fut proposé à celui qui s'était autoproclamé roi du Tibet. Bouddhiste, la princesse amena dans sa suite des professeurs de bouddhisme. Un syncrétisme unique s'opéra entre le chamanisme en vigueur et le bouddhisme, créant le lamaïsme, ou bouddhisme nangpa.

Le monde comme projection

Contrairement au Bouddha (v. 550-478 av. J.-C.) qui prêchait l'ascèse et la méditation pour se délivrer des souffrances humaines, le missionnaire bouddhiste Padmasambhava introduisit au Tibet, à partir de l'an 746, un enseignement qui prévoyait l'illumination et la délivrance par la réalisation de soi, l'extériorisation des pulsions et la satisfaction des désirs intérieurs. Le contact vivant avec les forces mystérieuses de la nature, oublié par une civilisation occidentale qui avait perdu son âme, devint le fer de lance du lamaïsme. Pour cette religion, toute chose matérielle n'est que la manifestation de l'esprit, les deux aspects étant métaphysiquement liés par une harmonie profonde. Toutes les pensées, tous les actes peuvent mener à l'illumination et affranchir l'être humain du cycle éternel des renaissances.

Bien que chassés, pour la plupart, de leurs monastères par le gouvernement chinois, les moines tibétains continuent à se réunir pour les fêtes bouddhistes au cours desquelles chants et danses alternent pour vénérer les statues du Bouddha.

Bimini, un royaume englouti au large de la Floride ?

Bimini, petit archipel de l'Atlantique, était autrefois la terre des Indiens Arawak. Après leur découverte par Christophe Colomb au XVe siècle, les indigènes furent chassés de leurs îles qui restèrent inhabitées pendant des dizaines d'années. En 1629, Bimini sortit de l'anonymat en revenant à la Couronne britannique comme partie intégrante des Bahamas. L'île fut un abri pour les pirates au XVIIIe siècle, le théâtre de combats farouches contre l'esclavage au XIXe siècle, avant de devenir l'entrepôt idéal pour les trafiquants de la prohibition, au début du XXe siècle. Dans les années 1930, l'archipel atteignit enfin la notoriété en devenant un haut lieu de la pêche en haute mer. La découverte de vestiges engloutis au large de ses côtes l'a propulsé au rang d'Atlantide moderne.

Bimini, petit archipel des Bahamas, à l'est de Miami, est un paradis touristique et l'une des meilleures zones de pêche en haute mer du monde. C'est ici que l'écrivain américain Ernest Hemingway (1899-1961) attrapa un thon de 223 kilogrammes, dans les années 1950. Ces îles de l'Atlantique attirent aussi les archéologues, car les indices d'une civilisation engloutie y ont été retrouvés au fond de l'océan, peut-être les témoins muets d'un continent perdu.

Mystérieux monde sous-marin

En 1968, un groupe de plongeurs sous-marins découvrit, au large de Bimini, une structure en forme de J de 570 mètres de long, composée de blocs de pierres cyclopéens. Si la plupart des géologues pensèrent qu'il s'agissait de formations naturelles, certains affirmèrent cependant que ce système sous-marin avait été façonné par l'homme plus de 12 000 ans auparavant. Il s'agirait donc des vestiges d'une mystérieuse civilisation ancestrale.

Les gigantesques blocs de pierre, les murailles colossales et autres formations sous-marines géométriques surdimensionnées ont engendré une longue dispute d'érudits dans laquelle le nom de l'Atlantide ne cessait de revenir. Sans doute parce que dans les années 1930, le voyant américain Edgar Cayce (1877-1945) avait prédit la découverte de l'Atlantide au large de Bimini.

La dispute des érudits

Tandis que le géologue américain Neil E. Sealy continue à penser que les structures sous-marines ne peuvent être que d'origine naturelle, l'archéologue David Zink défend la théorie inverse. Ce dernier a méticuleusement examiné le fond de l'océan au large de Bimini en 1974. Outre la fameuse structure en J, il a découvert une pierre taillée aux bords rainurés et un morceau de marbre provenant probablement d'une sculpture antique. Zink a également mis en évidence que la disposition des pierres sous-marines évoquait les sept étoiles de la constellation des Pléiades. Zink a sans doute raison car lorsque Christophe Colomb découvrit l'archipel de Bimini, lors de son deuxième voyage (1493-1496), il y rencontra des Indiens Arawak qui lui parlèrent d'un royaume légendaire qui abritait autrefois une fontaine de jouvence, où les dieux venaient des étoiles, et qui avait depuis longtemps été englouti par les eaux. L'âge d'or était fini.

C'est sans doute grâce aux récits des Indiens Arawak que l'Espagnol Ponce de León découvrit la Floride en 1513. Il était en fait à la recherche de la fontaine de jouvence qui, selon les indigènes, se trouvait autrefois sur Bimini.

La science par la transe

David Zink n'hésita pas à faire appel à des méthodes inhabituelles pour un archéologue dans son étude des structures sous-marines de Bimini. Il recruta, parmi ses étudiants, des personnes sensitives capables d'entrer en transe et de remonter mentalement jusqu'à la civilisation disparue. Rigoureusement isolés les uns des autres, les jeunes gens participant à l'expérience notèrent leurs impressions. Les rapports concordants furent ensuite minutieusement évalués. Ces études controversées ont convaincu Zink que les murailles de Bimini « ne sont pas seulement un lieu sacré, mais surtout un sanctuaire doté d'une énergie particulière ». Il n'exclut pas qu'une « inspiration spirituelle venue de l'univers » ait pu y être à l'œuvre.

Comme beaucoup d'autres célébrités, Ernest Hemingway séjourna à plusieurs reprises à Bimini, contribuant à faire connaître l'archipel comme un paradis pour les pêcheurs en haute mer.

Îles légendaires de l'Atlantique

Dans l'océan Atlantique, entre le 10e et le 40e degré de latitude, de nombreuses îles ont été découvertes avant de disparaître mystérieusement. La plus légendaire de toutes est Antillia, située à l'est des Antilles actuelles. (Gravure, vers 1795).

L'Atlantique est, semble-t-il, l'océan des îles perdues. Si l'on en croit les auteurs de l'Antiquité qui y ont situé plusieurs pays mystérieux parfaitement inconnus à l'heure actuelle, il est bien possible que quelques grandes cultures îliennes gisent au fond de l'eau. La célèbre Atlantide décrite par le philosophe grec Platon (v. 427-348/347 av. J.-C.) ne serait que l'une de ces îles légendaires.

Antillia, le paradis

D'une manière générale, la Grèce antique semblait disposer de connaissances étendues sur les îles et les pays énigmatiques situés au-delà de l'Europe. L'une de ces îles légendaires connue par elle porte le nom d'Antillia. Aristote (384-322 av. J.-C.), le professeur du conquérant macédonien Alexandre le Grand (356-323 av. J.-C.) l'évoquait déjà dans ses écrits.

Au XVe siècle, alors que l'Espagne et le Portugal étaient encore occupés par les musulmans, une rumeur se répandit à travers toute l'Europe selon laquelle, à 31° de latitude ouest, une communauté chrétienne exemplaire peuplerait une petite île du nom d'Antillia.

Une carte datant du Moyen Âge, offerte en 1517 par l'amiral turc Piri Reis au sultan Selim Ier, vainqueur de l'Égypte, fait apparaître non seulement le tracé précis des côtes sud- et nord-américaines, les contours de l'Antarctique et de la Terre de Feu, mais aussi l'île d'Antillia. Les experts présument que cette carte a été dessinée d'après des modèles beaucoup plus anciens. En effet, bien que témoignant de connaissances cartographiques modernes, le tracé même des côtes indique que cette carte n'a pu être établie qu'aux débuts de l'histoire de l'humanité. Il en ressort que les actuelles Açores seraient ainsi les derniers vestiges d'Antillia.

Des mondes engloutis

Quel est l'avis des géologues et des océanographes au sujet de la possible existence d'une île ou d'un pays englouti dans

Pêcheurs d'eau douce

Lorsque les pêcheurs des Açores jettent leurs seaux à la mer, à l'ouest de leur archipel, il leur arrive parfois de remonter de l'eau douce. Il s'agit de sources d'eau potable sous-marines qui se situaient sans doute autrefois sur des terres émergées. Des phénomènes similaires ont également été constatés à 150 kilomètres à l'ouest des Açores.

Ces pêcheurs paraissent jeter l'ancre en pleine mer, alors que des montagnes sous-marines s'élèvent ici presque à fleur d'eau. Les recherches de quelques géologues semblent réfuter l'existence d'un continent perdu, mais il pourrait y avoir eu, à cet endroit, plusieurs grandes îles habitées, le fameux archipel d'Antillia dont il est déjà question dans l'Antiquité.

Les pêcheurs des Açores aiment leur océan mystérieux. En pleine mer, ils remontent des seaux d'eau douce des profondeurs. Et grâce à des chaînes montagneuses sous-marines, ils peuvent jeter l'ancre au beau milieu de l'Atlantique. Ici, deux barques de pêche devant l'île de Pico.

Les Açores actuelles seraient les restes d'un continent fertile peuplé de pieux habitants. Ces îles d'origine volcanique au doux climat océanique attirent chaque année de nombreux touristes.

Paradis perdus

Dans sa cosmologie *De Mundo*, au IIe siècle apr. J.-C., l'écrivain latin Apulée (v. 125-v. 175 apr. J.-C.) écrit : « Des pays qui étaient autrefois des continents se sont transformés en îles. » Il consolide ainsi les déclarations de son compatriote Plutarque (v. 46-v. 120 apr. J.-C.). Ce dernier parle en effet d'un continent perdu dans l'Atlantique, du nom de Saturnia. L'historien romain Marcelinus (330-395 apr. J.-C.) parle d' « une grande île engloutie », à l'instar de Timagène (Ier siècle av. J.-C.) qui raconte l'histoire, transmise par les Gaulois, d'une « île au milieu de l'océan ». Ces îles énigmatiques portent des noms tels que « îles heureuses », « îles de la félicité », « Hespérides », « Brésil » et « Antillia ».

l'Atlantique ? Selon l'auteur américain Charles Berlitz (né en 1913), Antillia pourrait être un vestige de l'Atlantide. « Si l'on se représente le plateau sous-marin qui entoure les Açores, on obtient un pays englouti fait de presqu'îles, d'isthmes, de baies, de montagnes et de vallées, plus grand que le Portugal. Il gît à une profondeur comprise entre 120 et 270 mètres. »
Il y a 12 000 ans, alors que le niveau de la mer était plus bas qu'aujourd'hui, de grandes étendues émergées devaient s'étendre vers le nord et l'est des Açores. Quelques indices indiquent en effet que ces îles, telles que nous les connaissons aujourd'hui, pourraient bien être les sommets d'une étendue terrestre plus vaste, les sommets des montagnes d'Antillia.

Les îles fantômes de l'Atlantique

La dorsale médio-atlantique censée avoir supporté Antillia fait partie des zones tectoniques instables de la planète, soumises à des éruptions volcaniques soudaines, des tremblements de terre violents et des abaissements brutaux des fonds océaniques. En 1948, non loin des Açores, des géologues marins suédois embarqués sur le navire scientifique *Albatros* ont découvert par 3 600 mètres de fond des algues d'eau douce qui devaient vivre autrefois dans un lac situé au-dessus du niveau de la mer. Dans les années 1970, une expédition sous-marine menée à 96 kilomètres au nord de cet endroit par l'Académie scientifique soviétique, a retrouvé de la tachylite, de la lave vitrifiée qui ne peut se former qu'à l'air libre.

Le professeur Maurice Ewing de l'université Columbia à New York déclare : « Soit le pays s'est enfoncé de 3 à 5 kilomètres, soit le niveau de la mer était de 3 à 5 kilomètres plus bas qu'aujourd'hui. Ces deux conclusions sont bouleversantes. »

Avalés par la mer

L'historien italien Peter Kolosimo (1922-1980) a étudié le mystère des nombreuses autres îles englouties de l'Atlantique. Il découvrit, au cours de ses recherches, un rapport de la Société hydrographique de Madrid de 1809, établissant ce qui suit : « Nous ignorions tout de cet archipel jusqu'à sa découverte par le navire *Aurora* en 1762, qui lui donna son nom. En 1790, il fut aperçu par l'équipage du *Princess* de la flotte royale des Philippines, sous le commandement du capitaine de Oyarvido, qui nous montra son journal de bord à Lima et nous informa de la situation géographique de ce pays. »

Les îles fantômes furent évoquées pour la dernière fois par des navigateurs en 1892. Le journal de bord du navire anglais *Glads* précise : « Nous avons vu la terre ; cela semblerait être une île allongée dotée de deux sommets donnant l'impression qu'il s'agit de trois îles. Les sommets étaient couverts d'un peu de neige. »

Des mondes insulaires invisibles

À environ 1 500 kilomètres au sud-est de Buenos Aires en Argentine, une île de bonne taille, dotée d'un port praticable à l'est, fut découverte en 1675. Elle fut baptisée Isla Granda, mais 100 ans plus tard, nul n'était plus capable de la retrouver.

Le capitaine anglais G. Norris vécut une expérience similaire. En 1825, lors d'une expédition dans l'Atlantique, il découvrit deux petites îles qu'il baptisa Thompson et Chimney. Elles disparurent, elles aussi, dans les oubliettes de l'histoire.

Des terres émergées qui semblent bien avoir existé le long de la ceinture sismique océanique, ont donc été propulsées dans les abysses par des forces naturelles d'une violence redoutable. Un jour, peut-être, les archéologues sous-marins seront-ils capables de prouver que les légendes au sujet de l'âge d'or d'Antillia ne sont pas le seul produit de l'imagination humaine.

Les croyances religieuses des habitants d'Antillia ne sont que suppositions. Sans doute adoraient-ils des idoles divines comme semble le suggérer ce masque originaire des Antilles.

La pyramide de Yonaguni

Sur les traces de nos ancêtres, 1re partie

Pour dater la découverte sous-marine de Yonaguni, il convient tout d'abord de déterminer la raison pour laquelle le monument s'est enfoncé dans la mer. Tremblement de terre? Éruption volcanique? Ou

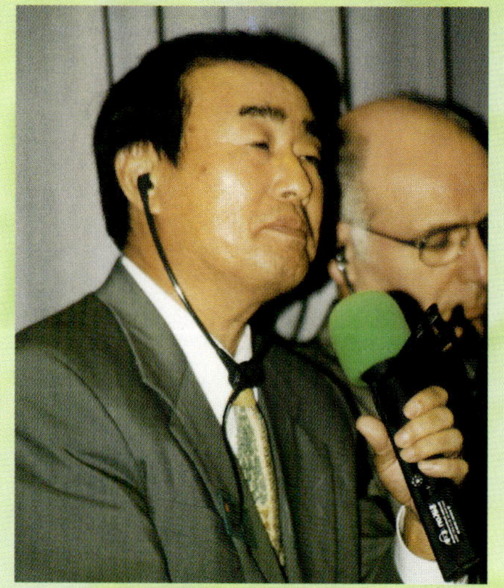

Le professeur Kimura concentre ses recherches depuis plusieurs années sur Iseki Point. Il a ainsi retrouvé d'autres ruines, aussi bien en mer que sur la terre ferme.

changements climatiques tels que la fonte de glaciers ou l'élévation du niveau de la mer ?

Argument en faveur d'une disparition brutale : le Japon est situé dans une forte zone d'activité sismique. Néanmoins, le temple est resté debout, ce qui indiquerait plutôt un glissement lent. Comme il n'a pu être taillé que sur la terre ferme, le niveau de la mer devait se trouver 30 mètres plus bas au moment de sa création. Pour le professeur Masaaki Kimura, cela le situerait à environ 12 000 ans en arrière, avant la fin de la dernière ère glaciaire, des milliers d'années avant la construction des pyramides et le début présumé de la civilisation humaine.

C'est par hasard que le plongeur amateur Kihachiro Aratake a découvert les plates-formes en terrasses à proximité des côtes japonaises.

Au printemps de 1985, l'hôtelier Kihachiro Aratake, passionné de plongée sous-marine, fit une découverte, devant la petite île japonaise de Yonaguni, qui devait relancer le mythe de l'Atlantide. Il retrouva, pendant l'une de ses explorations sous-marines, les vestiges présumés d'une culture jusqu'alors inconnue. Ces témoins du passé dateraient de 10 000 ans. Tout d'abord, Aratake pensa qu'il s'agissait d'une formation rocheuse naturelle. Ce n'est qu'après un examen plus rapproché qu'il remarqua de petites marches et des terrasses qui semblaient faites de la main de l'homme. Aratake en était convaincu : à 300 mètres de la côte d'une île minuscule et oubliée de tous, à seulement 30 mètres de profondeur, il avait découvert un temple mystérieux et très ancien !

Un site controversé

Le professeur Masaaki Kimura de l'université de Ryukyu à Okinawa, spécialiste en géologie marine, visita le site de Yonaguni et parvint à la même conclusion que l'amateur Aratake : les vestiges rocheux ont bien été construits par l'homme. Le professeur Kimura pense qu'il s'agit d'un édifice religieux vieux de plusieurs milliers d'années.

Toutefois, les avis sont partagés. Certains chercheurs rappellent que les phénomènes naturels tels que l'érosion sont aussi en mesure de former des trous et des angles à 90°. D'après le géologue allemand Wolf Wichmann, le gigantesque temple sous-marin ne serait rien d'autre qu'un bloc sédimentaire naturel traversé de lézardes et de crevasses horizontales : angles et marches se seraient formés au niveau de ces zones

L'île de Yonaguni présente des structures de pierre similaires aux ruines sous-marines. Elles ont très probablement été taillées par l'homme.

Les vestiges de la civilisation humaine la plus ancienne gisent peut-être au pied de la côte déchiquetée de l'île japonaise de Yonaguni.

Sur les traces de nos ancêtres, 2ᵉ partie

Si les formations rocheuses reposant au fond de la mer du Japon sont réellement les ruines d'édifices humains, il faudra également récrire la préhistoire du continent américain.

On a toujours pensé que l'Amérique avait été peuplée du nord au sud, par des immigrants venus à pied par le détroit de Bering fermé par les glaces. Depuis qu'on a retrouvé, en Amérique latine, au Chili et au Pérou, des vestiges plus anciens que toutes les découvertes archéologiques nord-américaines, on suppose qu'une vague d'immigration a pu avoir lieu plus tôt, par le Pacifique. Qui sait si ces immigrants n'étaient pas ce peuple mystérieux venu de Yonaguni.

Cette tablette gravée, retrouvée sur l'île d'Okinawa au Japon, a donné lieu à de nombreuses conjectures. On reconnaît clairement une pyramide surmontée d'antennes ou de mâts de drapeaux.

Cette maquette a été réalisée d'après les mesures des archéologues. Le résultat présente une grande similitude avec les ziggourats pyramidales babyloniennes.

de rupture. Il ajoute qu'aucun mur ne se dresse à angle droit et que les escaliers présumés ne débouchent sur rien. Kimura souligne, en revanche, que de telles « constructions impossibles » existent ailleurs dans le monde : au Pérou, par exemple, bien avant les Incas, une civilisation inconnue a taillé les rochers selon un principe analogue. Leurs escaliers et leurs couloirs se perdaient, eux aussi, dans le néant. Si Kimura a raison et si Iseki Point (la pointe des Ruines), comme le site a été baptisé, a réellement été construit par l'homme, il faudra réviser nos connaissances sur la préhistoire de l'humanité : les Sumériens ne seraient plus alors le peuple le plus ancien du monde, ils devraient céder le titre à ces inconnus du Japon.

Une civilisation issue du néant

Le témoin remarquable d'une civilisation japonaise précoce s'est-il réellement abîmé

Les colossaux blocs de pierre semblent avoir été taillés au couteau dans le grès il y a des milliers d'années.

dans les flots il y a des milliers d'années, ou s'agit-il plus simplement d'une manifestation des forces de la nature ? La plupart des géologues japonais adhèrent à la théorie d'une civilisation ancienne, d'autant plus que quatre nouvelles ruines ont été découvertes au large de l'archipel de Yonaguni. À 500 kilomètres au nord-est, au large d'Okinawa, des pierres du passé ont également été retrouvées au fond de la mer. Pour preuve qu'il s'agit bien d'une civilisation engloutie, les archéologues de Yonaguni s'appuient sur la présence d'une sorte de voie ellipsoïdale, de 6 à 20 mètres de large, entourant le site. Des pierres atteignant 6 mètres de diamètre s'alignent sur un rang unique le long de cette route, formant une colossale barrière. Seuls des êtres humains pouvaient, selon les chercheurs, accomplir un tel ouvrage.

Par ailleurs, la pyramide sous-marine comporte un élément de forme conique qui porte des traces de taille. Des traces similaires ont été retrouvées, sur la terre ferme, tout près de là, sur une paroi rocheuse. La civilisation sous-marine se prolongerait-elle à cet endroit ? Les pierres englouties ne seraient-elles qu'une partie des mystérieux édifices ?

Des questions sans réponses

S'il s'avère que les sites sous-marins au large du Japon sont bien les vestiges d'une antique civilisation humaine, les scientifiques du monde entier pourront se livrer à de passionnants travaux de détective. En juillet 1998, une équipe pluridisciplinaire composée d'anthropologues, de géologues et d'archéologues lança une expédition sous-marine à Yonaguni. Le professeur Kimura était de la partie. Le directeur de l'équipe, l'archéologue Michael Arbuthnot, s'opposait, au départ, à la théorie de Kimura. Cependant, après avoir étudié le site sous-marin de près, il changea d'avis. Pour lui désormais, ce sont bien des hommes qui ont façonné l'édifice englouti et non la nature. « En effet, précise-t-il, le monument comporte de nombreux éléments qui invalident la théorie de la formation naturelle. »

Les mystérieux rochers sous-marins présentent des trous profonds et de longues crevasses évoquant des routes.

Nan Madol, Venise des mers du Sud

C'est en Micronésie, sur Temuen, que se trouve la mystérieuse Nan Madol, cité mégalithique érigée sur quatre-vingt-deux îlots artificiels dotés de fortifications. Elle a probablement été conçue vers 200 av. J.-C.

Au milieu de l'océan Pacifique se trouve le monde insulaire de Micronésie. C'est sur une petite île recouverte par la jungle que se dressent les légendaires ruines de Nan Madol, d'immenses blocs de basalte que les archéologues et les historiens désignent volontiers comme la huitième merveille du monde. Quelque quatre cent mille colonnes, dont certaines pesaient jusqu'à 2,5 tonnes, soutenaient les nombreux et énigmatiques monuments. Qui eut l'idée de bâtir cette Venise des mers du Sud ? Pour quelle raison fut-elle construite ? De quelle manière les blocs de basalte de plusieurs tonnes furent-ils acheminés à travers la jungle et les eaux peu profondes des lagons ?

Le récif céleste

La plupart des archéologues pensent que la cité mégalithique fut créée au début du

XIIIe siècle. Néanmoins, certaines découvertes sous-marines plus anciennes semble indiquer une date antérieure, aux alentours de 200 av. J.-C. Nan Madol se trouve sur la petite île de Temuen, dans le lagon de Pohnpei, une île des Carolines. L'archipel représente environ trois fois la taille du duché du Liechtenstein. En polynésien, Nan Madol signifie « le lieu des intervalles ». Les habitants appellent l'impressionnant rempart qui protège la côte comme un récif, Nan Mwoluhsei, c'est-à-dire, « là où le voyage s'arrête ». Il y a 200 ans, l'archipel était nommé Soun Nan-leng, ou le « récif céleste », car selon les mythes polynésiens, c'est là que les dieux descendirent du ciel sur la terre.

Des constructeurs inconnus

Les êtres qui érigèrent ces centaines d'édifices, construisirent ces voies d'eau sem-

Des cercueils de platine ?

Pendant l'occupation japonaise des îles Carolines entre 1919 et 1944, les plongeurs de la marine auraient non seulement découvert au fond de la mer des habitations, des rues et des voûtes de pierre, mais aussi et surtout la maison des Morts évoquée par de nombreuses légendes. C'est là que les anciens souverains du royaume insulaire étaient enterrés.

D'après les rapports, les plongeurs auraient trouvé des cercueils de platine étanches et auraient remonté une partie de ces précieuses trouvailles à la surface. Dans les années 1930, le platine faisait partie des principaux articles d'exportation, à côté des cobras, de la vanille, du sagou (sorte de fécule) et de la nacre. Le métal précieux trouvé à Nan Madol aurait ainsi sérieusement amélioré la solvabilité de l'Empire japonais pendant de nombreuses années.

Les opérations sous-marines d'extraction furent définitivement arrêtées lorsque deux plongeurs disparurent au cours d'une expédition.

Les îlots artificiels de Nan Madol portent encore les fondations destinées aux gigantesques constructions et fortifications de mystérieux bâtisseurs. Nombreux sont ceux qui pensent que les concepteurs de ces vestiges historiques étaient des dieux.

La légende du bateau volant

Les étudiants du Community College of Micronesia, à Pohnpei, la plus grande des îles Carolines (États fédérés de Micronésie), ont patiemment transcrit les nombreuses légendes de leurs ancêtres, jusque-là transmises oralement. Elles fourmillent de dieux célestes dotés de forces magiques, comme le texte suivant le prouve : « Un jour, un canot est venu du ciel. Il ne venait pas de la haute mer, mais du haut des cieux. Trois hommes se trouvaient à son bord. Le bateau volant est venu à Nan Madol. Il survola l'île et se posa à l'ouest. Les hommes firent monter l'un des grands chefs de l'ouest de Nan Madol à leur bord. Ils s'envolèrent avec lui. Nul ne sait de quoi ils ont parlé, mais à leur retour, le grand chef devint le premier roi de l'île. »

blables à des canaux et acheminèrent ces blocs de basalte de plusieurs tonnes, étaient loin d'être ordinaires. Les fondations des quatre-vingt-deux îlots artificiels de Temuen se composent de gigantesques blocs de pierre jointoyés avec des résidus rocheux, de la poudre de corail et de la terre. Au-dessus, les constructeurs inconnus élevèrent des bâtiments gigantesques dans un style proche des blockhaus de la dernière guerre. Les colonnes à six ou huit faces atteignaient parfois 9 mètres de haut. Elles résistèrent pendant des siècles aux atteintes du temps. L'Anglais James G. O'Conell, naufragé sur l'île de Pohnpei en 1827, décrivit la mystérieuse Nan Madol dans son ouvrage *Les Aventures de James G. O'Conell* en ces termes : « La taille des pierres qui composent les murs est telle qu'elles ne peuvent avoir été mises en place qu'à l'aide de dispositifs mécaniques. Pourtant, les insulaires n'ont jamais disposé d'un tel outillage ! »

Un tabou vieux de plusieurs siècles

Ou peut-être que si ? Sommes-nous, ici, face à la même intelligence qui, pendant l'âge de pierre européen, a permis l'érection de menhirs ou de cercles de pierres levées ? Pour les habitants des îles voisines, le monde en ruine de Nan Madol a représenté le plus absolu des tabous pendant des siècles. Ils ne se sont jamais lassés d'avertir les archéologues occidentaux du mauvais sort censé planer sur la cité mystérieuse.

Des croix et des carrés

Au cours de diverses plongées sous-marines dans la zone des 20 à 35 mètres, l'archéologue américain David Hatcher Childress (né en 1938) découvrit de nombreux monolithes dressés, dont certains portent des croix, des carrés, des rectangles et des quadrilatères gravés. En 1980, à la demande du Trust Territory of the Pacific, Arthur Saxe, géologue américain, avait exploré l'environnement sous-marin de Nan Madol. Il avait, lui aussi, découvert d'innombrables colonnes, disposées le long d'une ligne droite, qui se perdaient jusque dans les profondeurs de l'océan.

Une cité merveilleuse

Le professeur Miloslav Stingl (né en 1930), ethnologue et historien de l'université Charles de Prague, compare Nan Madol à la mystérieuse île de Pâques. « J'ai surtout été impressionné par les sculptures géantes de Rapa Nui, tandis qu'à Nan Madol, j'ai découvert une ville entière dotée d'un labyrinthe de passages souterrains, expliquait-il en 1988 après avoir mené des recherches ar-

Le passage souterrain dont on voit ici l'entrée, mène de l'un des îlots artificiels de Nan Madol jusque loin en dessous du fond de la mer. On ignore encore la raison d'être de ce tunnel. En tout état de cause, le département américain des Affaires intérieures a déclaré le site de Temuen emblème historique national en septembre 1985. Les vestiges sont administrés par le maire local, le Nahnmwarki.

Les historiens et les ethnologues ne sont pas les seuls à qui Nan Madol rappelle les célèbres statues de pierre de l'île de Pâques. Nul ne sait pour quelle raison les constructions micronésiennes ont été érigées sur un chapelet d'îlots artificiels. On ne sait pas plus ce qui a motivé la création des visages géants en tuf sur Rapa Nui, dans le Pacifique Sud. Nan Madol et l'île de Pâques ont en commun la théorie selon laquelle des dieux initiateurs seraient venus inspirer ces chefs-d'œuvre architecturaux et artistiques aux humains primitifs de l'époque.

chéologiques dans tout l'archipel. Malheureusement, je n'ai pas trouvé la légendaire maison des Morts, ni aucun des sarcophages précieux qu'elle est censée contenir.»

Des créatures amphibies

Walter-Jörg Langbein (né en 1954), spécialiste de l'astronautique et écrivain, a recueilli sur place plusieurs légendes anciennes auprès des habitants. D'après lui, Nan Madol est une «base abandonnée par les dieux descendus des étoiles». Pour lui, les tunnels souterrains qui acheminaient l'eau vers des lacs artificiels sur des îlots tout aussi artificiels, sont autant de preuves que la Venise des mers du Sud n'a pas été construite par des humains, mais par des êtres marins intelligents : des créatures amphibies venues d'un autre monde. Son vœu serait que le fond de la mer autour de l'archipel soit exploré systématiquement à l'aide de sous-marins miniatures. Les véhicules pourraient atteindre des profondeurs inaccessibles aux plongeurs et, qui sait, découvrir les autres métropoles divines dont parlent les habitants de Pohnpei.

Tanatowa, berceau de l'humanité

Les Kajang sont persuadés que Tanatowa, le pays où vivent les ancêtres, se situe à proximité de leur territoire. C'est peut-être pour cette raison que leurs voisins, les Toraja, fabriquent des statues à l'image de leurs morts et les disposent devant les tombes qui contiennent leurs dépouilles mortelles. Les figurines semblent attendre qu'on vienne les chercher pour poursuivre leur vie dans un autre monde.

Le plus grand archipel du monde qui s'étire sur plus de 5 000 kilomètres le long de l'équateur, entre océan Indien et Pacifique, forme une chaîne d'îles quasiment infinie. L'une de ces îles, Sulawesi, fait partie de l'Indonésie. Dans ce monde de montagnes tropicales, les habitants ont conservé leur mode de vie ancestral, même après les colonisations portugaise puis néerlandaise aux XVIe et XVIIe siècles. Le peuple des Kajang, établi près de la côte sud de Sulawesi, est celui qui a le mieux résisté aux efforts des missionnaires grâce à ses farouches croyances animistes. Les Kajang sont les gardiens d'un secret remontant à la nuit des temps. Ils prétendent, en effet, que leur territoire ne serait autre que Tanatowa, la berceau de l'humanité.

La vie issue de l'obscurité

Les Kajang sont aujourd'hui regroupés dans quatre villages : Sobu, Balambina, Benteng et Tambolo. Des routes accidentées mènent à proximité de ces agglomérations à travers des plantations d'hévéas et des rizières. Un tronc d'arbre abattu barre soudain le chemin et les visiteurs doivent abandonner leur véhicule à bonne distance des habitations, car les Kajang fuient tout contact avec les fruits de la technologie moderne. Ils vivent en harmonie totale et consciente avec la nature environnante, et tout appareil issu de notre civilisation est tabou. Les étrangers doivent également s'adapter à leur mode de vie. Avant d'avoir le droit de pénétrer sur leur territoire, les visiteurs doivent revêtir des robes noires, de longues jupes enveloppantes et des sortes de turbans. La vie étant issue de l'obscurité, ils ont l'obligation de porter des vêtements sombres.

L'existence des protohumains

Les Kajang croient fermement que l'origine de toute vie se trouve dans une zone sacrée de la forêt où nul n'a le droit de pénétrer. D'après les légendes ancestrales, c'est là que furent conçus les premiers hommes et qu'ils continuent d'ailleurs à vivre. Convaincus que ceux qui s'aventurent sur ce territoire s'y perdent sans espoir de retour, les Kajang interdisent d'orienter les portes d'entrée des maisons vers la forêt sacrée. En effet, celle-ci exercerait alors sur les habitants une force d'attraction magique à laquelle ils seraient dans l'incapacité de résister.

La trace de l'*Homo sapiens*

Que cachent réellement ces arbres, ces lianes et ces buissons ? Ne s'agit-il « que » d'une légende ? Les Kajang ont peut-être réellement gardé la mémoire d'une vérité antédiluvienne. Il y a 30 000 ans, notre ancêtre l'*Homo sapiens* commença à peupler le sud de Sulawesi, non loin du territoire Kajang. Les dessins ocre sur les abruptes falaises de calcaire de Leang Leang prouvent sa présence en cet endroit. En 1905, à moins de 100 kilomètres de là, des colons hollandais découvrirent des hommes primitifs dans l'ancien domaine de la résidence princière de Bone. Ce peuple avait été baptisé To-ala par les habitants. Il est donc tout à fait plausible que des hommes des origines aient survécu jusqu'au XXe siècle dans cette sorte de « réserve ».

Vérités mythiques

En 1928, déjà, le professeur Bernd Laufer, du muséum d'Histoire naturelle de Chicago, soulignait que « l'imagination humaine n'a pas la force de se représenter des choses qui n'existent pas dans la réalité. Tout produit de l'imagination est donc provoqué par un élément réel ou par une chose dont on a de bonnes raisons de croire qu'elle existe. »

Les Kajang pourraient ainsi avoir gardé la mémoire de nos plus lointains ancêtres, ceux-là mêmes que d'autres légendes ont appelé les yetis. Rien n'est inventé librement, tout a un fondement ancré dans le monde réel.

Les visiteurs doivent eux aussi se vêtir comme les Kajang. Le grand turban qui cache les cheveux et les larges jupes également portées par les hommes, révèlent une superstition, inspirée à la fois par les dieux, bons et mauvais, et par les ancêtres. Se couvrir est considéré comme un signe de respect dû aux puissances supérieures.

ÉDIFICES
ET

LIEUX SACRÉS

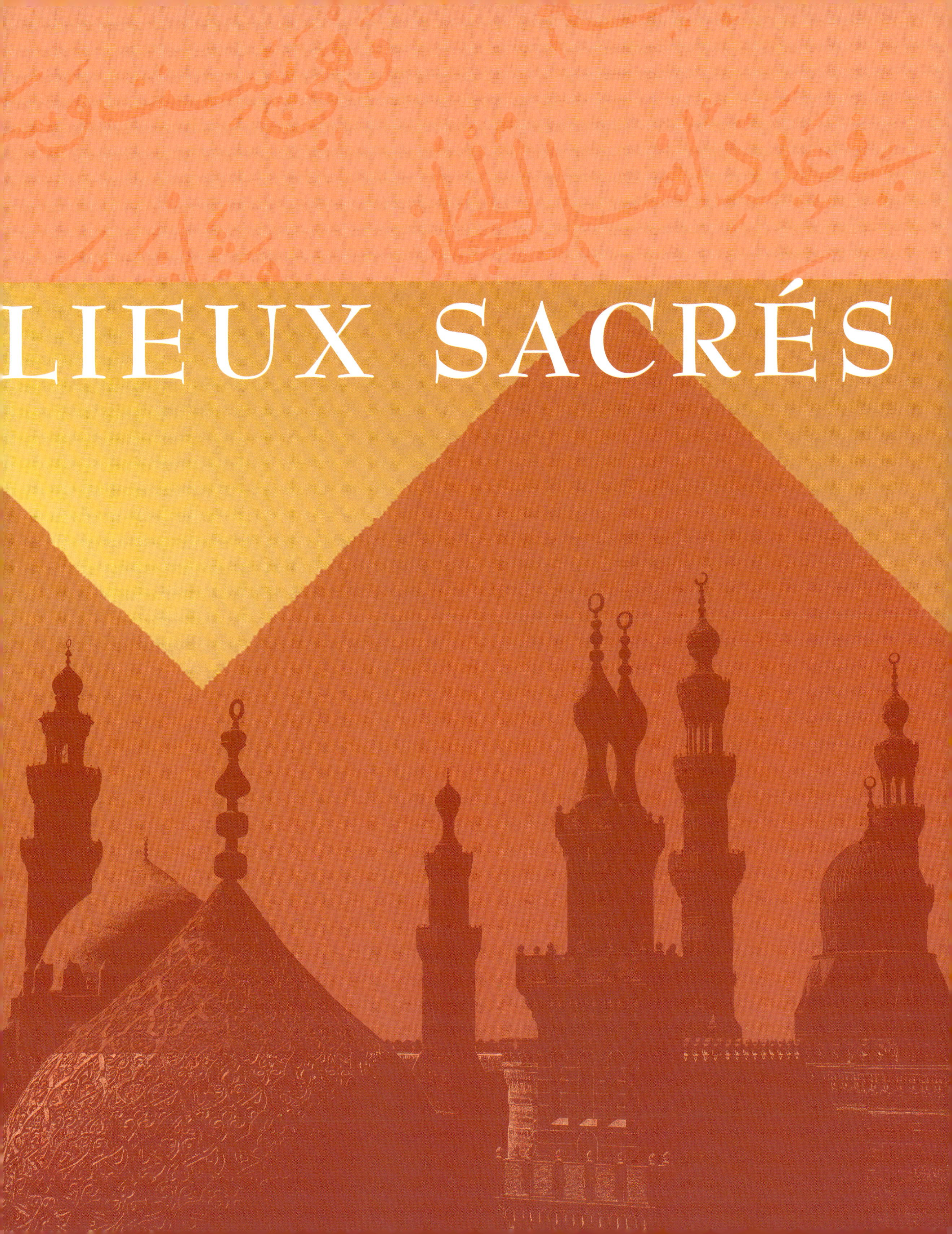

Imhotep, architecte divin

La pyramide à degrés qui se dresse dans le petit village de Saqqarah, au sud du Caire, est une merveille architecturale. Construite par Imhotep, c'est elle qui servit de modèle aux célèbres pyramides de Gizeh. La construction de ce tombeau dura 29 ans.

Un homme étrange nous fait signe depuis les premiers temps de l'histoire. Son nom est Imhotep. Une tablette gravée, vieille de 4600 ans, nous renseigne sur ses étonnants accomplissements : « Vizir du roi de Basse-Égypte, premier après le roi de Haute-Égypte, grand majordome, noble, grand prêtre d'Héliopolis, architecte et sculpteur. »

Au moment de sa naissance, aucun des édifices gigantesques qui bordent le Nil n'avait été construit. À sa mort, il légua à l'humanité le prototype de la pyramide par excellence ; en effet, vers 2600 av. J.-C., Imhotep dirigea le projet architectural le plus ambitieux de tous les temps. Conseiller du pharaon Djoser, le roi le plus important de la IIIe dynastie de l'Ancien Empire (v. 2778-2268 av. J.-C.), il conçut une architecture aussi géniale que novatrice. Imhotep construisit la première grande pyramide du monde, la célèbre pyramide à degrés de Saqqarah. Les six étages de l'édifice furent réalisés à l'aide de blocs de pierre grossièrement taillés puis assemblés et revêtus d'une couche de calcaire. Avec une base de 121 mètres sur 109 mètres, cet ouvrage est le premier d'une longue série de chefs-d'œuvre.

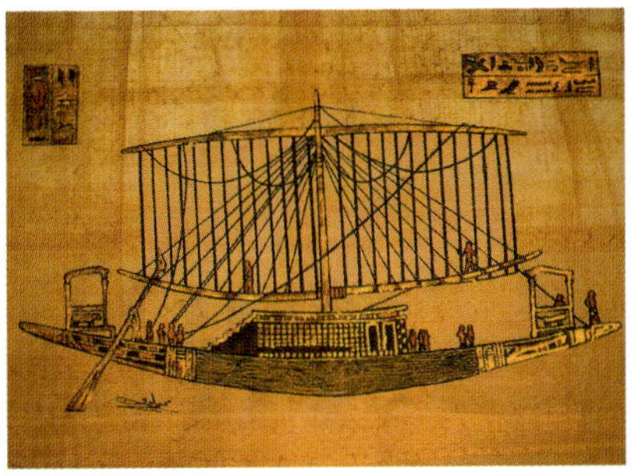

Comme cette felouque, de nombreux objets de la vie quotidienne de l'ancienne Égypte ont été couchés sur le papyrus. C'est aussi le cas de l'enseignement d'Imhotep.

Le miracle du Nil

Sous l'influence d'Imhotep, la résidence royale de Memphis changea elle aussi de visage. Rompant brutalement avec le savoir-faire ancestral, il fit sortir de terre des bâtiments selon des techniques jusque-là inconnues. Tout ce qui était auparavant fait de bois, de roseau et de torchis fut désormais construit en pierre : les portes, les poutres, les palissades, les murs. La pierre se pressait contre la pierre sans aucun joint, conférant une vie éternelle aux édifices.

La pyramide à degrés s'enrichit, elle aussi, de nouvelles réalisations phénoménales. Dans son sous-sol, Imhotep fit réaliser un labyrinthe de galeries et de puits, de corridors et de chambres, encore incomplètement exploré à ce jour. Un puits central d'une profondeur de 28 mètres, creusé près de la chambre funéraire du pharaon Djoser, mène à d'autres chambres et passages où les femmes du souverain et les princes ont été enterrés.

Imhotep, mage et médecin

Les fantastiques méthodes de traitement utilisées par les médecins de l'Égypte ancienne remontent probablement, elles aussi, à Imhotep. Sa médecine peut être étudiée dans le temple de Dendérah qui se dresse presque intact sur les bords du Nil, en Haute-Égypte. Dans un long corridor sombre, les malades passaient devant une rangée de statues et des formules magiques favorisant la guérison. Les statues étaient arrosées d'eau par les thérapeutes égyptiens de l'époque. Cette eau s'écoulait dans des bassins dans lesquels les malades étaient invités à se plonger. Le processus de guérison qui intervenait alors était autant physique que psychique. Dans la pénombre du temple, entourés de statues divines et de formules magiques, les patients guérissaient par l'alchimie de ce scénario. Cette méthode n'est pas sans évoquer la balnéothérapie telle qu'on la pratique de nos jours.

La deuxième méthode, également appliquée dans les temples comme celui de Dendérah, pourrait s'appeler le sommeil thérapeutique. Dans une pièce sombre, le patient était mis en état d'hypnose à l'aide de chants monotones, d'objets ou de

Un génie complet

Imhotep était plus qu'un architecte de génie. Formé à la médecine et aux sciences naturelles, à la technique, à la poésie, à la philosophie, à l'astronomie et aux mathématiques, l'homme d'État qu'il était introduisit d'importantes réformes dans le pays. Avant Imhotep, le roi avait toujours régné de façon patriarcale sur le pays, comme s'il s'agissait d'une propriété privée. Avec lui, des districts furent mis en place, ainsi qu'une fonction publique et des écoles où les fonctionnaires pouvaient apprendre à lire et à écrire. Certains obtenaient même une formation technique, juridique et géographique.

Imhotep était tout à la fois chancelier, ministre de la Guerre, ministre de la Culture, et premier magistrat. Il s'occupait de l'impôt, empêchait les abus de pouvoir et dévoilait les chantages. Sa notoriété s'étendait à tous les domaines de la politique, de l'architecture et de la science.

Cette gracieuse statuette de l'architecte Imhotep fait partie de la collection égypto-orientale du musée des Beaux-Arts de Vienne. Toutes les connaissances de son temps reposent entre les mains du sage, comme l'indique l'alliage en cuivre du papyrus reposant sur ses genoux.

Dans le temple d'Hathor à Dendérah, non loin de la ville de Kénèh, la théorie médicale d'Imhotep figure dans les inscriptions murales. La déesse Hathor était l'épouse du célèbre Horus. Elle était célébrée comme la déesse de l'Amour mais aussi de la Mort.

Le divin Imhotep

Des milliers d'années après sa mort, les Grecs rendaient toujours hommage à Imhotep, le protecteur des scribes, qu'ils considéraient comme un mage puissant. Jusqu'à la chute du Nouvel Empire, à l'époque de Cléopâtre, les Égyptiens lui élevèrent des temples et firent brûler de l'encens en son honneur. Les pharaons lui dédièrent les terrasses des temples et lui accordèrent un privilège qui leur était strictement réservé : la divinité. Le dieu Ptah, la figure la plus ancienne de la cosmogonie égyptienne, était considéré comme le père direct d'Imhotep. Même dans l'Empire romain, ce génie aux talents multiples était encore vénéré comme un sage parmi les dieux.

Conseiller du pharaon, Imhotep fit tout ce qui était en son pouvoir pour apporter la connaissance au peuple. Aussi longtemps que tous étaient satisfaits et occupés, les troubles et les guerres pouvaient être oubliés. (Peinture murale des fouilles archéologiques de Thèbes).

parfums. Complètement détendu, il pouvait alors s'engager sur la voie de la guérison.

La chirurgie d'Imhotep

Imhotep était un scientifique à la modernité étonnante, comme le prouve le papyrus Edwin Smith qui lui est attribué. À une époque dominée par la magie et les philtres, Imhotep analysait les maladies en toute objectivité et sa connaissance de la chirurgie osseuse atteignait un niveau élevé. Le papyrus présente quarante-huit cas, étudiés de manière systématique. Imhotep exigeait un diagnostic précis de chaque fracture avant de proposer un traitement. Cette partie est suivie d'indications thérapeutiques, de techniques pour la réalisation de plâtres, d'attelles, de bandages, et d'instructions pour la suture des plaies. Dans leur principe, tous ces conseils restent encore valables pour la chirurgie moderne. En cas de fracture de l'os frontal, le papyrus préconise d'appliquer un mélange de graisse et d'œuf d'autruche sur la blessure avant de la bander. Cherchant à imiter la forme de l'œuf, l'os se reformerait mieux de cette manière.

En 1994, une équipe médicale allemande a fait, en Amérique du Sud, une découverte qui prouve le génie visionnaire d'Imhotep : les anciens médecins mayas appliquaient sur les fractures du crâne une boue à base de coquille de nacre qui permettait d'obtenir une soudure parfaite. Si la recette à base de coquille d'œuf d'autruche avait des résultats similaires, Imhotep était donc bien en avance sur les Mayas.

Chirurgie d'urgence des pharaons

L'« ouverture de la bouche » était l'un des rituels d'inhumation de l'Égypte ancienne. L'instrument utilisé à cette fin, le « ciseau de métal », présente d'étonnantes similitudes avec un laryngoscope, instrument permettant l'examen du larynx en cas d'intervention d'urgence.

Le papyrus de Hunefer montre un prêtre mortuaire tenant un scalpel à la main, ainsi qu'une table sur laquelle sont disposés d'autres outils de réanimation comme un tube à trachéotomie et un ballon pour colmater la trachée-artère. De toute évidence, il y a 4000 ans, les Égyptiens avaient déjà développé des techniques de soin très avancées.

La mort d'un mythe

Si les contemporains d'Imhotep et les générations suivantes ont honoré le grand génie par leurs statues et leurs écrits, les circonstances de sa mort restent toutefois peu connues. La tombe d'Imhotep ne fut jamais retrouvée, pas même dans les années 1950 lorsque l'égyptologue anglais sir Walter Emery se mit à sa recherche et que de nombreux archéologues espérèrent débusquer la dernière demeure du grand architecte dans la région de Saqqarah. Des légendes anciennes racontent que son tombeau contiendrait les « cadeaux des dieux » qu'Imhotep aurait reçu en mains propres de visiteurs célestes. Si sa momie devait un jour être retrouvée, cela serait sans doute l'un des moments les plus captivants de l'égyptologie. Pour l'heure, le mystère reste entier.

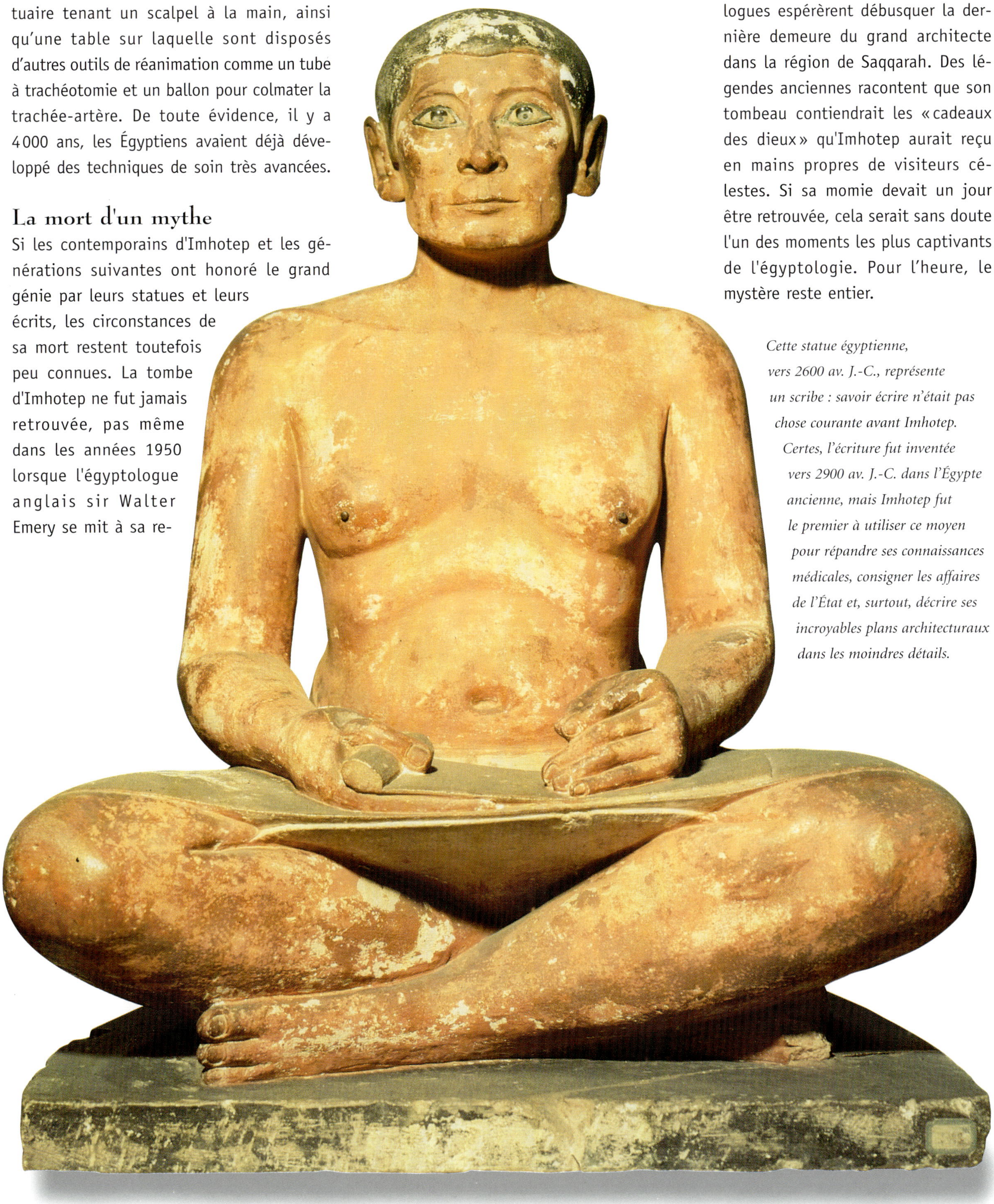

Cette statue égyptienne, vers 2600 av. J.-C., représente un scribe : savoir écrire n'était pas chose courante avant Imhotep. Certes, l'écriture fut inventée vers 2900 av. J.-C. dans l'Égypte ancienne, mais Imhotep fut le premier à utiliser ce moyen pour répandre ses connaissances médicales, consigner les affaires de l'État et, surtout, décrire ses incroyables plans architecturaux dans les moindres détails.

Chaque soir, les pyramides de Kheops, Khephren et Mykérinos exercent une magie indescriptible au coucher du soleil. Le jeu des ombres et de la lumière souligne, aujourd'hui encore, l'importance spirituelle de ces monuments sacrés.

Le mystère de la grande pyramide

Sur le haut plateau de Gizeh, à 16 kilomètres au sud-est du Caire, trois monuments de pierre se dressent vers le ciel : ce sont les pyramides des pharaons Kheops, Khephren et Mykérinos. Elles sont les derniers témoins de l'une des premières grandes civilisations de notre monde. En dépit de recherches intensives, elles renferment encore un grand nombre de secrets. Les pyramides étaient-elles conçues pour servir de tombeaux ou étaient-elles seulement les symboles du pouvoir royal ? Une chose est certaine : les pyramides de Gizeh sont les dernières merveilles du monde antique à avoir survécu. Quelque 5 000 ans après leur construction, elles intéressent autant les historiens et les archéologues que les milliers de touristes venus les admirer du monde entier.

Kheops, Khephren et Mykérinos

La plus impressionnante des trois pyramides est celle de Kheops qui régna sur l'Égypte de 2551 à 2528 av. J.-C. environ. Jusqu'au milieu du XIXe siècle, la pyramide de Kheops atteignait une hauteur de 146 mètres. Des pilleurs égyptiens dérobèrent des morceaux du parement calcaire extérieur, réduisant sa taille de 8 mètres. Elle se compose de 2,3 millions de blocs de pierre d'un poids moyen de 2 800 kilogrammes. Au total, la pyramide pèse près de 6 400 000 tonnes. La deuxième pyramide, haute de 136 mètres, est celle de Khephren, fils de Kheops. Comme elle se trouve sur une éminence, elle semble plus élevée que celle de son père. La plus petite des trois pyramides fut bâtie pour Mykérinos, le fils de Khephren. Sa sépulture n'atteint que 70 mètres de hauteur pour 108 mètres de côté.

Avant les pyramides

Avant l'époque des premières pyramides, les pharaons étaient enterrés dans des bâtiments plus simples, mais non moins impressionnants. Le mastaba est ainsi considéré comme le prédécesseur des pyramides. Il se constituait d'une fosse souterraine rectangulaire qui accueillait le corps du défunt et le mobilier funéraire, ainsi que d'un toit de terre, plus tard de tuiles ou de pierres, qui fermait hermétiquement la fosse. C'est à partir d'un mastaba de ce type qu'Imhotep, architecte et premier conseiller du

Les premiers explorateurs des pyramides

En 1880, l'archéologue britannique William Flinders Petrie commença à mesurer les pyramides de Gizeh. Il passa 50 ans de sa vie en Égypte. Ses mesures révélèrent des écarts si minimes entre les côtés et les angles, qu'il décrivit ces reliques d'un autre temps comme « un triomphe des compétences humaines ». Pour sa part, son compatriote, le scientifique Richard Anthony Proctor, a développé une théorie fondée sur des calculs astronomiques, selon laquelle la grande pyramide aurait été utilisée comme observatoire par les prêtres pendant la durée de la construction. Peu de temps auparavant, un autre sujet de la reine, Norman Lockyer, fondateur de l'astro-archéologie, avait prouvé que les temples égyptiens étaient également des observatoires astronomiques. L'astronome chrétien Charles Piazzi Smith a reconnu que les mesures de la grande pyramide étaient toutes en rapport avec pi, mais c'est en affirmant avoir déterminé la date du retour du Christ grâce aux pyramides qu'il se rendit célèbre. Il a, malheureusement, gardé ce secret pour lui...

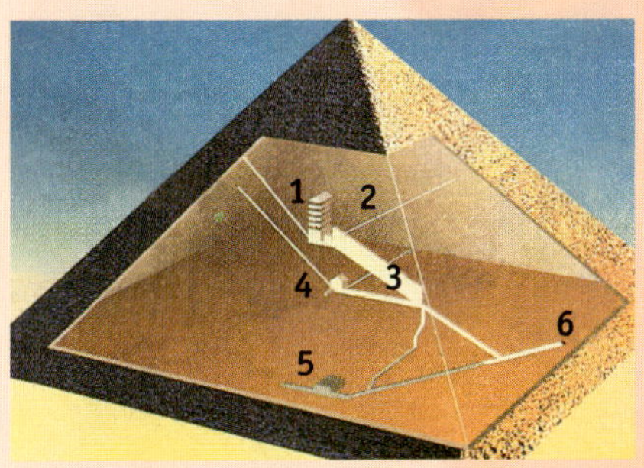

Pyramide de Kheops :
1 = chambre du roi
2 = conduit nord inexploré
3 = grande galerie
4 = chambre de la reine
5 = chambre inachevée
6 = entrée

Du courant électrique dans les pyramides

Les archéologues se sont demandés pendant longtemps comment les Égyptiens avaient réussi à décorer aussi richement les murs des galeries et des chambres plongées dans l'obscurité. Les peintures et les bas-reliefs n'ont pas pu être exécutés à la lumière de flambeaux, car aucune trace de suie ne macule les murs de l'édifice.

Depuis 1936, les scientifiques savent que les peuples antiques avaient déjà des connaissances en électricité et qu'ils l'utilisaient sous forme de lampes à incandescence. Une lampe en argile vieille de 2000 ans, retrouvée dans des fouilles à Bagdad, et dotée d'un cylindre en cuivre et d'une tige en fer teintée de bleu a pu être remise en fonctionnement, avec une tension de 1 volt. Il est possible que les Égyptiens aient également utilisé de telles lampes.

L'œil d'Horus, dieu de la Lumière et du Ciel, était à la fois la Lune et le Soleil. Chaque pharaon étant le symbole vivant d'Horus, l'œil figure dans les bas-relief et les peintures des pyramides. Ces décorations ont d'ailleurs sans doute été réalisées à la lumière électrique.

Cette gravure fut réalisée à partir d'un dessin de l'architecte baroque Johann Bernhard Fischer von Erlach (1656-1723). Fischer von Erlach est à l'origine de la première histoire universelle de l'architecture, dans laquelle il publia des reconstructions fantastiques de monuments célèbres. Ici, les pyramides de Kheops, de Khephren et de Mykérinos.

pharaon Djoser (2609-2590 av. J.-C.), développa, à la demande de son souverain, une sépulture royale qui allait servir de modèle à toutes les pyramides ultérieures. Au-dessus de la monumentale chambre funéraire, Imhotep superposa six étages, de taille décroissante.

Par ailleurs, ce premier mastaba à degrés ne fut pas construit avec des briques, mais avec un matériau jamais utilisé à cette fin : des pierres taillées. La pyramide de Djoser se trouve au nord du village de Saqqarah, non loin des célèbres pyramides de Gizeh.

La vie après la mort

D'après les croyances égyptiennes, chaque personne était dotée d'un *ba* et d'un *ka*. Le *ba*, représenté sous forme de faucon à tête humaine, était une sorte d'âme qui accompagnait l'homme à travers toute sa vie. Après la mort, le *ba* était libéré, ce qui ne l'empêchait pas de rendre visite à la dépouille, son ancienne « maison », de préférence la nuit. Le *ka*, sorte d'ange gardien, abandonnait le corps à la mort de l'individu pour recevoir le boire et le manger de la déesse égyptienne de l'Amour. Il regagnait ensuite le tombeau de « son » être humain pour lui prêter assistance dans sa nouvelle vie au royaume des morts. Aujourd'hui encore, les tombes égyptiennes s'appellent les maisons du *ka* ; elles sont construites pour le défunt, son *ba* et son *ka*, et donc, pour l'éternité. Pour les anciens Égyptiens, la vie dans l'au-delà ressemblait fort à la vie avant la mort. On avait le même

métier, les mêmes divertissements, et on était entouré par les mêmes personnes. Cette vision des choses explique la grande quantité d'objets funéraires retrouvés dans les tombes : aucun des objets quotidiens du défunt ne devait lui faire défaut. Son ancien statut ne pouvait être préservé qu'à ce prix. C'est la raison pour laquelle les pharaons furent souvent enterrés avec toute leur famille et leurs domestiques. On suppose qu'ils accompagnaient les défunts de leur plein gré pour pouvoir appartenir à leur cour même dans l'au-delà.

La pyramide de Kheops

Kheops donna l'ordre de construire son tombeau alors qu'il n'était encore qu'un jeune pharaon. Le complexe architectural donna du travail au peuple et l'enrichit pendant de longues années. Avant le commencement des travaux, des villages entiers furent construits dans le désert, fertilisés avec l'eau du Nil et administrés comme des centres stratégiques. Des milliers d'ouvriers, de prêtres et d'architectes ne cessaient de faire la navette entre les chantiers et les villages. Avant même la pose de la première pierre, un solide commerce s'était établi au sein de cette population hétéroclite. Lorsque la pyramide fut terminée, les installations furent conservées comme centres spirituels et comme lieux de travail pour les boulangers, les brasseurs, les éleveurs et les artisans. Pendant des décennies après la mort de Kheops, des prêtres continuèrent à prendre soin du complexe au cœur duquel se dressait la pyramide. Pour ses sujets survivants, son tombeau de pierre garantissait l'ordre dans l'univers, laissait courir le cycle des jours et des saisons, et protégeait des crues du Nil. La pyramide était un symbole de vie et de lumière, de mort et de disparition. Pour les écoles antiques, elle incarnait le passage de l'âme humaine en ce monde : de l'unité du sommet à la diversité de la base avant le retour à l'unité.

Un sarcophage vide

Bien que bâtie pour l'éternité, la pyramide de Kheops fut violée dès 830 apr. J.-C. par le calife égyptien Abd Allah al-Ma'mun. L'entrée et le tunnel qu'il fit pratiquer servent aujourd'hui aux touristes désireux de visiter le royaume des morts. L'entrée primitive de la pyramide, aujourd'hui impraticable, se trouve sur la face nord, à 18 mètres de hauteur. De là, une galerie de 97 mètres de long, inclinée à 27°, mène à une chambre funéraire souterraine. Une deuxième galerie s'élève tout d'abord en biais avant de se poursuivre horizontalement. Le plafond s'élève alors et permet de marcher debout. Cette galerie aboutit à la chambre dite de la reine, située à l'aplomb du sommet de la pyramide. Inachevée, elle ne fut jamais utilisée par aucune reine. En revenant sur ses pas, le visiteur peut emprunter la galerie ascendante qui conduit directement à la chambre du roi, dépourvue de tout mobilier funéraire. Un sarcophage en granit trône en son centre. Il était vide lorsqu'il fut découvert et son couvercle avait disparu. De nombreux archéo-

Le coléoptère lamellicorne ou scarabée, était vénéré dans l'Égypte ancienne. Pour les Égyptiens, il était à la fois un animal issu de la nuit des temps et une incarnation du dieu du Soleil.

Entre les imposants blocs de pierre des pyramides de Gizeh se dresse la statue du sphinx, taillée dans la roche, avec ses 20 mètres de haut et ses 73,50 mètres de long. Pour les Égyptiens, le sphinx était un être fabuleux doté d'un corps de lion et du visage d'un souverain, dans ce cas, sans doute celui du pharaon Khephren.

La magie des chiffres

Au fil des recherches, la pyramide de Kheops a été mesurée selon des méthodes de plus en plus précises. En comparant les chiffres on obtient d'étonnantes corrélations : à ses débuts, la pyramide atteignait une hauteur de 146,60 mètres, c'est-à-dire la distance séparant la Terre du Soleil en millions de kilomètres.

La surface divisée par deux fois la hauteur égale le nombre pi (3,1416). Le double périmètre de la base du colosse de pierre

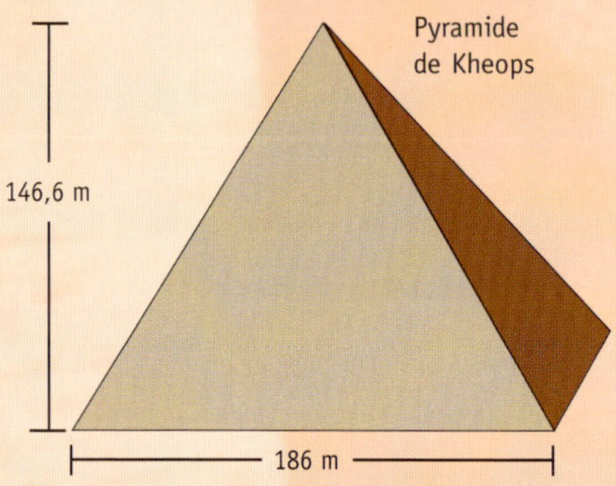

correspond à une minute d'arc (la distance parcourue en une minute par un point situé sur l'équateur du fait de la rotation terrestre), soit 1 842,90 mètres.

S'il ne s'agit pas de coïncidences, on aurait la preuve formelle que les Égyptiens détenaient des connaissances avancées sur la forme et l'apparence de la Terre et de l'univers.

Les critiques soulignent néanmoins que ces comparaisons sont plutôt le reflet des désirs inconscients de leurs auteurs qui, pour les obtenir, ont toléré de nombreuses imprécisions.

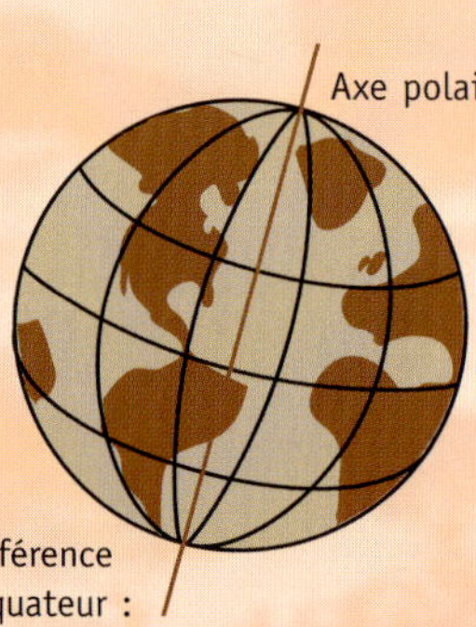

La comparaison avec les villages situés à proximité laisse deviner les proportions colossales des cinq édifices. La disparition du parement lisse permet d'apprécier la superposition parfaite des blocs de pierre.

logues pensent que Kheops n'y a jamais reposé. Où se trouve la momie du pharaon non découverte à ce jour ?

Énergies et révélations

La grande pyramide a donné lieu à moult spéculations et théories sur sa conception elle-même, ainsi que sur sa signification astronomique. Le scientifique anglais Richard Proctor pense que la parfaite orientation nord-sud des galeries intérieures et leur angle à 26° permettaient à ses constructeurs d'observer et de mesurer les étoiles. Les conduits d'aération qui partent de la chambre du roi vers la façade de la pyramide pointent vers des constellations spécifiques. Il existe une théorie selon laquelle l'âme du pharaon se transforme en étoile après sa mort. Dans ce cas, les conduits d'aération pourraient être des « rampes de lancement » pour l'âme du défunt roi.

Pour l'archéologue Robert Beauval, les trois pyramides de Gizeh sont le reflet exact d'Orion et de sa ceinture d'étoiles, tels qu'ils étaient visibles au-dessus de l'Égypte du temps de Kheops. La ceinture se compose de deux soleils lumineux et d'un soleil plus faible qui s'alignent sur un axe légèrement incurvé. À la différence de luminosité des étoiles correspond la masse différente des deux grandes pyramides de Kheops et de Khephren, et de celle, plus petite, de Mykérinos. De là à en déduire qu'elles seraient le reflet de la ceinture d'étoiles d'Orion... Cette théorie gagne du poids lorsqu'on sait que les Égyptiens, à l'époque de la construction des pyramides, étaient d'excellents astronomes.

Le pouvoir de la pyramide

D'autres phénomènes surprenants ont été constatés lors des mesures de la pyramide de Kheops. En 1920, le scientifique français Antoine Bovis retrouva plusieurs chats morts dans la chambre du roi, ainsi que les restes d'autres petits animaux. En dépit de l'humidité du tombeau, les cadavres étaient parfaitement momifiés. Plus tard, dans le cadre de ses recherches, Bovis construisit une maquette en bois de la pyramide de Kheops et l'orienta vers le nord, comme l'original. Les cadavres de petits animaux et les morceaux de viande crue qu'il y

Le robot UPUAUT devant la pyramide de Kheops. Chef-d'œuvre de la microélectronique, l'agile véhicule s'est lancé sur les traces d'un mystère vieux de plusieurs millénaires.

déposa se conservèrent sans se décomposer. La forme pyramidale se vit dès lors attribuer des pouvoirs magiques. Dans les années 1950, l'ingénieur tchèque Karel Drbal découvrit que les lames de rasoir s'affûtaient d'elles-mêmes dans les pyramides. Il fabriqua une maquette de la pyramide de Kheops comme dispositif d'affûtage et déposa le brevet de son invention à Prague.

Le voyage d'UPUAUT

Les méthodes de l'archéologie classique, secondées par la technologie moderne, permettent aujourd'hui encore des découvertes étonnantes au sein des pyramides. En 1993, l'ingénieur munichois Rudolf Gantenbrink réussit à créer l'événement. Il fit grimper un robot miniature équipé d'une caméra dans l'un des deux conduits d'aération partant de la chambre dite de la reine, dans la pyramide de Kheops. Centimètre après centimètre, UPUAUT, « l'éclaireur », se fraya un chemin dans l'étroit passage. Après 65 mètres, il se heurta à une plaque de pierre en calcaire poli. Sur les côtés de la plaque, il découvrit deux ferrures en cuivre très décomposées, les premiers éléments métalliques jamais retrouvés dans la pyramide de Kheops. Depuis, les égyptologues se demandent si une chambre secrète ne se dissimulerait pas derrière la pierre, abritant l'introuvable momie du pharaon. À l'heure actuelle, aucune tentative n'a encore été entreprise pour ouvrir la porte. L'Institut archéologique égyptien n'a jamais répondu aux propositions réitérées de Gantenbrink qui préconisait de pratiquer une petite ouverture sur le bord inférieur de la plaque pour y faire passer un endoscope.

Derrière les réticences des Égyptiens, l'égyptologue anglais Eddson Edwards soupçonne le fameux « effet Schliemann » (cet archéologue amateur dirigea les fouilles qui permirent de retrouver la ville de Troie) interdisant à un amateur tel que Gantenbrink de faire une trouvaille majeure. Jalousies et petites vanités semblent donc reporter *sine die* une découverte archéologique aussi imminente que sensationnelle.

L'histoire d'Isis et Osiris

Osiris était le premier roi des Égyptiens, Isis était sa sœur et son épouse. Leur bonheur prit fin lorsque leur frère commun, Seth, tua Osiris. La méthode utilisée pour l'assassinat varie selon les versions. Dans l'une d'elles, Seth se transforma en taureau et piétina Osiris à mort, dans une autre, il l'attira par la ruse dans un cercueil qu'il verrouilla de l'extérieur. Isis chercha et retrouva son époux. Elle fit embaumer et envelopper le corps de bandages pour l'empêcher de se décomposer, faisant d'Osiris la première momie égyptienne. Ensuite, Isis insuffla la vie à son époux pour une courte durée, le temps de concevoir leur fils Horus. Une fois adulte, ce dernier vengea la mort de son père et anéantit Seth. L'œil qu'il perdit dans son combat contre son oncle ennemi entra dans la mythologie égyptienne : c'est le légendaire œil d'Horus.

Osiris est l'une des personnalités les plus tragiques et les plus complexes du panthéon de l'Égypte ancienne. Il est le fils de la déesse du Ciel Nout et du dieu de la Terre Geb. Lorsque son fils Horus devient le dieu des Vivants, lui-même s'assoit sur le trône du royaume des morts. C'est pourquoi il est représenté comme une momie tenant entre ses mains les sceptres royaux.

Le rêve de tout musulman est de faire, une fois dans sa vie un pèlerinage à La Mecque et à la Kaaba de la Grande Mosquée. Cet édifice rectangulaire abrite la mystérieuse Pierre noire qu'il n'est autorisé à toucher qu'après avoir effectué sept fois le tour de la Kaaba.

La Mecque, cœur de l'islam

L'homme crut mourir de terreur. Où qu'il portât son regard dans le jour naissant, partout la silhouette d'un ange se dessinait à l'horizon. Une voix le fit tressaillir jusqu'au plus profond de lui-même : « Tu es appelé à devenir prophète ! »

Le fondateur de la religion

Mahomet – ou Mohammed –, futur fondateur de la religion, refusa pourtant d'accepter l'annonce divine. Ce n'est que lorsque l'archange Gabriel lui apparut une seconde fois qu'il se plia à son destin. L'événement qui fit d'un simple mortel l'émissaire de Dieu et le fondateur de l'islam, l'une des plus grandes communautés religieuses au monde, eut lieu en 610 de notre ère en Arabie saoudite, non loin de la vieille ville commerçante de La Mecque. Selon la légende, c'est à partir de ce moment que Mahomet déclara : « Il n'est qu'un Dieu, Allah. »

Allah est grand !

Allah est le Créateur du monde et le Tout-Puissant. C'est en tout cas ce qu'annonce le Coran que Mahomet aurait fait écrire sur l'injonction de l'ange, et qui contient une révélation divine.

La Mecque devint le cœur palpitant de l'islam. Mahomet lui-même la consacra au nom de sa foi nouvelle, car c'est là qu'il reçut les premières révélations divines. C'est là, également, que se serait dressée la première maison de Dieu de l'humanité, construite par l'ancêtre biblique Abraham.

La sainte Kaaba

L'islam commande à tous les croyants, hommes et femmes, d'entreprendre au moins une fois dans leur vie un *hadj*, ou pèlerinage à La Mecque. La Kaaba, édifice cubique au centre de la Grande Mosquée, est à la fois le but du pèlerinage et le centre de la foi. Dans sa paroi sud-est est scellée la Pierre noire sacrée, le Hadjar al-Aswad. Cette pierre mystérieuse, que certains tiennent pour une météorite, était déjà un objet de culte chez les tribus païennes à l'époque préislamique. Les musulmans la considèrent comme une relique du temps d'Adam (elle serait tombée du ciel) et elle est aujourd'hui encore le symbole du pacte liant le Créateur à sa Création.

Métropole du monde

Cinq fois par jour, les musulmans s'inclinent en direction de La Mecque. Cette « mère de toutes les cités » s'étend sur un plateau aride. La ville ancienne attire chaque année des centaines de milliers de pèlerins.

De longues colonnes humaines serpentent alors en direction de la Kaaba dans le sens contraire des aiguilles d'une montre. Priant sans interruption, les pèlerins s'approchent respectueusement de l'édifice sacré qui dresse ses 15 mètres dans la cour intérieure de la Grande Mosquée. À 2 mètres de hauteur se trouve une entaille argentée de forme ovale par laquelle le croyant peut toucher la Pierre noire sacrée de ses lèvres. L'accès à la cité sacrée de La Mecque est jusqu'à ce jour interdit aux non-musulmans. De même, tout examen de la Pierre noire est strictement interdit. Il est dit que celui qui la déshonorerait de cette façon y perdrait la vie.

La Kaaba de La Mecque est le sujet principal de cette miniature indienne du XVIIe siècle. L'islam se répandit rapidement dans le sous-continent indien qui compte aujourd'hui plus de 100 millions de musulmans. Les musulmans du monde entier comptent près d'un milliard d'individus.

L'émissaire de Dieu

Qui était ce Mahomet dont le message atteignit les hommes de toutes les nations et par qui l'islam devint une religion mondiale ? Il naquit vers 570 à La Mecque. Son père et sa mère moururent rapidement. Un grand-père et un oncle élevèrent l'orphelin. À l'âge de vingt et un ans, Mohammed obtint une bonne situation chez une riche marchande, Khadîdja. Le jeune homme conduisit les caravanes de sa patronne jusqu'en Syrie. Quelque temps plus tard, Khadîdja le nomma administrateur. Lorsqu'il eut vingt-cinq ans, Mohammed finit par épouser cette femme de quinze ans son aînée. Quinze ans plus tard, Mohammed était devenu l'un des fondateurs religieux les plus importants du monde. Après l'annonce du monothéisme dans La Mecque païenne, il dut s'exiler à Médine en 622, d'où il continua à combattre le polythéisme jusqu'à la veille de sa mort, le 8 juin 632.

Jérusalem, Ville sainte

Avec son dôme recouvert d'or, la Coupole du Rocher de Jérusalem est un édifice sacré aussi bien pour les chrétiens, que pour les juifs et les musulmans.

« Dieu le veut ! » Des milliers de gorges lançaient ce cri de combat fanatique. Du haut de tours en flammes, les pieux croisés se lancèrent à l'assaut des murs de Jérusalem pour libérer la ville de la domination musulmane au nom de tous les chrétiens. La première croisade, le 15 juillet 1099, fit des milliers de morts. Ce n'était pas la première fois que Jérusalem se trouvait au cœur d'une guerre de religion et cela ne serait pas la dernière.

Les pères fondateurs d'Israël

Jérusalem est le lieu saint de trois principales religions du monde. Se réclamant de l'histoire, chrétiens, juifs et musulmans revendiquent des droits similaires sur cette ville à laquelle la religion et la politique n'épargnèrent aucune conquête, aucune destruction.

La véritable histoire de Jérusalem est attestée vers 2500 av. J.-C. par des tablettes d'argile retrouvées en Syrie du Nord. Le roi David (1004-965 av. J.-C.) fonda le premier État juif et fit de Jérusalem sa capitale. C'est sous son règne que l'objet le plus sacré du judaïsme, l'arche d'alliance, un coffre doré contenant les dix commandements de Dieu, fut acheminé jusqu'à Jérusalem. Pour assurer la bonne conservation des tables de la Loi, Salomon (v. 970-926 av. J.-C.), successeur du roi David, fit construire le célèbre Temple de Salomon.

Un mur des Lamentations pour le judaïsme

Lorsque l'édifice sacré de Salomon fut détruit en 587 av. J.-C. par l'envahisseur babylonien, un deuxième temple fut érigé à Jérusalem. En dépit de nombreux changements politiques, le bâtiment marqua le cœur de la ville pendant des siècles, et devint le plus important lieu de pèlerinage pour les habitants de Judée. Au début de notre ère, Hérode, roi des Juifs, alors sous domination romaine, fit agrandir le Temple pour en faire le plus grand édifice sacré de son temps.

Le roi David transmet le sceptre à son fils Salomon ; c'est ainsi que Cornelis Devos (1584-1651) s'imaginait la passation des pouvoirs dans la Ville sainte.

Le mur des Lamentations est un haut lieu de la religion juive. Les orthodoxes, en particulier, viennent régulièrement y prier.

L'arche de Dieu

Le vœu le plus cher de tout spécialiste d'histoire religieuse est de trouver la mystérieuse arche d'alliance qui renferme les dix commandements, ou Décalogue. D'après le deuxième livre de l'Exode, l'arche d'alliance avait l'aspect suivant : « Construis une arche en bois d'acacia, d'une longueur de deux aunes et demie, d'une largeur et d'une hauteur d'une aune et demie ! Revêts-la d'or pur à l'intérieur et à l'extérieur, et fixe une baguette d'or tout autour ! Fabrique quatre anneaux d'or et fixe-les aux quatre pieds, deux anneaux d'un côté, deux anneaux de l'autre ! Taille des bâtons en bois d'acacia et revêts-les d'or ! Passe les bâtons par les anneaux sur les côtés de l'arche pour pouvoir la transporter. » (IV, Ex., XXV, 10-14). L'arche d'alliance fut sans doute construite par Moïse vers 1250 av. J.-C., avant d'être transférée à Jérusalem par le roi David au Ier siècle av. J.-C. Par la suite, Salomon la mit à l'abri dans son temple. Depuis la destruction de l'édifice au VIe siècle, toute trace de l'arche a disparu. Certains pensent qu'elle pourrait être ensevelie sous le mont du Temple. Ronny Reich, archéologue israélien, explique : « Nous avons passé le mont du Temple au scanner à infrarouge et au scanner thermique, et nous avons maintenant la preuve que la colline tout entière est trouée de galeries secrètes. Si nous retrouvions l'arche d'alliance, ce serait la découverte la plus sensationnelle de tous les temps ! »

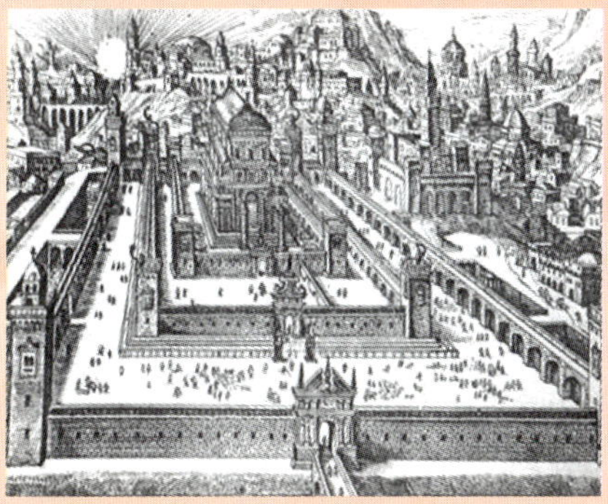

Tel aurait pu être l'aspect du Temple de Salomon avant sa destruction (gravure du Moyen Âge).

Maquette de bois représentant Jérusalem au temps du roi Hérode (20 av. J.-C.)

Jérusalem au cœur des combats

En 1947, le plan de partage de l'ONU occasionna les premiers troubles dans la Palestine de l'époque. Selon ce plan, Jérusalem constituait une enclave internationale entre un secteur juif et un secteur arabe. Les États arabes voisins manifestèrent vivement leur désaccord. La première guerre israélo-arabe eut lieu, vécue comme une guerre d'indépendance par les Israéliens. Ces derniers réussirent à vaincre les armées arabes d'Égypte, de Jordanie, de Syrie, d'Irak et du Liban. Ils occupèrent et revendiquèrent quelque soixante-dix-sept pour cent de la zone auparavant placée sous mandat de l'ONU. Cela excédait de loin le territoire attribué aux juifs par le plan de partage de 1947. Au cours de la deuxième guerre israélo-arabe, en octobre/novembre 1956, les troupes israéliennes finirent par se retirer des territoires conquis, sur les instances des Nations unies. Pour autant, cela ne marqua pas la fin des conflits.

Les États arabes renforcèrent leur lutte contre l'existence officielle d'Israël. En 1967, pour assurer sa défense, Israël occupa, entre autres, des parties de la Syrie au cours de la guerre des Six-Jours. Elle fut suivie en 1973 par la guerre du Kippour et, en 1982, les troupe israéliennes entrèrent au Liban. À ce jour, aucune solution pour rétablir une paix durable n'a pu être trouvée.

Le rocher d'Abraham dans la Coupole du Rocher à Jérusalem. C'est de là que Mahomet, le fondateur de l'islam, serait monté au ciel.

Lorsque son peuple se souleva contre Rome en 70, le Temple fut à nouveau détruit. Il n'en reste plus, aujourd'hui, que le mur ouest, le célèbre mur des Lamentations, haut lieu de la religion juive.

Un chemin de croix pour la chrétienté

Le mur des Lamentations est aux juifs ce que le Golgotha, ou Calvaire, est aux chrétiens. C'est là, devant les murs de Jérusalem, que

Des milliers de pèlerins juifs et chrétiens visitent chaque jour le mur des Lamentations.

la crucifixion du Fils de Dieu eut lieu. Lorsque la religion chrétienne, représentée par l'Empire romain, prit la première place à Jérusalem au IVe siècle, une église y fut construite en souvenir de la mort et de la résurrection du Christ. Comme c'est souvent le cas, l'édifice original a été détruit et reconstruit. La forteresse d'Hérode, où Ponce Pilate condamna Jésus à mort, est, elle aussi, très abîmée. Quant à la via Dolorosa, le chemin de croix de Jésus, elle mène toujours de la vieille ville au Golgotha.

C'est à droite du portail de l'église du Calvaire que se dressait, paraît-il, la croix sur laquelle le Christ est mort. Le mystère de la Passion englobe la pierre d'onction sur laquelle le corps sans vie du Christ fut étendu, ainsi que le tombeau duquel Jésus ressuscita trois jours après sa mort.

La Coupole du Rocher et l'islam

Le cœur de la foi islamique se trouve dans la mosquée de la Coupole du Rocher, un édifice à la taille impressionnante, richement décoré de céramique et d'inscriptions coraniques. Le Coran est l'ouvrage dans lequel le prophète Mahomet (v. 570-632), fondateur de l'islam, réunit les révélations divines qui lui furent transmises dans ses visions.

Un rocher brut apparaît sur le sol de la mosquée. C'est de ce rocher, sur lequel Abraham, l'ancêtre du judaïsme, voulut sacrifier son fils Isaac par crainte de Dieu, que le prophète Mahomet serait monté au ciel. On peut encore y voir la marque de son pied, les traces des sabots de son cheval, et l'empreinte des doigts de l'archange Gabriel qui l'aurait soutenu durant son ascension.

Le Talmud des juifs, qui résulte de millénaires de transmission orale et écrite, affirme que le rocher bloque l'ouverture d'un abîme dans lequel on peut entendre le mugissement du Déluge. Selon la tradition orale musulmane, le rocher, débarrassé de sa gangue de pierre, flotterait librement dans les airs. En dessous coule le puits des âmes dans lequel les défunts se réunissent pour la prière.

Mythologie et réalité actuelle

Pour l'heure, une cohabitation harmonieuse des deux peuples semble impossible à Jérusalem. Juifs et musulmans revendiquent la Ville sainte, les conflits religieux et les désaccords incessants ne cessent de se ranimer. Aucun des habitants juifs de la ville, ou presque, ne veut renoncer à ses prérogatives tout en soulignant l'importance de l'unité de Jérusalem, tandis que les habitants arabes parlent de l'impossibilité de la paix entre les deux peuples, aussi longtemps qu'une partie de la ville n'aura pas été reconnue pour l'islam.

Le mont du Temple, et la Coupole du Rocher à l'arrière-plan. Cette lithographie à la craie de 1839 montre l'état de conservation des édifices au milieu du XIXe siècle. Le personnage au premier plan indique qu'à cette époque, Jérusalem se trouvait sous domination turque.

Tours sacrées du Proche-Orient

La construction de la tour de Babel est évoquée, pour la première fois, dans la Genèse, premier livre de l'Ancien Testament. (La Tour de Babel, *1595. Maerten von Valckenborch).*

Mésopotamie, le pays entre les fleuves, c'est ainsi que les Grecs nommaient la terre située entre l'Euphrate et le Tigre, dans l'actuel Irak. Au IVe millénaire av. J.-C., les Sumériens peuplèrent la partie méridionale, fertile, de ce territoire, apportant avec eux des idées révolutionnèrent qui donnèrent naissance à l'une des civilisations les plus anciennes de l'histoire de l'humanité. Le souvenir de leur grandeur est parvenu jusqu'à nous grâce à ces tours gigantesques, couvertes de sable, déjà évoquées par la Bible, telle la tour de Babel, qui provoqua la colère de Dieu et qui valut aux hommes la punition de parler des langues différentes et de ne se comprendre qu'imparfaitement.

Merveille du monde antique

L'une des Sept Merveilles du monde antique, les fameux jardins suspendus de Sémiramis, se trouvait aussi dans le pays entre les fleuve, à Babylone. Non loin de là s'élevait la cité d'Eridu. C'est en 1946 que les deux archéologues Fuad Safar et Seton Lloyd de la direction des Antiquités irakiennes furent attirés par les secrets oubliés de cette ancienne cité babylonienne qui fut, autrefois, le lieu le plus sacré de toute la Mésopotamie. Elle aurait même été la première ville du monde. Comme nous l'apprend la lecture de petites tablettes de terre cuite vieilles de 4 000 ans, Eridu était dédiée à Enki, dieu des Eaux profondes, de la Sagesse et de la Magie. Avant les fouilles entreprises au XXe siècle, seule une ziggourat (tour de temple) effondrée signalait encore qu'un édifice imposant se dressait ici

La ziggourat

Pendant 2 000 ans, les peuples de Mésopotamie édifièrent de monumentales tours à degrés, dont le sommet accueillait un temple suprême. Semblables à un empilement de cartons toujours plus petits, elles se dressaient parfois jusqu'à 45 mètres de hauteur dans le ciel. Les marches menaient symboliquement vers le cosmos, reliant ainsi le ciel et la terre. C'est au point le plus élevé de ces édifices antiques, faits de brique et de torchis, que la divinité apparaissait aux croyants. La terrasse du temple des premiers temps, à Eridu, présentait des dimensions modestes. Toutefois, l'empilement de ses plates-formes laisse déjà entrevoir le gigantisme des futures tours.

Ce bas-relief néo-assyrien du VIIIe siècle av. J.-C. montre le dur labeur des croyants pour l'édification d'une ziggourat. Plusieurs hommes traînent les matériaux nécessaires à la construction de l'édifice à l'aide de cordes.

Derrière la légende de la tour de Babel se trouve probablement la ziggourat Etemenanki. Construite pendant le règne de Nabuchodonosor II (605-562 av. J.-C.), elle devait être assez semblable à cette reconstitution de 1918.

autrefois. Désireux d'en apprendre plus sur cette civilisation disparue, Safar et Lloyd mirent patiemment au jour des vestiges vieux de milliers d'années. Pelletée après pelletée, ils firent apparaître les briques cassées qui avaient servi à la construction de la ziggourat à l'époque biblique.

Les aventures de la recherche

Les deux archéologues ne s'arrêtèrent pas là. Ils butèrent soudain sur des murs datant d'une époque antérieure. Creusant plus profondément dans le sable, ils découvrirent des édifices sacrés de plus en plus anciens qui avaient, au cours des millénaires, servi de fondations à leurs successeurs. Finalement, Safar et Lloyd mirent au jour pas moins de dix-huit temples construits les uns sur les autres. Les vestiges des agglomérations situées à proximité du temple remontent au VIe millénaire av. J.-C. Cela signifie que bien avant les Sumériens, des humains avaient déjà fondé un centre religieux à Eridu. Ils appartenaient à la civilisation Ubaid qui peuplait le Proche-Orient vers 5900 av. J.-C.

Eridu est donc l'une des villes sacrées les plus anciennes du monde. En outre, la continuité dans le style des édifices mis au jour et les nombreuses arêtes de poissons sacrifiés, préservées par la sécheresse du climat, indique aux historiens que les habitants d'Eridu vénéraient bien Enki, le dieu de la Sagesse et des Eaux profondes.

Des traces dans le sable

« Il est proprement inimaginable qu'un territoire aussi sauvage ait jamais pu être peuplé » écrivit l'archéologue britannique sir Leonard Woolley (1880-1960), lorsqu'il découvrit les ruines de la cité d'Ur située, comme Babylone, dans le sud du pays entre les deux fleuves. En 1922, alors qu'il dirigeait une expédition anglo-américaine à Sumer, il crut avoir trouvé en Ur le lieu de naissance du patriarche biblique Abraham. Pendant 12 ans, son équipe fit réapparaître, peu à peu, une culture oubliée, mettant au jour des tombes royales, les résidences des grandes prêtresses, des murs d'enceinte, une salle au trésor, un sanctuaire dédié à Nanna, dieu sumérien de la Lune, ainsi que les restes d'une ziggourat aux dimensions imposantes. Woolley constata que les rois d'Ur et leurs successeurs avaient continué à renouveler leurs édifices profanes et religieux jusqu'au VIe siècle av. J.-C., sous le règne du roi babylonien Nabuchodonosor II (605-562 av. J.-C.).

Des pyramides pour les dieux

L'un des souverains les plus importants d'Ur fur le roi Urnammu (vers 2113 av. J.-C.), fondateur de la IIIe dynastie de la cité-État. Il réunit vingt-trois villes en un seul royaume et se proclama roi de Sumer et d'Akkad. Il entreprit un ambitieux programme de construction dans la capitale qui comptait quelque trente mille âmes. Elle se situait alors directement sur les rives de l'Euphrate, au milieu d'un territoire fertile. Son accomplissement le plus significatif, celui qui allait lui garantir une place auprès des dieux, fut la construction d'une tour gigantesque en l'honneur du dieu Nanna. Cet édifice à degrés en trois parties, fait de briques de terre cuite, introduisit une ère nouvelle dans l'histoire de l'architecture. Sur la première terrasse, à 11 mètres de hauteur, un massif escalier central devait rejoindre les deux escaliers latéraux. Au-dessus de cette terrasse, Urnammu fit élever deux étages supplémentaires au sommet desquels se trouvait le sanctuaire de Nanna. Avec une surface au sol de 63 x 43 mètres et une hauteur de 24 mètres, l'édifice devait durablement impressionner les pèlerins et les visiteurs de la ville.

Le roi divin

Sur une stèle, Urnammu fit représenter sa rencontre avec les dieux lorsqu'ils lui remirent les outils pour la construction du temple sacré. Nul ne songea jamais à s'opposer à un tel pouvoir, d'autant que depuis toujours, le bien-être du roi était étroitement lié à celui du royaume. Un texte sumérien nous apprend comment le souverain célébrait chaque année ses

Babylone dans l'histoire

Nul ne sait d'où venaient les Sumériens, fondateurs de la première civilisation du Proche-Orient. Les découvertes archéologiques semblent indiquer des liens avec la vallée de l'Indus, au Pakistan. Vers 2600 av. J.-C., ils fondèrent les premières cités-États et les premières monarchies théocratiques (règne d'un roi-prêtre). Quelque 700 ans plus tard, les Akkadiens conquirent la Mésopotamie et créèrent un nouveau centre de pouvoir suméro-akkadien : Babylone. Pendant 1 000 ans ans, les dynasties babyloniennes régnèrent sur le pays entre les deux fleuves avant de s'incliner devant les forces assyriennes, vers 883 av. J.-C., 250 ans plus tard, le royaume néo-babylonien (625-539 av. J.-C.) mit fin à cet intermède.

Cette statuette de plâtre d'un suppliant, découverte dans le temple d'Ishtar à Mari, en Syrie, a 4 500 ans. Ishtar était la déesse babylonienne de l'Amour et de la Guerre. L'histoire de Babylone, fertile en crises permet d'imaginer combien Ishtar a dû recevoir de prières pour accorder sa protection. La statuette est probablement d'origine sumérienne.

L'une des Merveilles du monde

Au IIe siècle av. J.-C., le Phénicien Antipatros de Sidon écrivit *Les Sept Merveilles du monde*, ouvrage de référence, aujourd'hui encore, pour de nombreuses thèses littéraires et historiques. Ce ne sont pas des ruines qui impressionnèrent tant cet auteur ancien, mais les fabuleux jardins suspendus de Babylone. Sept terrasses, faites de larges dalles de pierre, s'empilaient au-dessus d'une voûte pour atteindre une hauteur de 22,50 mètres. Des parois de poix et de roseaux, de brique et de plomb retenaient l'humidité. Chaque terrasse fut couverte d'une couche de terre de 3 mètres d'épaisseur, permettant même aux plus grands arbres de s'y enraciner. Un système d'irrigation assurait un niveau d'humidité satisfaisant. Le créateur de ces jardins n'est autre que Nabuchodonosor. À chacune de ses campagnes, il rapportait à son épouse Sémiramis des spécimens botaniques qu'il faisait planter dans le jardin artificiel.

Ce bas-relief du palais de Nabuchodonosor, qui régna de 605 à 562 av. J.-C. sur le royaume néo-babylonien, montre le gouverneur d'Auhi et de Mari, Shamas-ush-usur, en train de prier les dieux.

noces avec Inanna, la déesse de la Fertilité, incarnée par une jeune prêtresse qui faisait l'amour avec le souverain dans le temple, garantissant ainsi la fertilité du pays et le bonheur du roi et du peuple.

La tour de Babel

« Et ils dirent : "Allons, construisons une cité et une tour dont la pointe atteindrait le ciel" » (I Gen., XI, 4). La tour de Babel, qui symbolise à jamais l'arrogance de l'homme et évoque la juste punition de Dieu qui détruisit l'insolent édifice et sépara la langue des hommes afin qu'ils ne puissent plus se comprendre, a-t-elle vraiment existé ?

C'est en 1811 qu'un archéologue britannique, Claudius Rich, parvint pour la première fois jusqu'aux ruines de Babylone. Dix jours lui suffirent pour réaliser quelques esquisses, collecter des briques de terre cuite et effectuer une fouille de test. Il remarqua une éminence de forme rectangulaire que ses accompagnateurs arabes nommaient « la tour de Babel ». Il fallu néanmoins attendre encore 89 ans avant que l'archéologue allemand Robert Koldewey (1855-1925) entre dans Babylone pour entreprendre la mise au jour de ses vestiges. Les fouilles de Koldewey devaient durer 18 ans. Ses trouvailles sont véritablement sensationnelles.

Le trône divin

Des avenues magnifiques, une porte grandiose dédiée à Ishtar, déesse de l'Amour et de la Mort, un temple pour Mardouk, le plus puissant des dieux babyloniens, des tombeaux et de nombreux trésors, tels furent les découvertes de Koldewey. Il fit ensuite le relevé d'une fosse remplie d'eau.

En dessinant les contours, il soupçonnait déjà qu'il s'agissait des fondations d'un colossal monument. Il venait, en effet, de découvrir la base de la légendaire tour de Babylone. La reconstruction de Koldewey correspondait parfaitement à la description, gravée en cunéiforme sur une ancienne tablette, d'une ziggourat nommée Etemenanki, ou « maison de la première pierre du ciel et de la terre ». Deux escaliers latéraux menaient jusqu'au premier degré, à 31 mètres de hauteur. L'escalier central se terminait à 48 mètres sur la deuxième terrasse. Quatre marches de 6 mètres et un temple de 15 mètres de haut, recouvert de briques bleues vernissées, culminaient à 91,50 mètres au sommet de l'édifice.

Un cylindre d'argile retrouvé dans les fondations mentionne le nom du maître d'œuvre : Nabuchodonosor. Ce roi le plus célèbre du royaume néo-babylonien avait entièrement restauré Babylone avec ses palais et ses quelque cinquante temples. Il s'inscrivait ainsi dans la lignée du brillant roi Hammourabi (1792-1750 av. J.-C.) qui avait, en son temps, fait bâtir une tour gigantesque au même endroit.

La disparition de Babylone

Le malheur devait pourtant s'abattre sur Babylone. Le roi perse Cyrus II (559-530 av. J.-C.) attaqua le royaume en 539 av. J.-C. et se proclama lui-même « roi de tous les pays ». Lorsque la ville osa se révolter sous le règne de son successeur Xerxès (519-465 av. J.-C.), ce dernier donna l'ordre d'abandonner la tour à la ruine. La puissance babylonienne ainsi anéantie, l'emblème de la Mésopotamie se réduisit à néant. Son mythe, toutefois, est parvenu jusqu'à nous.

L'existence des jardins suspendus est attestée par des documents de l'époque. Antipatros put les admirer de ses propres yeux. Toutefois, Sémiramis n'était pas l'épouse de Nabuchodonosor, mais probablement la reine assyrienne Sammu-ramat, qui avait régné 300 ans auparavant. Ainsi s'égare la légende née des jardins suspendus. (Les Jardins suspendus de Sémiramis, *gravure, 1679*).

Malte, le sanctuaire de la Terre mère

Entrée du temple néolithique de Mnajdra sur Malte, également connu sous le nom de Hagar Qim. La pierre est piquetée sur toute sa surface.

Peu de régions d'Europe présentent un nombre aussi élevé de monuments antiques que l'archipel de Malte, Gozo, Comino et Filfla, en Méditerranée, dernier vestige d'un bras de terre qui reliait autrefois l'Italie à l'Afrique. Ici, il y a 5000 ans, au néolithique, prospérait une civilisation dont les fondements restent un mystère pour les historiens. Outre ses fascinantes facultés artistiques, ce peuple devait également maîtriser des connaissances mathématico-astronomiques et techniques telles qu'on ne les retrouverait que bien des générations plus tard.

La visite des sites historiques de Malte constitue une véritable traversée des millénaires. Il est possible que certains des temples aient survécu depuis le paléolithique et que les premiers hommes se soient déjà installés là il y a 130000 ans.

Architectes et monuments inconnus

C'est en été 1915, près de la capitale maltaise de La Valette, que furent mises au jour les premières constructions mégalithiques, ces vestiges faits de blocs de pierre de grande taille, typiques du IIIe millénaire av. J.-C. en Europe. Deux ans plus tard, les archéologues découvrirent une stupéfiante construction, le fameux temple de Tarxien. Il comporte deux salles de forme ovale, disposées de telle sorte que leurs axes longitudinaux suivent des tracés parallèles. Les murs et les sols sont faits de dalles de pierre gigantesques. S'agit-il d'un temple, d'un palais, d'un tombeau, voire d'une habitation ? Nul ne peut l'affirmer avec certitude.

Les traces d'un ancien matriarcat

L'une des salles abritait une statue représentant une femme plus grande que nature, assise sur un socle de pierre décoré de bas-reliefs. La découverte d'autres statues féminines laisse supposer que les habitants préhistoriques de Malte adoraient une déesse, une terre-mère en l'honneur de laquelle sacrifices et fêtes étaient célébrés. Certains des sites comportent des chambres en pierre indiquant l'existence de rituels sacrificiels. L'ancien directeur du Musée archéologique de La Valette, le professeur Zammit, a même prouvé que des oracles se tenaient à l'aide de billes de pierre. Il fallait, pour ce faire, lancer des billes de différentes grosseurs sur des pierres trouées, en se tenant à une certaine distance. Ce peuple inconnu a réussi à transporter des dalles de plus de 5 mètres de haut et de 65 centimètres d'épaisseur sur des kilomètres, selon une technique inconnue. D'après les experts, une telle prouesse n'a pu être réalisée qu'à l'issue d'années de coopération, à l'aide de leviers, de billes de pierre et de troncs d'arbre. Signalons encore que tous les édifices ont été construits à l'aide d'outils en pierre alors qu'à cette époque, le bronze et le cuivre étaient déjà utilisés dans la zone méditerranéenne.

Des rails pour le transport

Les îles de Malte et de Gozo présentent toutes deux des centaines d'ornières profondes, allant par paires dans toutes les directions. Comme des rails primitifs, elles ont entaillé le dur calcaire, traversent monts et vallées, et sont encore bien reconnaissables aujourd'hui. Souvent, plusieurs paires courent parallèlement, puis elles se réunissent pour ne plus former qu'une paire de rails unique, avant de tourner abruptement et de disparaître dans la mer ou de s'interrompre sur un récif.

Plusieurs archéologues réfutent aujourd'hui la thèse selon laquelle il pourrait s'agir des traces d'un système de transport. En effet, certaines ornières atteignent 70 centimètres de profondeur. Le véhicule primitif qui les aurait tracées aurait donc dû être doté de roues d'un diamètre de 1,50 mètre au moins. Il ne peut pas non plus s'agir de traîneaux équipés de patins, et il est exclu que les billes de pierre retrouvées un peu partout sur l'île aient pu faire partie d'un quelconque système de transport, car elles sont en calcaire friable et donc incapables de supporter des charges de plusieurs tonnes. Le mystère des édifices néolithiques de Malte est loin d'être résolu. En raison des similitudes constatées avec d'autres sites en France et en Grande-Bretagne, on peut imaginer que les secrets de tous les monolithes d'Europe pourraient être levés en même temps.

L'hypogée de Malte est considéré comme un phénomène historique et culturel. Ce tombeau de quatre étages a été taillé dans un rocher unique. Certaines découvertes indiquent qu'il servait également à former des prêtresses.

Le mystérieux hypogée

L'hypogée Hal Saflieni constitue le plus fascinant des mystères mégalithiques de Malte. Ce terme vient du grec *hypogeion* et signifie « voûte souterraine ». Il y a 6 500 ans, des bâtisseurs inconnus ont créé un système de niches, de galeries et de salles de différentes tailles, à l'intérieur d'un monolithe géant. L'ensemble est soutenu par de nombreuses colonnes. L'archéologue italien Luigi Ugolini pense qu'il pourrait s'agir d'un oracle à l'acoustique inhabituelle. En effet, les mots prononcés d'une voix grave face à l'une des niches, rebondissent ensuite d'un mur à l'autre. Vers la fin de l'âge de pierre, l'hypogée servit de gigantesque fosse commune ; on y a retrouvé sept mille squelettes. D'autres civilisations méditerranéennes, par exemple en Sicile, avaient également des tombes communes.

Sans doute Malte était-elle dominée, au néolithique, par une société de type matriarcal. Les nombreux objets découverts dans l'hypogée et transportés au Musée archéologique de La Valette, semblent en tout cas l'indiquer. Cette Dormeuse de Malte *est une sculpture en terre cuite, retrouvée dans une salle souterraine après plus de 4 000 ans de sommeil.*

Les Trelleborgen, tertres du Danemark

L'enceinte viking de Fyrkat était autrefois une fière forteresse dotée de quatre portes, reliées par des routes en diagonale. Aujourd'hui, seuls les murs extérieurs rappellent encore son heure de gloire.

Il y a bien longtemps, un fil invisible a été posé à travers le Danemark, le long duquel les lieux sacrés se succédaient comme les perles d'un collier. Ces hautes enceintes circulaires furent baptisées Trelleborgen, d'après la plus célèbre d'entre elles, située très du village de Trelleborg, sur l'île de Seeland. Chacune d'elles abrite seize figures ellipsoïdales identiques, impressionnantes de précision. À l'extérieur de chaque enceinte, se trouvent treize autres structures ellipsoïdales, disposées en arc de cercle parfait. Quels architectes, quels ingénieurs ont dessiné et mis en œuvre ce plan d'une symétrie parfaite ? Et pour quelle raison ?

Des forts familiaux ?

Longtemps, les archéologues ont pensé que les enceintes, érigées vers 980, étaient des casernes vikings, dont les remblais suivaient les plans de gigantesques navires. Des faits nouveaux ainsi que la découverte d'ossements de femmes et d'enfants, relancent aujourd'hui le débat. L'explication des forteresses anciennes n'étant plus valable, les Trelleborgen deviennent les derniers grands mystères du monde.

Une religion de la lumière

À bien considérer les enceintes circulaires, on constate qu'elles sont toutes construites selon un plan précis et que leurs axes de coordonnées présentent des divergences de 10° au maximum par rapport au pôle magnétique. Elles sont donc reliées sur des centaines de kilomètres par le même axe de symétrie. S'ajoute à cela un culte païen oublié : la religion de la lumière. Le centre de ce culte était le lieu mystique Iumne ou Lumne, resté introuvable pendant des siècles. Certes, dès 1066, l'historien Adam von Bremen avait précisé que le chemin d'Iumne passait par Oldenburg, dans le nord de l'Allemagne, et que ses habitants étaient des Slaves, mais ses indications provoquèrent des confusions. On rechercha le pays légendaire près de Stettin, dans l'actuelle Pologne, oubliant totalement qu'il existait un deuxième Oldenburg sur la côte nord allemande, portant aujourd'hui le nom viking de Haithabu. Dans les années 900, les Slaves désignaient les pays du Nord en général. Si l'on se met sur les traces de Iumne sur la base de ces faits nouveaux, on aboutit tout droit à Aggersborg, la plus grande des quatre enceintes circulaires du Danemark.

Lumneta, la légendaire

Sur les cartes anciennes, Aggersborg apparaît sous le nom de Luxstedt, ville de lumière, ou Lumnet. L'historien de l'Antiquité Helmoldus (IIIe siècle) écrivait : « Là où la Baltique rejoint la mer ouverte se trouvait autrefois Lumneta, l'illustre ville. Barbares et Grecs y séjournaient nombreux [...]. De fait, ils venaient de toutes les villes d'Europe [...]. Après la destruction de la ville et de ses rituels païens, ils errèrent tous comme des âmes en peine. » Au cœur de cette ville se dressait le plus important sanctuaire païen, un édifice si brillant que la ville prit le nom de Luxstedt. Quel est le peuple qui érigea les Trelleborgen, ces tertres dont l'un d'eux, au moins, était illuminé de mystérieuse manière ? Quel matériau pouvait donc brûler si fort que les hommes lui consacrèrent une religion tout entière et qu'ils vinrent le contempler de toute l'Europe ? La piste disparue de Lumneta a été retrouvée. Il appartient aux archéologues d'élucider les questions restées si longtemps sans réponse.

Installations titanesques de la préhistoire

C'est en survolant Trelleborg que le pilote danois Preben Hansson (né en 1923) fut frappé par la configuration étonnamment symétrique de la forteresse, évoquant une sorte de panneau indicateur à la structure cruciforme surdimensionnée. Il enregistra alors les coordonnées sur le pilote automatique. À sa stupéfaction, son cours l'amena en ligne droite à la deuxième de ces enceintes, Eskeholm, puis à la troisième, Fyrkat, et enfin, à Aggersborg. On peut se demander quel dispositif de relèvement a permis de calculer ce trajet comportant plus de deux heures de vol... à une époque bien antérieure à celle des Vikings (VIIIe siècle).

Au IXe siècle, les pays côtiers d'Europe ne craignaient rien tant que les drakkars presque silencieux des Vikings. Incendiant tout sur leur passage, les Scandinaves parvinrent jusqu'en Afrique du Nord. S'ils utilisèrent une partie des Trelleborgen à des fins militaires, ils n'en furent pas les constructeurs. Au Danemark, on peut admirer les navires de guerre et marchands dans la salle des navires vikings du musée de Roskilde.

Externsteine, un lieu de culte germanique

Les Externsteine, formation de grès, ancien lieu de culte et lieu d'énergie se trouvent en Rhénanie-du-Nord-Westphalie. C'est en les escaladant qu'on ressent le mieux leur puissance.

Peu avant le village de Horn, près de Bad Meinberg, en Allemagne, dans une cuvette de la forêt de Teutoburg, se dresse une étrange formation rocheuse : les Externsteine. Certains archéologues tiennent ces monumentales roches de grès, formées par éruption il y a des millions d'années, pour un ancien lieu de culte des Germains. Ces derniers l'ont eux-mêmes reçu en héritage de leurs ancêtres préhistoriques. Chaque année, de nombreux visiteurs foulent le sol sacré de ces roches, hautes de 7 à 30 mètres. Les Externsteine ont été partiellement creusées et leur accès a été facilité par la construction d'escaliers et d'un petit pont. Jusqu'au XVIIIe siècle, le Teutoburger Wald portait le nom d'Osninghain, la forêt des dieux. Des fouilles archéologiques menées au XIXe siècle ont permis de mettre au jour de nombreuses forteresses germaniques dans la région. Les historiens sont donc convaincus que les Externsteine sont bien un sanctuaire germanique de première importance.

La fin du général Varus

Cette hypothèse est étayée par la situation géographique de la formation rocheuse. Elle se trouve, en effet, au cœur du territoire des neuf tribus germaniques menées au combat contre les Romains par le Chérusque Arminius en 9 apr. J.-C. Après sa sanglante défaite, Varus, le général romain et gouverneur de la Germanie, se passa son épée à travers le corps. Après la christianisation de l'Europe, le site des Externsteine devint un lieu de culte chrétien et une grotte nommée Sacellum fut transformée en chapelle. Sous un bas-relief taillé dans la pierre, symbolisant la descente de la Croix, les visiteurs les plus attentifs découvriront la représentation très érodée d'un antique culte de la fertilité : un couple humain étreint par un dragon.

Un antique observatoire stellaire

Il est évident qu'à l'époque des Germains, et peut-être même déjà à l'âge de pierre, la petite chapelle était une sorte d'observatoire stellaire. Une ouverture circulaire et un dispositif de relèvement correspondant permettent, en effet, de déterminer le solstice d'été et la position la plus septentrionale de la Lune. Le géomancien Walter Machalett pense que les Germains et leurs ancêtres disposaient de connaissances mathématiques, astronomiques et cosmiques dont la symbolique se dévoile lentement dans les sites mégalithiques de l'Europe du Nord. Machalett a eu l'idée de relier sur une carte les Externsteine avec la pyramide de Kheops en Égypte et le site de Salvage dans les îles Canaries. Pour de nombreux spécialistes de l'Atlantide, ce dernier endroit est l'un des piliers du continent disparu. Le dessin obtenu était un triangle parfaitement isocèle, aux angles à 51°51'14,3". Machalett aurait retrouvé ce même triangle dans le plan de la ville de Karlsruhe et dans la cathédrale d'Aix-la-Chapelle. Il cite, notamment, les triangles des grilles dites carolingiennes nord et sud de la cathédrale. En outre, les Externsteine et l'ancienne cité impériale se situent, tout comme le site de Stonehenge, sur le 51e parallèle. Ce dernier revêt une signification particulière en géomancie.

Les Externsteine sont le lieu de rencontres spirituelles : séminaires pour la prise de conscience des énergies cosmiques ou, comme ici, fête du solstice d'été.

Micro- et macrocosme

« Les Externsteine sont un lieu d'énergie extraordinaire, écrivait le Dr Jens M. Möller (1937-2000), spécialiste en géomancie à Karlsruhe. Le site est un trait d'union entre les principes terrestre et divin, entre le microcosme et le macrocosme, ainsi que nous l'enseignait Thot, le dieu égyptien du Savoir et de l'Écriture (le futur Hermès Trismégiste des Grecs). »

Les « oreilles de la Terre »

Le directeur de séminaire David Luczyn bat le tambour. Soutenus par le rythme monotone, les femmes et les hommes de son groupe se lancent dans une exploration de leur âme. Ils s'allongent, l'un après l'autre, dans un sarcophage taillé à même la roche, qui n'est pas sans rappeler celui de la chambre du roi dans la pyramide de Kheops. Des images remontent du tréfonds de leur conscience, messages issus de la zone habituellement verrouillée de leur personnalité, et des sensations depuis longtemps oubliées reviennent à la surface. Certains pleurent, d'autres rient. Quelques-uns ont envie de raconter leur expérience, mais la plupart se taisent. Chacun se trouve au cœur d'une aventure spirituelle différente. Tous ressentent pleinement la force mystique des Externsteine, l'endroit où leurs ancêtres entraient déjà en contact avec les énergies de la déesse grecque de la Terre, Gaia. Les chamans désignent de tels lieux comme les « oreilles de la Terre », où la conscience des hommes est enregistrée.

Avebury, la plaine des géants

C'est autour d'un petit village du sud de l'Angleterre que se dresse le plus grand cercle de pierres levées du monde : Avebury. L'accès au site se fait facilement depuis la route. Il peut être visité sans restriction, de jour comme de nuit.

La petite ville d'Avebury, dans le comté de Wiltshire, est le siège du plus grand cercle de pierre levées de Grande-Bretagne. Plus grand et plus ancien encore que le célèbre cercle de Stonehenge près de Salisbury. Au néolithique (VIe-IIe millénaire av. J.-C.), quelque sept cents pierres grossièrement taillées se dressaient en trois cercles sur le site d'Avebury, entourés d'un tertre et d'un fossé de 15 mètres de profondeur. Seuls vingt-six des géants de pierre, dont certains pèsent jusqu'à 40 tonnes, sont encore debout aujourd'hui. Les habitants prétendent que «la force de Stonehenge s'est transmise à Avebury». En dépit, ou peut-être à cause de sa proximité avec une grande voie de communication, le cercle de pierres levées exerce sa force d'attraction magique sur de nombreux visiteurs. Contrairement au site de Stonehenge, fermé par des barrières, on peut ici toucher les pierres, se livrer à des expériences avec la baguette de coudrier et célébrer des fêtes mystico-mythologiques.

La pyramide à degrés de Silbury Hill

Non loin d'Avebury se dresse le tertre de Silbury Hill, haut de près de 40 mètres. Des fouilles entreprises à la fin des années 1960 ont montré que ce monument artificiel avait été réalisé entre 2800 et 2600 av. J.-C. À l'intérieur du tertre, les archéologues ont découvert une pyramide de pierre à six degrés.

Est-ce un hasard si un pharaon égyptien a fait construire la très similaire pyramide à degrés de Saqqarah ? Le but de l'édifice, dont la construction est supposée avoir duré 10 ans et occupé sept cents ouvriers, n'a toujours pas été élucidé à ce jour.

Des messages dans le blé ?

Notons que pas un été ne passe près de Silbury Hill sans que les champs environnants ne présentent ces fameux cercles et pictogrammes volontiers attribués aux extraterrestres. Des sourciers ont mesuré dans les cercles de pierre et les dessins des champs de blé des alentours une énergie de même intensité qu'auprès du tertre.

La Kennet Avenue, une impressionnante allée flanquée de deux cents monolithes disposés deux par deux, relie Avebury au véritable sanctuaire préhistorique de la région, situé sur Overtone Hill. Des trous minutieusement pratiqués dans les pierres évoquent la présence de poteaux en bois qui auraient pu soutenir une temple de forme circulaire. Les pierres de lave qui ont été retrouvées à l'intérieur du petit cercle, provenaient toutes du massif de l'Eifel en Allemagne.

Observatoires, calendriers, sanctuaires ?

Pour le professeur Alexander Thom (1894-1985), astro-archéologue britannique, les cercles de pierres levées de son pays ne sont rien d'autre que des observatoires stellaires et des sanctuaires calendaires construits avec la plus grande précision. Il a réussi à prouver que les bâtisseurs des âges de pierre et de bronze utilisaient des formules mathématiques et qu'ils connaissaient le théorème du triangle rectangle attribué au Grec Pythagore (v. 570-v. 500 av. J.-C.).

Toutefois, les cercles de pierres levées gardent tout leur mystère. Aucun indice n'a jamais été trouvé, ni sur les événements qui ont pu s'y dérouler, ni sur la raison d'être et la signification de ces sites. Certes, le professeur Richard Atkinson de l'université de Cardiff a découvert à Avebury des andouillers pour creuser, des fragments de silex, des haches et des éclats de poterie datant de différentes époques, mais on ignore toujours ce que pensaient les hommes en ce temps-là, ce à quoi ils croyaient ou ce qu'ils espéraient. Le professeur Atkinson a juste souligné que malgré des millénaires d'utilisation de ce site préhistorique, on n'y trouve aucun détritus. «On dirait que les visiteurs à Avebury et ailleurs se comportaient comme nous le faisons dans les églises», remarque-t-il. Nous ne laissons pas non plus de traces dans nos lieux saints.

Outre les mystérieux cercles de pierres, le sud de l'Angleterre comporte également plusieurs tertres comme celui de Silbury Hill, dans le Wiltshire. D'après la tradition orale, il est censé représenter le «ventre fécondé» de la déesse Terre des époques matriarcales.

Spéculations autour d'Avebury

Pour l'archéologue John Aubrey (1626-1697), les cercles de pierres d'Angleterre étaient des zones d'activité druidiques. Il comparait ces sages aux prophètes de l'Ancien Testament. Certains chercheurs, familiarisés avec les travaux du psychanalyste suisse C. G. Jung (1875-1961), voient en Avebury l'archétype féminin du cercle, à la fois complété et formé par le phallus de la pierre dressée. Le site d'Avebury se compose d'un cercle nord et d'un cercle sud, le principe féminin doublé de son ombre. Il est possible que l'époque de la construction d'Avebury ait été dominée par un matriarcat.

On le sait, les dieux masculins ne s'imposèrent qu'à l'âge de bronze (IIe-Ier millénaire av. J.-C.). En 1979, un groupe de recherche britannique publia les premiers résultats d'une expérience consistant à mesurer les impulsions ultrasoniques des blocs de pierre. Les mêmes mesures effectuées sur les piliers de béton dressés là à fin de repérage ne donnèrent aucun résultat.

Les cercles de pierres levées étaient-ils donc des lieux de guérison, des transmetteurs d'énergie pour les malades et les plus faibles ?

Newgrange, la résurrection de la lumière

Le tumulus de Newgrange est un vestige de l'âge de pierre, situé non loin de Dublin. À l'origine, le monument était entouré par une couronne de mégalithes. Douze seulement sont encore visibles de nos jours.

L'imposante maison des Morts sur la colline surplombant la Boyne, une rivière irlandaise, existait déjà bien avant la construction des pyramides de Gizeh. Le tumulus de Newgrange, à environ 30 kilomètres au nord de Dublin, est l'édifice le plus ancien du monde. Il est considéré comme la plus grande merveille architecturale de la préhistoire. On estime grossièrement la date de sa création à 5000 av. J.-C. Pour le construire, il a fallu déplacer 200 000 tonnes de pierres. Le plus fascinant : un seul jour par an, vers le 21 décembre, au moment du solstice d'hiver, la chambre funéraire est éclairée pendant 17 minutes par un lumineux rayon de soleil.

Des millénaires d'oubli

Newgrange est le cœur mystique de l'Irlande. Enchâssé dans les Midlands d'un vert éclatant, le long de la côte est de l'île, le tumulus préhistorique a été pris pour une colline naturelle pendant des siècles. Découvert en 1690 lors de travaux de terrassement, le monument de pierre a longtemps été un point d'attraction isolé pour de rares visiteurs. Ce n'est qu'en 1962 que le professeur Michael J. O'Kelly et son équipe de l'université de Cork commencèrent les fouilles et les travaux de restauration. Outre des ossements humains, les archéologues découvrirent également des restes de bijoux et d'objets de culte dans les auge de pierre de l'édifice funéraire.

Quarante-trois monolithes dressés verticalement soutiennent des dalles de pierre et forment une étroite galerie de 20 mètres de long qui mène dans les profondeurs du tumulus et aboutit à trois chambres. Des signes étranges sont gravés dans la pierre : lignes sinueuses et zigzags, spirales doubles, symboles géométriques. Les blocs de pierre de l'édifice préhistorique sont solidement joints. Des rigoles de drainage gardent l'intérieur au sec et assurent une température constante. Les ossements retrouvés dans le tumulus se sont parfaitement conservés pendant des millénaires.

Personnalités prophétiques ?

« Nous ignorons qui étaient les personnes enterrées de manière aussi particulière, a déclaré O'Kelly qui dirigea les fouilles de Newgrange jusqu'en 1975. Ce n'étaient pas nécessairement des rois, des prêtres ou des chefs de clans. Il pouvait s'agir de personnes hors du commun, dotées de pouvoirs de guérison et de prophétie. » Attendaient-elles là une proche résurrection ?

Des traces dans le quartz

Le phénomène qui, une fois par an, illumine la chambre funéraire entre 8h58 et 9h15 pendant le solstice d'hiver, n'a été découvert que par hasard par le professeur O'Kelly et son équipe. Ils trouvèrent, au-dessus de l'entrée, une fente rectangulaire à moitié fermée par un bloc de pierre coulissant, également de forme rectangulaire. Des éraflures dans le quartz montraient que le coulisseau avait dû être déplacé souvent dans le passé. Une fois ouvert, il dévoilait une petite fenêtre, trop étroite pour permettre le passage de quelqu'un, taillée dans le bloc de pierre de cinq tonnes couvrant l'entrée.

Énergie solaire

Les archéologues se souvinrent alors de vieilles histoires selon lesquelles la lumière tomberait dans la chambre funéraire le jour du solstice. Le 21 décembre 1967, la preuve fut faite. Le moment où le soleil se leva de l'autre côté de la Boyne et où un rayon orangé illumina l'intérieur a sans doute été magique. Tout d'abord fin comme un crayon, le rayon s'élargit jusqu'à 15 centimètres. La lumière reflétée par le sol était tellement intense que les trois chambres funéraires en étaient éclairées. Puis, le soleil poursuivit sa route vers l'ouest et le rayon se rétrécit jusqu'à disparaître et à laisser place aux ténèbres. Quelle que soit la fascination exercée par ce phénomène sur l'équipe archéologique, la raison d'être de ce dispositif dans le tombeau n'a toujours pas été déterminée. Les âmes des défunts se rechargeaient-elles ainsi en énergie solaire, une fois par an, ou le rayon était-il censé les emmener tout droit vers l'au-delà ?

Le chemin de Newgrange

Le tumulus de Newgrange est trop extraordinaire pour rester livré à lui même. Les murs extérieurs et la galerie menant aux chambres funéraires ont été consolidés en béton armé, si bien que l'édifice circulaire avec sa coupole recouverte de végétation ressemble à un musée du XXe siècle. Des milliers de visiteurs s'y pressent chaque année.

Cependant, le miracle de la lumière au moment du solstice d'hiver n'est réservé qu'à quelques invités triés sur le volet. Les autres doivent se satisfaire d'une reconstitution technique du phénomène. Les meilleurs moments pour la visite du site bordant la route nationale 51 sont les premières heures du matin et les dernières heures du soir. La lumière rougeoyante et le petit nombre de visiteurs s'allient pour créer une atmosphère incomparable.

Le site funéraire de Newgrange offre de nombreux symboles et détails au visiteur attentif. On pourrait ainsi voir la forme circulaire de l'édifice comme un « cercle de protection » contre les forces du mal. Les bordures de pierre qui ornaient les murs extérieurs avant la rénovation du siècle dernier, sont d'une beauté remarquable.

En Bretagne, devant la baie de Quiberon, se dressent des alignements de pierres dont l'âge, les constructeurs et la fonction restent encore un mystère. Elles confèrent néanmoins un charme mystique à la région.

Les alignements de Carnac

La station balnéaire de Carnac, en Bretagne, est l'un des sites préhistoriques les plus importants du monde. Ses allées bordées de plus de trois mille pierres levées s'étirent sur des kilomètres, aboutissant, pour certaines directement dans la mer.

Des figures géométriques

On ne peut qu'imaginer, aujourd'hui, la présence de milliers de menhirs supplémentaires sur le site. Au fil du temps, ils ont été réduits en poussière, utilisés pour construire des habitations ou engloutis par les vagues de l'Atlantique. La disparition de ces pierres ne facilite pas l'élucidation d'un mystère dont les origines remontent au VIe millénaire av. J.-C. Vus d'avion, certains mégalithes forment de gigantesques figures géométriques, une des plus célèbres étant le triangle diagonal de quadrilatère avec des rapports constants de 5 :12 :13. La raison en est inconnue. Dans la mythologie antique, le triangle servait à exprimer l'harmonie du cosmos. Pour les Celtes, il représentait les trois étapes de l'évolution de tout ce qui existe, tandis que pour les chrétiens, il symbolise la sainte Trinité.

Mathématiques supérieures

Dans la revue scientifique allemande *Naturwissenschaftliche Rundschau* (n° 12, 1937), le Dr Bruno Kremer, archéologue, soulignait que « les différents ensembles ont été érigés selon des critères précis qui permettent de conclure à l'existence d'une technique de

Magie et sainteté

En Armorique, l'actuelle Bretagne, la magie côtoie la sainteté. Chaque année, au solstice d'été, des séminaires sont organisés dans les formations mégalithiques autour de Carnac, au cœur des dolmens et des menhirs. Les participants, nombreux, s'y découvrent souvent dotés de capacités extraordinaires : une meilleure perception des énergies invisibles, une relation plus intense avec la nature, une clairvoyance inhabituelle. Le plus souvent, les personnes déprimées ou dépressives quittent l'endroit dans un état d'esprit positif. Une preuve, pour les mystiques, qu'une énergie cosmique est à l'œuvre en ces lieux et qu'elle ramène chaque individu plus près de ses origines.

La magie de ces témoins d'une culture mégalithique depuis longtemps oubliée s'exerce encore aujourd'hui sur nous (coucher de soleil sur Carnac).

Le plus grand dolmen (dol-men, *en breton, signifie « table de pierre ») issu de la culture mégalithique bretonne se trouve à Locmariaquer. Il est surnommé la Table des Marchands. Comme le monument est bien trop grand pour faire office de table, on suppose qu'il s'agissait d'une sépulture.*

Témoins de pierre préhistoriques

Les mégalithes sont des pierres de 21 mètres de haut et pesant jusqu'à 350 tonnes, dressées artificiellement et disposées, le plus souvent, selon des formes géométriques (cercles, triangles). Pour dresser un mégalithe, il fallait au préalable creuser un trou destiné à le recevoir. Telle est l'explication classique de l'archéologie.

Les menhirs sont des mégalithes isolés, souvent gravés de dessins tels que des serpents, des haches ou des figures géométriques. Le grand menhir de Locmariaquer près de Carnac mesurait 21 mètres de haut. Avec ses 348 tonnes, il pesait 40 tonnes de plus qu'un jumbo-jet rempli de passagers. Sa fonction est inconnue. L'une des hypothèses des archéologues qu'il pourrait s'agir d'un amer.

Le terme de dolmen est utilisé en Bretagne pour désigner les tombes. Une ou plusieurs dalles horizontales reposent sur des blocs verticaux pour former une chambre funéraire. La forme des dolmens évoque celle d'une table géante.

mesurage très développée en plein âge de pierre ». La disposition précise des menhirs est le fruit d'une géométrie appliquée de haut niveau. La forme ronde de la Terre a été prise en compte, de même que la graduation et la goniométrie astronomique.

Des lignes parfaitement droites

En survolant le plus grand menhir d'Europe, le Er Grah près de Locmariaquer, à une quinzaine de kilomètres de Carnac, l'archéologue anglais Alexander Thom (1894-1985) et son fils Alexander S. Thom de l'université d'Oxford ont constaté qu'il se situait à l'intersection de huit lignes parfaitement droites. Ces dernières ne dévient ni ne s'interrompent en croisant d'autres amas artificiels de pierres. L'une de ces lignes, par exemple, commence à Trevas, se poursuit le long de la côte, traverse le golfe du Morbihan, croise le menhir géant et aboutit, 16 kilomètres plus loin, dans la baie de Quiberon. Les deux archéologues pensent qu'à l'époque préhistorique, tous ces repères pouvaient être vus depuis le sommet du géant de pierre de 21 mètres de haut.

Il y a 4000 ans, la région de Carnac était peuplée par les Armoricains dont les ancêtres remontent à l'homme de Cro-Magnon, la première race d'*Homo sapiens* connue en Europe. Simples paysans et pêcheurs, ils se risquaient en haute mer, à bord de bateaux légers en osier tressé.

Comment ont-ils fait pour agencer ces milliers de menhirs avec une précision aussi mathématique, pour transporter le colosse de 348 tonnes de Locmariaquer et pour planifier et disposer des triangles géants à travers la campagne ?

Intelligence technique

Il est peu probable que des prêtres doués de pouvoirs magiques aient déplacé ces poids lourds à travers les airs par la seule force de leur pensée. Il est tout aussi impensable que trois mille ouvriers aient réussi à transporter les colosses à travers la campagne inégale, à l'aide de roulettes. Les créateurs de ces monuments gigantesques n'appartenaient peut-être pas à l'âge de pierre. Une intelligence extraterrestre douée d'une technique avancée a peut-être été à l'œuvre ici. Quoi qu'il en soit, certains des monolithes et des allées couvertes trouvés autour de Carnac sont de facture plus récente. Il s'agit indéniablement de monuments sacrés, ainsi que le prouvent les offrandes retrouvées sur les lieux.

Esprits et histoires de fantômes

Les pierres levées de Carnac et du reste de la Bretagne ne sont pas des phénomènes isolés. Il en existe des milliers à travers toute l'Europe, mais aussi en Afrique, du nord au sud, jusqu'au Sénégal et en Gambie. Elles ont engendré de nombreuses fables et légendes. Souvent reliés à des apparitions de fantômes et autres sorcelleries, les mégalithes sont parfois considérés comme des êtres enchantés qui se mettent à danser à certaines heures et se rendent au fleuve le plus proche pour s'y désaltérer. Pour les mystiques contemporains, ces pierres antiques sont le point de convergence des forces cosmiques et des énergies terrestres. Elles sont, à ce titre, des centres universels d'énergie dont les effets peuvent être ressentis positivement ou négativement. Malgré toutes les tentatives pour expliquer la création de ces objets de culte et leur contexte mystique, nous ignorons encore tout de leur origine et de leur signification.

Les mégalithes de Carnac sont au cœur de nombreuses légendes. L'une d'elles raconte l'histoire de saint Cornélius, mort en martyr en 253. Comme on voulait le contraindre à vénérer un dieu païen, il s'enfuit de Rome pour se réfugier en Bretagne. Par la seule force de ses prières, le pieux chrétien transforma les soldats romains qui s'étaient mis à ses trousses en statues de pierre. Depuis lors, ils forment les allées de Carnac.

Stonehenge, le temple mystique

Stonehenge fascine ses visiteurs tant par sa beauté sauvage que par sa magie.

Dans le comté de Wiltshire, au sud de l'Angleterre, au cœur d'une vaste plaine, se dresse l'ensemble mégalithique de Stonehenge, le plus vaste des îles britanniques, qui attire autant de touristes que de scientifiques. Certains détails de l'histoire de sa création sont aujourd'hui connus, mais nul ne pourrait dire avec certitude pour quelle raison Stonehenge a été construit.

S'agit-il d'un temple, d'un observatoire stellaire ou même d'un cadeau d'entités extraterrestres intelligentes à l'humanité ? D'une manière générale, on connaît mal la finalité de constructions mégalithiques de ce genre. En revanche, la date de la construction de Stonehenge ne fait aucun doute pour les archéologues : les fondations de ce fascinant monument ont été posées il y a plus de 5 000 ans, soit bien longtemps avant les pyramides égyptiennes.

Un objectif atteint pas à pas

Les mesures effectuées selon la méthode du carbone 14, ou radiocarbone, un procédé pour la datation d'objets d'origine organique, ont confirmé le grand âge de Stonehenge. Ces mesures ont également permis de déterminer différentes phases de construction.

Un chantier de 1500 ans

La première phase de construction est estimée à 3000 av. J.-C. Un remblai de terre, un fossé doté de cinquante-six trous (Aubrey *holes*), et un menhir aujourd'hui appelé Heel stone en constituent l'essentiel. Le menhir marquait l'entrée du site. Vers

Vu du ciel, le périmètre initial du site de Stonehenge apparaît clairement.

2100 av. J.-C., le périmètre de l'entrée fut transformé pour des raisons inconnues. Des pierres venues des monts Preseli y furent dressées sous forme de deux cercles à l'intérieur du remblai. La troisième phase débuta peu après. Les bâtisseurs inconnus acheminèrent encore plus de pierres qui servirent à la construction des célèbres trilithes, ces mégalithes composés de trois blocs.

Le fer à cheval

Vers 1900 av. J.-C., le cœur du sanctuaire était signalé par cinq trilithes disposés en fer à cheval, formant comme des portails. Ils étaient encerclés par trente monolithes en grès, reliés par des dalles de couverture. Ce n'est qu'au cours de la quatrième phase de construction, vers 1500 av. J.-C., que Stonehenge prit sa forme actuelle. À cette époque un autel central fut ajouté à l'intérieur de la formation en fer à cheval. D'autres blocs de pierre isolés furent ensuite agencés tout autour, également en fer à cheval.

Comment les créateurs de ce site ont-ils réussi à dresser les blocs de pierre monumentaux ? Comment ont-ils hissé les dalles horizontales sur ces blocs en les disposant

Le souvenir des bâtisseurs

Au printemps 2000, quarante archéologues amateurs anglais hissèrent un bloc de pierre de 3 tonnes sur un traîneau en rondins de bouleaux, pour l'acheminer des monts Preseli (pays de Galles) jusqu'à Salisbury, non loin de Stonehenge, à 400 kilomètres de là. Ils réussirent à le traîner sur 1,6 kilomètre à travers la campagne. Épuisés, ils s'octroyèrent alors une journée de pause. Un an plus tard, pour le solstice d'été 2001, le bloc de pierre était parvenu au cercle magique de Stonehenge. Le spectacle de ces efforts rappelle le travail des bâtisseurs du site, à une époque où l'homme se préoccupait surtout de survivre dans un environnement hostile. Ces derniers ont accompli là une œuvre qui reste inégalée.

Pour transporter les blocs de basalte des monts Preseli à Stonehenge, les bâtisseurs du site durent haler de lourdes charges. Ces bénévoles reproduisent ici l'expérience.

L'oracle de Delphes

Cette gravure de l'artiste français Jeanron est tirée de l'ouvrage de Maurice Clavel (1920-1979), Histoire des religions. *Elle représente une scène de prédiction de l'oracle de Delphes, tirée de la tradition écrite. La prophétesse en transe, assistée par de jeunes vierges, répond aux questions de ceux qui viennent la consulter.*

De tout temps, les hommes ont eu le désir de prédire l'avenir. Dans l'Antiquité grecque, la pythie, prophétesse de l'oracle de Delphes, répondait aux questions des rois, des généraux et des philosophes. Les hommes les plus sages de leur temps venaient en cet endroit situé dans un environnement unique, qu'ils appelaient « le nombril du monde ». Le sanctuaire se dresse à 550 mètres d'altitude au-dessus de la vallée de la Plistos et de ses oliviers, dans le centre de la Grèce.

Le sanctuaire d'Apollon

À l'origine, l'oracle de Delphes était un lieu d'influence de la déesse de la Terre, Gaia. Apollon, le dieu des Pâtres y fit son entrée avec l'arrivée des Doriens vers 1000 av. J.-C. Avec ses symboles de force, de lumière et de sagesse, les principes masculins, il finit par remplacer le matriarcat en vigueur jusque-là. Il est dit qu'Apollon, dieu de la Prophétie, aurait toujours personnellement informé la pythie afin qu'elle transmette son conseil aux visiteurs de l'oracle. Malheureusement, ses réponses ne furent pas toujours correctement interprétées par ses clients.

Le piège du roi Crésus

L'historien grec Hérodote raconte l'histoire de Crésus, puissant roi des Lydiens, qui fit vérifier la véracité de tous les oracles connus avant d'accorder sa confiance à celui de Delphes. Il s'agissait de savoir s'il devait entrer en campagne contre le redoutable royaume des Perses. La réponse de l'oracle le fit tomber dans un piège : « Si tu traverses le Halys (l'actuel fleuve turc Kizil Irmak), tu détruiras un grand royaume. » Crésus ne devina pas que la pythie parlait de son propre royaume et fut vaincu par le roi perse Cyrus II.

L'institution de la pythie

La pythie qui devint le symbole de Delphes n'était pas une femme en particulier, mais plutôt une véritable institution. En effet, en cas de grande affluence, plusieurs pythies se relayaient pour prédire l'avenir. Leur tâche était, semble-t-il, épuisante. L'oracle ne pouvait être consulté que le septième jour de chaque mois et faisait relâche pendant les mois d'hiver. Le philosophe Plutarque (46-125 apr. J.-C.) qui occupa un temps la fonction de prêtre suprême de l'oracle, raconte qu'aux débuts de Delphes, les pythies étaient de simples femmes du peuple, âgées de quinze ans. Leurs prophéties souvent confuses étaient traduites en vers par des prêtres lettrés.

Haricots et sages maximes

Le temple d'Apollon avait plusieurs catégories d'oracles allant de la prédiction complète à l'interprétation des auspices et à l'oracle binaire. Cette dernière catégorie était réservée aux clients les plus pauvres qui devaient poser des questions auxquelles il était possible de répondre par oui ou par non. La pythie se contentait de plonger la main dans un récipient rempli de haricots blancs et noirs : le blanc signifiait oui, le noir, non. Delphes fut également le point de rencontre des grands esprits. Le vestibule du temple d'Apollon, le pronaos, affichait en grandes lettres de sages maximes comme le célèbre « Connais-toi toi-même ! » ou encore « Rien à l'excès ». Thalès de Milet (624-547 av. J.-C.), philosophe et astronome, annonça des années auparavant, l'éclipse de Soleil du 28 mai 585 av. J.-C.

Les sources se tarissent

Pendant près d'un millier d'années, la pythie œuvra sur les hauteurs de Delphes. En l'an 362 de notre ère, le médecin Oribasius voulut savoir, à la demande de l'empereur Julien, combien de temps l'oracle allait survivre dans un monde qui s'orientait de plus en plus vers le christianisme. La réponse fut saisissante de clairvoyance : « Dis au roi que la solide maison est tombée. Apollon n'a plus de refuge, le laurier sacré est flétri. Ses sources sont taries à jamais, le bruissement de l'eau est désormais muet. » Six ans après cette prophétie, Arcadius, fils de l'empereur Théodose, fit détruire le temple abritant l'oracle.

Des réponses nées de la transe

On doit à l'écrivain grec Plutarque cette description d'une cérémonie de prédiction datant des premiers temps de l'oracle. La pythie, entièrement nue, commençait par prendre un bain purificateur dans les eaux de la source Kastalia, avant de boire de l'eau sacrée. Deux grands prêtres accompagnaient ensuite la jeune femme dans le temple d'Apollon où ils éclaboussaient une petite chèvre d'eau froide. Si l'animal gardait son calme, l'oracle n'avait pas lieu et le visiteur devait attendre un mois de plus. Si l'animal sursautait, il était tué et brûlé.

La pythie devait ensuite inhaler la fumée d'un feu de sapin auquel on ajoutait de l'encens, du laudanum, de la jusquiame et d'autres substances hallucinogènes. Dès que la jeune femme atteignait un état de conscience proche de la transe, les prêtres la conduisaient dans l'adyton et l'asseyaient sur un trépied. Au cours d'une longue cérémonie, les questions étaient alors posées à la pythie qui répondait dans une langue fleurie, faite de paraboles. Lorsque la jeune femme était épuisée, une autre prenait sa place.

Ces ruines seraient celles du temple d'Apollon qui abritait autrefois l'oracle de Delphes. Après sa destruction, il fallut attendre 1832 pour qu'une équipe d'archéologues français le redécouvre.

L'une des grandes prophétesses de l'Antiquité, la sibylle de Cumes, a toujours été un sujet favori des peintres. La peinture à l'huile Ruines romaines avec sibylle prophétisant *de Giovanni Paolo Pannini (v. 1750) est exposée à Valence, au musée des Beaux-Arts.*

Cumes, grotte de la divination

L'un des plus célèbres oracles de l'Antiquité se trouvait sur la côte occidentale italienne. Les Romains nommaient ce lieu sacré Cumes. Lorsqu'elle voulait interroger Apollon, le dieu de la Prophétie, sur l'avenir, la prêtresse s'enfonçait dans une grotte qui descendait vers les impressionnants récifs côtiers. Les hommes, qu'ils soient rois ou simples paysans, croyaient si fermement en sa parole que ses prédictions finirent par influencer le cours de l'histoire : on se mit à agir selon les prophéties de l'oracle. L'impressionnante prophétesse, appelée sibylle, était-elle réellement capable de voir l'avenir ? Ou était-elle juste suffisamment adroite pour exploiter la crédulité de ses contemporains ?

Au royaume des morts

L'origine de Cumes remonte au début de l'Antiquité gréco-romaine, au IIe millénaire av. J.-C. L'histoire de l'oracle prend sa source dans la mythologie, avec le héros de Troie, Énée, à qui il fut prédit qu'il deviendrait le fondateur d'une puissante dynastie. Cela ne sembla pas se réaliser dans un premier temps, car les Grecs détruisirent Troie et Énée dut prendre la fuite. Après un dangereux voyage en bateau, le héros atteignit le Latium, une région aujourd'hui riche en histoire, située au milieu de l'Italie, sur la mer Tyrrhénienne. Comme il avait entendu parler d'un oracle censé se trouver en bord de mer, Énée décida de l'interroger sur sa destinée réelle.

La sibylle conduisit le prince troyen vers les profondeurs par une longue galerie souterraine. Plus il avançait vers les ténèbres, plus les ombres mystérieuses et terrifiantes l'entouraient. Finalement, Énée se crut arrivé au royaume des morts où il revit son père défunt. Ce dernier confirma à son fils qu'un avenir de puissance et de gloire l'attendait et lui laissa entrevoir la capitale d'un empire encore inconnu : la Rome légendaire.

D'après les récits de *L'Énéide*, l'épopée épique et nationale rédigée par le poète romain Virgile au Ier siècle av. J.-C., Énée devint effectivement le roi de ce pays et fonda une dynastie qui devait régner sur l'Italie tout entière.

Le contenu du mythe

Les légendes, comme celle d'Énée et de l'oracle, ont souvent un fond de vérité. Depuis la découverte de Troie par Heinrich Schliemann (1822-1890), il est clair que les héros de *L'Odyssée* ne sont pas des personnages fictifs. L'histoire de Cumes livre, elle aussi, des détails vérifiables. Par exemple, Kyme, comme s'appelait à l'origine la ville située à 20 kilomètres de Naples, est véritablement la plus ancienne colonie grecque en Italie. À son apogée, entre 700 et 500 av. J.-C., les habitants de Cumes répandirent si bien la culture hellénique que les Romains finirent par l'intégrer à leurs propres mythes.

Les fouilles de Cumes ont permis d'exhumer de nombreux vestiges historiques reflétant le quotidien de cette ville autrefois prospère. Outre des objets tels que ce bas-relief romain en ivoire montrant une scène d'accouchement au IIe siècle, on a retrouvé bon nombre de représentations d'une sibylle.

Cette peinture murale du Ier siècle, dans la Casa di Sirico à Pompéi, montre le héros Énée blessé, entouré d'admirateurs inquiets. Le futur fondateur de Rome était vénéré non seulement par ses soldats, mais aussi par les femmes. Après la mort de sa première épouse Creuse, Didon, la fondatrice de Carthage, lui offrit son amour, mais Énée préféra épouser Lavinia, fille du roi du Latium, où fut construite la ville de Rome.

Tacite, grand historien latin né en 55 de notre ère, était probablement le fils d'un fonctionnaire. Après des études de rhétorique, le poète embrassa lui-même une carrière dans la fonction publique avant de publier tardivement (près 96) ses premiers ouvrages. Ses récits nous apprennent l'importance des prophéties de la sibylle dans l'Antiquité.

L'oracle sacré

Jusqu'au début du XXe siècle, l'oracle fut considéré comme une douce affabulation, mais dans les années 1920, des archéologues entreprirent des fouilles sur le site du temple d'Apollon de Cumes. Ils y découvrirent des galeries souterraines, à l'endroit exact où se trouvait l'oracle au VIe siècle av. J.-C. Les visiteurs devaient descendre vers les profondeurs de la terre par une galerie longue de 131 mètres pour parvenir à la grotte de la sibylle. Ainsi que le décrit l'histoire d'Énée, ils plongeaient par ce moyen dans un monde mystique. Des rayons de soleil tombant obliquement dans la grotte leur faisaient traverser tour à tour des zones d'ombre et de lumière. C'est ainsi que se créait l'illusion des apparitions et des disparitions. Au bout du parcours, le client parfaitement terrorisé devait en effet penser qu'il était parvenu au royaume des morts.

La notoriété de l'oracle était très importante. Des visiteurs venus de toute l'Italie et même de Grèce s'y pressaient pour demander conseil et connaître leur avenir.

Sibylles antiques

Les traditions prophétiques de l'Antiquité sont issues d'une longue histoire. En grec, « prophète » signifie « parler pour quelqu'un d'autre ». Lorsqu'il s'exprimait, le voyant parlait directement au nom d'un dieu, et faisait connaître sa volonté. La Grèce antique connaissait plus de vingt oracles où sibylles et prophètes accomplissaient leur devoir sacré. Différentes techniques permettaient aux voyants d'atteindre un état de conscience altéré : des gaz volcaniques émis par le sol ou des vapeurs de laurier étaient inhalés pour entrer en transe. Le philosophe grec Jamblique de Chalcis (v. 250-v. 330) décrit en ces termes le déroulement d'une séance de l'oracle : « La prophétesse [...] est assise sur un pilier, ou bien elle tient à la main un bâton qui lui a été remis par une divinité. Elle baigne ses pieds et l'ourlet de sa robe avec de l'eau [...] et c'est ainsi qu'elle prophétise. »

Dossiers secrets romains

La réputation de la sibylle de Cumes dépasse celle de tous les autres oracles car ses prédictions, étalées sur plusieurs siècles, s'avérèrent d'une étonnante précision. Elles se réalisèrent si bien que le dernier roi de Rome, Tarquin le Superbe, les acheta en échange d'une forte somme d'argent et les déclara secret d'État. À l'époque de la République romaine (500-30 av. J.-C.) seuls quinze hommes, dûment sélectionnés par le Sénat de Rome, étaient autorisés à lire les livres prophétiques sibyllins.

Ils étaient conservés dans un coffre de pierre, sous les fondations du temple de Jupiter, sur le Capitole de Rome, et sévèrement surveillés de jour comme de nuit.

Ils n'étaient consultés qu'en cas de guerre, de famine, d'épidémie, de catastrophes naturelles et – Dieu seul sait pourquoi – d'apparition d'un hermaphrodite. Toute utilisation hors de ces cas d'urgence était immédiatement punie par la mort. Le contenu de ces écrits devait donc être d'une importance cruciale.

Le destin des prophéties

Malheureusement, les livres contenant les prophéties furent brûlés dans un incendie en 83 apr. J.-C. Dans ses *Annales*, l'historien romain Tacite (55-120 apr. J.-C.) raconte comment les Romains se rendirent en Libye, en Sicile et en Grèce pour se procurer des copies et les rapporter comme un véritable trésor de guerre dans leur République. Les livres de l'oracle de Cumes ayant disparu, il nous est désormais impossible de déterminer, en comparant les prophéties de la sibylle avec les événements historiques tels qu'ils se sont déroulés, si le « coup d'œil dans l'avenir » était oui ou non possible.

Cette mosaïque romaine du IIIe siècle, aujourd'hui conservée au musée Bardo de Tunis, représente le poète Virgile avec ses muses Calliope et Melpomène qui lui inspirèrent son chef-d'œuvre, L'Énéide. *Publius Vergilius Maro naquit en 70 av. J.-C. à Andes, près de Mantoue.*

Ainsi parlaient les oracles

Le poète et historien romain Virgile (70-19 av. J.-C.) décrit la théâtralité des prophéties des sibylles à Cumes : « Une grotte est creusée au plus profond de la falaise [...]. Dès l'arrivée sur le seuil, la sibylle s'écrie : "Posez vos questions. Vite. Le dieu, voyez, le dieu !". Pendant qu'elle parle, elle change soudain d'aspect et de couleur, ses cheveux se défont, sa poitrine se soulève lourdement, son cœur est étreint par la folie, sa voix n'a plus rien d'humain. »

L'historien romain Tacite nota au sujet de l'oracle de Claros en Grèce, que le prophète ignorait qui venait l'habiter.

Il devait boire de l'eau de source pour rendre ses aptitudes fonctionnelles. Il devenait alors capable de comprendre la question et de fournir une réponse.

Le temple de Kailasa à Ellora, dans l'État indien du Maharashtra, a été excavé au VIIIe siècle dans un gigantesque rocher. Impressionnant lorsqu'on se tient devant lui, le temple déploie toute sa magnificence lorsqu'on le contemple depuis les airs.

L'Inde et ses temples excavés

À Ellora, dans l'État de Maharashtra, se trouve une falaise orientée vers l'ouest dans laquelle trente-quatre grottes peuvent être visitées. Il ne s'agit pas de grottes ordinaires, car 5 siècles ont été nécessaires pour les façonner. Elles abritent des temples, des monastères et des salles d'études relevant de l'hindouisme, du bouddhisme et du jaïnisme. Ces grottes sont les créations les plus extraordinaires de l'architecture de l'Inde du Sud.

Une construction unique

Au bout de la route, lorsqu'on pense avoir vu l'ensemble des bâtiments, le plus étonnant de tous attend le visiteur : le temple de Kailasa. Il fait sans aucun doute partie des réalisations architecturales les plus ambitieuses de l'humanité. En effet, un temple entier, doté d'espaces intérieurs et extérieurs complexes, a été excavé de la roche. Il est difficile de se représenter sa taille monumentale : il couvre deux fois la surface du Parthénon d'Athènes et mesure une fois et demie sa taille. En plus de 100 ans de construction, quelque 200 000 tonnes de pierres en ont été extraites. Le Kailasa, dédié à Shiva, représente le mont Kailas, siège du dieu dans l'Himalaya. Le temple repose sur un socle massif qui renforce encore son effet majestueux.

La grotte d'Ajanta numéro 17 est ornée de fresques merveilleuses, représentant de scènes de la vie de Siddhârta Gautama. Ici, le jeune prince est entouré de ses courtisans.

Fresques bouddhistes

Près d'Ajanta, sur la paroi d'une gorge en demi-lune, formée par la rivière Waghora, s'ouvrent une trentaine de grottes à plusieurs niveaux. Les plus anciennes datent de 200 av. à 200 apr. J.-C. Les autres ont été réalisées 400 cents ans plus tard. Certains de ces temples abritent de remarquables peintures rupestres parfaitement conservées, car restées à l'abri de la pluie et de la chaleur. Les scènes historiques de la vie du Bouddha Siddhârta Gautama sont les plus extraordinaires peintures bouddhistes de toute l'Inde. Elles montrent le prince quittant son palais pour apprendre la souffrance des hommes, son renoncement au monde et sa décision de trouver l'origine du mal. On y voit les tentatives de séduction de Mara, une incarnation de la mort, qui veut empêcher Gautama de répandre son enseignement parmi les hommes. Des scènes du *Jataka*, recueil de légendes bouddhistes, rappellent les vies antérieures du Bouddha. Elles fourmillent de détails sur la vie quotidienne en Inde il y a 2000 ans.

Sculptures bouddhistes

L'entrée de l'un des temples bouddhistes excavés d'Ellora est ornée d'une sculpture gigantesque du Bouddha en moine ascétique itinérant. La taille stupéfiante de l'œuvre doit rappeler à chacun que le renoncement est le commencement du chemin bouddhiste. En dessous se trouve un Bouddha prêchant dans la position du lotus, amorçant ainsi la roue de l'enseignement. Tout en bas, il apparaît sous forme de Maîtreya, l'incarnation de l'amour universel. Dans l'enseignement des cinq bouddhas terrestres, cette forme apparaît en dernier car elle n'est attendue qu'à une époque à venir. Sa représentation en position assise indique qu'il est sur le point de se lever.

Le portail d'entrée de ce temple d'Ellora est orné d'innombrables représentations du Bouddha. L'intérieur comporte également un grand nombre de représentations du fondateur du bouddhisme, dans sa position de méditation favorite.

Le temple de Kailasa

Le temple de Kailasa reflète le mysticisme des religions indiennes. Son plan suit la géométrie sacrée du *mandala*, ce diagramme dont les formes concentriques figurent la structure de l'univers. L'homme n'a créé que l'immatériel, l'espace vide ; le temple lui-même a toujours été là, caché dans sa gangue de pierre. Il fallait simplement le libérer. Shiva habitait dans cet endroit depuis le début du monde. Il est maintenant devenu visible aux yeux de tous.

Un temple pour trois religions

Les temples purement hindouistes, excavés entre le VIIe et le Xe siècle, sont construits autrement. Travaillés du haut vers le bas, ils nécessitaient un plan détaillé car il fallait plusieurs générations pour mener à bien leur architecture complexe. Le plus souvent, les monastères bouddhistes ont été transformés en sanctuaires hindouistes dédiés à Shiva, les bouddhas devenant des dieux hindouistes.

Les temples du jaïnisme, qui sont aussi les plus récents puisqu'ils furent excavés entre le IXe et le XIe siècle, reflètent la stricte ascèse prônée par cette religion. Ils ne comportent pas autant de statues et d'ornements que les temples hindouistes et bouddhistes, et n'atteignent pas non plus leurs dimensions, mais ils sont travaillés avec soin et précision.

Une architecture divine

Les plus anciens temples excavés d'Ellora furent creusés dans la roche au Ve siècle par les bouddhistes. La plupart de ces grottes sont des salles d'études pour les moines (*vihara*). Les temples contiennent des statues du Bouddha de plus de 6 mètres de hauteur. C'est à juste titre que ces monuments uniques sont parfois appelés les grottes Vishvakarma. En effet, dans la religion hindouiste, Vishvakarma est l'incarnation de la puissance créatrice, l'architecte divin. Lui seul pouvait mener à bien ces constructions merveilleuses.

La symbolique de la grotte

Depuis la nuit des temps, la grotte est un lieu d'initiation et de mystères. En des temps archaïques, la personne à initier était menée dans la grotte sacrée où les secrets de la religion lui étaient révélés.
Des rituels liés à la mort et à la renaissance se déroulaient dans la grotte, symbole du ventre de la mère Nature. L'obscurité favorisait la méditation et le retour au plus profond de soi-même, là où la divinité se manifeste. Le saint des saints, le cœur du temple que l'on appelle Garbha-Griha (« le giron ») en Inde, a été développé sur le principe de la grotte. C'est là que se trouve la représentation de la divinité. En Inde, dans tous les temples, la salle la plus sacrée est souvent une chambre obscure, dépourvue d'ornements.

Une aura mystique

À Ellora, dans l'une des salles bouddhistes dédiée à la méditation, le plafond a été

conçu comme s'il comprenait des poutres, ce qui a valu à la salle d'être surnommée « grotte du charpentier ». L'obscurité lui confère ainsi une aura éminemment mystique. La lumière venant de l'entrée n'illumine que quelques sections de l'intérieur. Lorsque l'œil s'est habitué à la pénombre, des silhouettes fantomatiques apparaissent sur les murs. Les différentes étapes de la vie du Bouddha se déroulent alors dans tout leur mystère devant le visiteur.

La beauté de ces temples leur a valu d'être classés au patrimoine mondial de l'UNESCO. À Ellora, trois religions surent cohabiter dans la tolérance. Belle leçon pour aujourd'hui.

Du Ve au Xe siècle, des générations de sculpteurs et de tailleurs de pierre se sont succédé dans le temple de Kailasa. Ce dernier a été inscrit sur la liste du patrimoine mondial de l'UNESCO en 1983.

Le stupa scintillant de la pagode de Shwe-Dagon est recouvert d'or, et son sommet est serti de diamants et autres pierres précieuses. Il prit sa forme actuelle en 1786, lorsque l'édifice précédent fut détruit par un tremblement de terre.

Les pagodes de Birmanie

En dépit de l'explosion du tourisme mondial, la Birmanie, également appelée Myanmar depuis l'instauration du régime militaire en 1988, reste un pays méconnu et secret.

Ce pays aux habitants pacifistes et aux innombrables monuments culturels est marqué à la fois par une profonde religiosité influencée par le bouddhisme, et par les nombreux mystères du passé. L'ancienne ville impériale de Pagan et les petits villages bordant le fleuve Irrawaddy, « l'artère de vie » du pays, permettent au visiteur de découvrir les mystères de la culture de l'Asie du Sud-Est.

Le miracle de l'Asie

C'est sur les rives de l'Irrawaddy que battait le cœur du premier royaume birman. Anawratha, fondateur de la dynastie de Pagan, et ses successeurs firent construire, jusqu'au XIIIe siècle, cinq mille temples et pagodes, palais et monastères.

Un changement de cours du fleuve inonda de nombreuses pagodes ; il n'en reste plus aujourd'hui que deux mille environ. Au XIIIe siècle, les troupes d'invasion de l'empereur mongol Kubilay Khan, elles-mêmes bouddhistes, épargnèrent les impressionnants monuments. Néanmoins, ce royaume et les suivants ne furent plus en mesure d'assurer l'entretien des édifices. Il a fallu attendre les temps présents pour que ces ruines, les plus somptueuses d'Asie, soient restaurées.

Purification du karma

On estime qu'il existe plusieurs millions de pagodes dans toute la Birmanie. Chaque vrai bouddhiste en construit une pour honorer l'Illuminé et pour améliorer son propre karma. Les sceptiques pensent que chaque pagode cache un crime, et que le bâtisseur de l'édifice religieux cherche ainsi à racheter sa faute et à purifier son karma. Dans les temps anciens, certaines pagodes qui servaient à observer les étoiles furent construites selon des concepts mathématico-astronomiques. Il existe, en tout cas, une symbolique cosmique : le toit en forme d'hémisphère représente à la fois la voûte céleste et la planète Terre. Les deux forment une unité universelle.

La foi des Môn

Les Birmans sont bouddhistes à plus de quatre-vingts pour cent. La forme ancienne de cette religion a en effet pris racine au début de notre ère, dans la région des Khmers Môn, le premier peuple de l'histoire de cet État pluriethnique.

L'enseignement du Bouddha ne se répandit toutefois dans tout le pays qu'à partir du XIe siècle. À ce moment, Anawratha, également appelé Aniruddha, fondateur du premier royaume birman, soumit les Môn et adopta leur foi.

Pendant longtemps, l'enseignement du Bouddha n'a existé que sur des feuilles de palmier jusqu'à ce que le roi Mindon le fasse graver, entre 1871 et 1879, sur sept cent

Une aide venue du ciel

D'après un mythe birman, des dragons (Ngas) seraient descendus des cieux pour venir en aide aux premiers hommes. Ils leur montrèrent, entre autres, comment extraire l'or et les pierres précieuses de la terre et de l'eau. Aujourd'hui encore, les Birmans considèrent le fleuve Irrawaddy, avec ses 2170 kilomètres de long, comme « la laisse du dragon ». Des allusions aux assistants célestes se retrouvent également dans la pagode de Shwe-Dagon, qui abrite une représentation symbolique du système solaire et de l'univers. Il existe un « lieu de recueillement solaire » devant lequel on prie le dimanche, et un « lieu de recueillement lunaire » dédié au lundi.

Une partie de l'immense pagode de Shwe-Dagon illuminée. Un moine avec une offrande de fleurs prie devant la relique sacrée, la « pagode des huit jours de la semaine ».

La pagode de Shwe-Dagon abrite de nombreuses reliques du Bouddha. Devant celle-ci, on peut apercevoir des empreintes de pied remplies d'eau ; ce seraient les empreintes du Bouddha. Pour les bouddhistes, l'eau est un élément d'une grande importance car elle donne la vie. Le fondateur du bouddhisme est vénéré à travers cette relique.

La pagode de Shwe-Dagon

Dans divers lieux de recueillement de la pagode, des jours de la semaine ont été attribués aux planètes : lundi pour la Lune, mardi pour Mars, mercredi pour Mercure, jeudi pour Jupiter, vendredi pour Vénus, samedi pour Saturne, et dimanche pour le Soleil. Il s'y ajoute des lieux de recueillement pour les planètes encore inconnues et pour les « rois Sakka » venus des cieux. D'autres endroits de la pagode sont réservés à l'accomplissement de miracles. C'est là que prient les fidèles pour obtenir un allègement de leur vie terrestre. En l'occurrence, ils ne s'adressent pas directement au Bouddha mais attendent aide et illumination par le biais de son enseignement. Pour ce faire, ils doivent soulever la « pierre des souhaits » et réciter la formule suivante : « Que cette pierre s'allège si mon souhait se réalise ». Si la pierre garde son poids, le vœu ne sera pas exaucé par les cieux.

L'arbre du Bodhi de la pagode de Shwe-Dagon est issu d'une bouture de l'arbre de l'Éveil en Inde. À ses pieds un Bouddha d'or repose dans son stupa.

vingt-neuf plaques de marbre aujourd'hui exposées dans les nombreux petits stupas de la ville de Mandalay (« le centre du monde »).

L'initiation religieuse des jeunes garçons

Une religiosité profonde se ressent à travers tout le pays. Même les militaires au pouvoir s'inclinent devant les statues du Bouddha. Chaque bouddhiste de sexe masculin doit passer au moins une semaine, sinon une partie de sa vie, comme moine. Du nord au sud de la Birmanie, les pagodes abritent chaque jour les cérémonies d'initiation, hautes en couleur, de jeunes garçons généralement âgés entre huit et dix ans.

Le rituel débute par le repas des jeunes moines, sous les yeux des membres présents de leur famille. Ensuite, les enfants se font raser la tête. Dans leurs nouvelles robes jaunes, ils s'agenouillent alors et récitent les trois vérités saintes du bouddhisme : « Toute existence est par nature pénible, rien ne dure à jamais, seul le nirvana délivre de la roue éternelle de la vie. » Pendant ce temps, parents et amis s'inclinent pieusement devant les novices.

Le plus grand sanctuaire

Il est fréquent que des étrangers soient invités à assister à ces rituels et à partager le repas des moines. À Rangoon, la capitale de la Birmanie, de telles cérémonies se déroulent même quotidiennement dans la pagode de Shwe-Dagon, vieille de 2 000 ans. Cet édifice religieux, le plus grand du pays, abrite une châsse contenant huit cheveux du Bouddha Siddhârta Gautama. Elle se trouverait au cœur de huit pagodes construites les unes au-dessus des autres. La zone entourant la pagode de Shwe-Dagon est sacrée et on ne peut y pénétrer que pieds nus. Dès l'aube, les fidèles montent les quatre escaliers principaux menant au stupa intérieur, haut de 10 mètres, dont le toit en forme de cloche se compose de huit mille plaques d'or. La boule à son sommet est sertie de cinq mille cinq cents brillants qui réfléchissent magnifiquement la lumière du soleil.

Réminiscence de la tour de Babel

Le colosse de Mingun, un village endormi sur l'Irrawaddy, est moins ostentatoire car il a été bâti en brique et non en pierre. En 1790 la plus gigantesque pagode du monde, Mingun Paya (*Paya* signifie « pagode »), devait être construite sur ce site, selon le vœu du roi Bodawpaya, qui l'avait planifiée pour conserver une dent du Bouddha. Par ses dimensions, le projet n'était pas sans rappeler la tour de Babel. Trente ans plus tard, à la mort du maître d'ouvrage, le chantier fut arrêté. En 1883, un tremblement de terre détruisit le monument inachevé. Les vestiges peuvent se visiter aujourd'hui. Dans un pavillon, non loin du colosse abattu, est suspendue une cloche de quelque 90 tonnes, la plus grande du monde. Un garde solitaire frappe régulièrement le bronze de la cloche d'un bâton de bois. Le son, assourdi, étiré en longueur, appelle à l'immobilité. Ici, comme dans toute la Birmanie, la tradition bouddhiste se rencontre et se vit dans l'ici et le maintenant.

Le cloche Mingun serait la plus grande et la plus ancienne du monde encore en état de marche. Elle pèse 90 tonnes environ.

Borobudur, le temple du Bouddha

Le Bouddha est immergé dans sa méditation. Sa posture révélatrice fait allusion à la renaissance. Dans les récits des siècles postérieurs, les nombreux bouddhas devinrent des princes.

Borobudur, la mystérieuse colline divine sur l'île indonésienne de Java, est l'une des plus grandes merveilles de l'Extrême-Orient. À une quarantaine de kilomètres seulement de Yogyakarta, l'ancienne ville des sultans, de fervents bouddhistes ont construit, il y a plus de 1000 ans, le plus grand temple de toute l'Asie. Une colline tout entière a été recouverte de blocs de pierre et transformée en un édifice sacré aux dimensions gigantesques. Les interrogations et les légendes sont légions au sujet de ce sanctuaire, de ses bâtisseurs et de leurs motivations.

Renaître de ses ruines

Lorsque des voyageurs britanniques et néerlandais explorèrent, au début du XIXe siècle, la plaine du Kedu recouverte par la jungle, ils ne virent que la végétation luxuriante et des chapelets de collines volcaniques. La colline de Borobudur, quant à elle, était tombée dans un sommeil millénaire. Cela devait changer avec la domination coloniale de l'Empire britannique. En 1814, au cours d'un voyage d'inspection, sir Thomas Stamford Raffles (1781-1826), gouverneur adjoint de Java, entendit pour la première fois les récits incroyables au sujet d'une colline dans la jungle, nommée Borobudur. Selon l'une de ces histoires, le prince héritier Yogyakarta aurait visité l'endroit en 1757 et y aurait rencontré un « chevalier » enfermé dans une « cage ». Peu de temps après, le prince tomba malade et mourut. Depuis lors, les habitants craignaient le site et se tenaient aussi loin que possible de la colline maudite.

Sir Thomas Raffles décida d'envoyer l'ingénieur hollandais H. C. Cornelius sur les lieux. Ce qu'il découvrit lui coupa le souffle : un édifice à degrés en forme de coupole, doté de six terrasses carrées surmontées de trois terrasses circulaires, se dressait devant lui à 35 mètres de hauteur. Les galeries et les niches, cinq cents monumentales statues du Bouddha, mille quatre cent soixante bas-reliefs, quatre volées d'escalier et les coupoles en forme de cloche, ornant la dernière terrasse, tout indiquait un sanctuaire bouddhiste de première importance.

Le tombeau du Bouddha

Jusqu'à aujourd'hui, les archéologues n'ont toujours pas réussi à retrouver des docu-

Bouddha

Le prince Siddhârta Gautama, du nord de l'Inde, est le fondateur de la doctrine bouddhiste. Par sa vie, faite de renoncements, au VIIe siècle av. J.-C., il devint un « bouddha », un « éveillé ». Le bouddhisme enseigne que toute souffrance humaine provient d'un désir égoïste et vain de richesses et d'immortalité.

Son but est d'échapper au cycle éternel des renaissances qui emprisonne l'être humain dans le monde illusoire de la douleur. Les bouddhistes cherchent donc à atteindre un état de non-existence (le nirvana), dans lequel l'individu se fond dans le Grand Tout de l'univers.

Les frises et le bas-reliefs qui ornent les murs du temps représentent des scènes de la vie du Bouddha. Ici, il résiste aux tentations d'une courtisane.

Une vision microcosmique

Le pèlerin cheminait le long de la première galerie du temple dans le sens des aiguilles d'une montre, comme dans un livre d'images. Il était confronté à la représentation de bonnes et de mauvaises actions, et des récompenses ou des punitions qui en découlent. Des escaliers lui permettaient de parvenir au cinquième niveau. En chemin, mille trois cents bas-reliefs et quatre cent trente-deux statues du Bouddha lui rappelaient le message divin. Le « récit » évoque la vie de Siddhârta et son éveil, ainsi que la recherche d'une voie vers la vérité.

L'élévation spirituelle prenait fin dans la sphère du détachement de toute chose terrestre. En cela, Borobudur est semblable à un gigantesque *mandala*, ce diagramme géométrique qui aide à méditer et à dépasser le monde matériel illusoire.

ments susceptibles de leur en apprendre un peu plus long sur ce lieu sacré. Il existe néanmoins quelques théories sur la raison d'être passée du temple. Peu après sa redécouverte, on trouva sous un stupa (édifice funéraire en forme de dôme) de la plate-forme supérieure une urne métallique verrouillée, contenant des cendres, et une sculpture de métal. Cela aurait fait de Borobudur un gigantesque reliquaire. L'urne aurait pu contenir les restes du Bouddha légendaire que le roi Ashoka avait fait enlever, au IIIe siècle av. J.-C., de son emplacement initial en Inde. Cette découverte sensationnelle a cependant disparu, sans doute même a-t-elle été détruite. L'urne seule pourrait dire si, oui ou non, Borobudur était bien la sépulture de l'un des plus grands fondateurs religieux au monde.

Les étapes de l'Éveil

Borobudur ne fut jamais une construction royale comme les pyramides. Chacun pouvait pénétrer à sa guise dans le temple. Était-il alors un lieu de culte pour le peuple ? Étrangement, aucun emplacement pour les rituels collectifs n'a été retrouvé. Borobudur semble être à la fois un symbole du système cosmique du bouddhisme et la matérialisation de la voie de l'Éveil. Cette fantastique découverte a été faite en 1929 par le savant allemand W. F. Sutterheim. La doctrine bouddhiste aspire à atteindre le statut de bodhisattva au terme du cycle des naissances et des morts. Un bodhisattva est un sage destiné à devenir bouddha mais qui retarde sa délivrance pour exercer sa compassion envers tous les êtres. Le chemin du nirvana passe par trois sphères. Borobudur semble incarner très exactement ces trois étapes de l'illumination.

Les étapes de la félicité

Sur la terrasse inférieure, plus de cent soixante bas-reliefs attendaient les croyants. Ce niveau représente le Kamadhatu, la

Borobudur, l'ancien grand centre indonésien du bouddhisme, est resté enfoui dans l'oubli de la jungle jusqu'au début du XIXe siècle. Le site est aujourd'hui l'une des attractions touristiques majeures de Java.

sphère du désir. Les quatre niveaux suivants représentent le Rupadhatu, la sphère du formel. Au bout d'un chemin de quelque 5 000 mètres de long, bordé par une frise ininterrompue de bas-reliefs, les croyants arrivaient à la plus haute des terrasses carrées. La vision s'élargit alors et l'on aperçoit enfin les trois niveaux à ciel découvert, dépourvus d'ornements. C'est la sphère de l'informel, Arupadhatu. Les phénomènes compréhensibles de l'espace fini ne sont plus représentés. Le cercle, matérialisation de l'infini, sans commencement et sans fin, est symboliquement atteint. Des dagobas de pierre, édifices en forme de dôme, semblables à des chapelles, offrent une vue partielle sur soixante-douze bouddhas assis par le biais d'ouvertures en losange. Le visiteur doit ainsi se souvenir qu'il n'a jamais qu'une connaissance partielle de la vérité.

Une pyramide à degrés pour atteindre le nirvana

À lui seul, le stupa central, plus haut que tout le reste, est un véritable mystère. À l'origine, il ne contenait sans doute pas de statue du Bouddha, et symbolisait par son dénuement le nirvana, la tranquillité parfaite de l'âme et la délivrance du cycle éternel des réincarnations.

Borobudur a été conçu comme une colline magique, par laquelle les croyants pouvaient atteindre des étapes cosmiques toujours plus élevées. Son ascension les aidait à se souvenir de leur vie écoulée et à se fixer de nouveaux objectifs pour l'avenir. Mais, lorsque la nouvelle religion hindouiste conquit Java, le monumental édifice tomba dans l'oubli, et avec lui le rêve de l'illumination progressive de l'humanité.

Ce bas-relief du VIIIe siècle montre Bouddha en train de prier. Au début du XIXe siècle, Borobudur ressemblait à un énorme tas de pierres à moitié détruit et pillé. Ce n'est qu'en 1885 que des archéologues néerlandais découvrirent plus de cent soixante bas-reliefs dissimulés derrière des plaques. Entre 1971 et 1981, un programme d'aide de l'UNESCO de 25 millions de dollars a permis de restaurer les détériorations les plus importantes. Pour réaliser ce sauvetage, l'édifice tout entier dut être démonté et reconstruit pierre à pierre.

Ahu, le trône des dieux de Polynésie

C'est entre ces pics abrupts de l'île de Ua Pou, aux Marquises, que se trouve la résidence des dieux polynésiens descendus du ciel pour visiter les humains.

Le dernier paradis sur terre se trouve au cœur du Pacifique. Lorsque, vers 1400 av. J.-C., de courageux navigateurs se lancèrent à l'assaut du formidable océan dans leurs frêles embarcations, ils ne pouvaient pas savoir que leurs descendants ne parviendraient que 2500 ans plus tard aux derniers buts de leur grand voyage d'exploration. Les îles polynésiennes forment un gigantesque triangle de la Nouvelle-Zélande aux Marquises à 5820 kilomètres au nord-est. Les premiers Polynésiens durent encore parcourir 3 880 kilomètres pour atteindre Hawaï au nord-ouest. Au cours de leur long périple de deux siècles et demi, ils laissèrent derrière eux d'énigmatiques constructions de pierre et des temples encore plus mystérieux, érigés sur différentes îles.

Temples pyramidaux

Le *marae* Arahurahu, le « temple des Cendres » se cache au cœur de Tahiti, dans un cirque aplani entouré de sommets abrupts, atteignant 2 000 mètres d'altitude. Un muret cerne l'espace sacré. Des panneaux en bois, desquels pendaient autrefois des lambeaux de raphia, avertissent le visiteur qu'il s'agit d'un lieu tabou. C'est sur cette vaste terrasse que les chefs de clan défunts étaient autrefois exposés. L'entrée est gardée, aujourd'hui encore, par des sculptures en bois de démons dénudés.

C'est à l'extrémité de la place cérémonielle que se trouve le véritable sanctuaire des habitants de l'île, l'Ahu. Cet autel en basalte de plus de 3 mètres de haut a la forme d'une pyramide à étages. Il s'agit de la résidence mystique des dieux de Tahiti. Eux seuls et leurs prêtres ont le droit de séjourner en cet endroit. Une seule fois dans sa vie, lors de sa prise de fonction, le chef de clan a également le droit de s'y rendre.

Une origine inconnue

La tradition orale et les monuments édifiés dans le Pacifique attisent l'imagination. Les Polynésiens viendraient-ils d'Amérique ? L'ethnologue norvégien Thor Heyerdahl (1914-2002) mit en évidence des similitudes étonnantes avec les constructions dédiées aux dieux en Amérique latine. Il se montra particulièrement fasciné par un Ahu pyramidal de dix étages à Tahiti. Ce dernier mesurait 100 mètres de long, 30 mètres de large et devait atteindre 120 mètres de haut. Il présentait de troublantes ressem-

Le pouvoir des *tikis*

Les îles Marquises se situent à 10 ° au sud de l'équateur. Ici aussi, la jungle abrite d'anciens lieux de culte. Devant leurs murs se dressent des *tiki*, les monstres de pierre gardiens des sanctuaires. Celui qui les profanait était mortellement puni par leur *mana*, leur force magique.

En 1966, lorsqu'on voulut déplacer un *tiki* de 2,74 mètres de haut, de Raivavae (îles Australes) à Tahiti, les dockers refusèrent d'effectuer le transport. Finalement, quatre hommes acceptèrent le travail. Pendant le chargement, l'un deux tomba par-dessus bord et se noya. À l'issue de son voyage, le *tiki* se vengea également des trois autres qui moururent tous en très peu de temps.

Ces tiki, *représentations stylisées de pagayeurs dans leur canot, se trouvent sur l'île de Nuku Hiva. Ils évoquent la conquête des nombreuses îles du Pacifique par les courageux navigateurs des temps mythiques.*

En Chine, des pyramides blanches, pointues ou aplaties, furent construites bien longtemps avant les pyramides égyptiennes. À ce jour, seules quelques-unes d'entre elles ont été explorées. La plupart ont été découvertes au XXe siècle.

La pyramide blanche de Chine

1945. La fin de la Seconde Guerre mondiale est proche, même en Extrême-Orient. Des unités spéciales de l'armée américaine observent la Chine afin de reconquérir les zones occupées par les troupes japonaises. Le lieutenant James Gaussman de l'US Air Force grimpe dans son avion militaire monoplace pour effectuer un vol de reconnaissance au-dessus des montagnes de Qin-Ling-Shan, au sud-ouest de Xi'an. Depuis les airs, le jeune pilote aperçoit soudain une chose incroyable. Une pyramide colossale se dresse dans la haute vallée. Aurait-il fait une erreur ? Les pyramides n'existent-elles pas seulement en Égypte et en Amérique latine ? Pourrait-il y en avoir aussi dans l'Empire du Milieu ?

Chine inconnue

Le rapport de l'aviateur à son retour a gardé toute son intensité : « Je contournai un sommet pour atteindre une vallée au sol plat. Juste en dessous de moi se dressait une gigantesque pyramide blanche, enveloppée d'une lueur claire, presque irréelle.

La stratégie du secret

Pendant 40 ans, le monde ne sut rien de la découverte exceptionnelle de la pyramide blanche. Les données du vol et les photos aériennes furent déclarées propriété militaire. Toutefois, en mars 1947, le *New York Times* publia un article de l'ancien chef des forces armées américaines, Maurice Cheahan. Il décrivait, lui aussi, un vol au-dessus de la mystérieuse pyramide dans les montagnes de Qin-Ling-Shan. L'auteur australien Brian Crowley reprit la piste en 1986. Il réussit à se procurer aux archives militaires une photo du vol de reconnaissance. On y voit une pyramide aux traces d'érosion parallèles, un indice certain du grand âge de l'édifice.

Autour de la ville de Xi'an, dans la province de Shaanxi, on trouve, outre des pyramides, de nombreux monuments culturels. L'un d'eux est la grande pagode dite des Oies sauvages, construite pendant la dynastie Tang, entre 618 et 907 apr. J.-C.

L'exploration de la pyramide blanche, dont il n'existe que quelques photos des années 1940, n'ayant pas encore été autorisée, les archéologues se concentrent sur les autres pyramides de la région de Xi'an. Elles sont plus petites, mais disponibles. Cet édifice au sommet aplati est particulièrement intéressant : de par sa forme et sa hauteur (60 mètres) il rappelle étrangement la pyramide solaire de Teotihuacán au Mexique.

Elle me sembla être faite en métal ou en une pierre très spéciale. Je survolai plusieurs fois le colosse argenté. Sa partie la plus remarquable est son sommet, fait d'un grand morceau de métal semblable à une pierre précieuse. Je fus profondément impressionné par les dimensions monumentales de l'édifice. Bien que tenté de le faire, il ne me fut pas possible de me poser. Une chose est certaine : ce monument n'est certainement pas une installation militaire moderne.»

Un monument gigantesque

Au début, la hiérarchie militaire ne voulut pas croire un mot de la découverte presque féerique de la pyramide, mais elle dut se rendre à l'évidence lorsque les photos du vol de reconnaissance furent développées. Le monument y apparaissait clairement, même s'il n'était pas possible d'en deviner la fonction. Les analyses des photos donnèrent des résultats proches des estimations du lieutenant Gaussman : la construction atteignait une hauteur d'environ 300 mètres pour 490 mètres de côté. À titre de comparaison, la plus grande pyramide d'Égypte, celle de Kheops, ne mesure *que* la moitié avec 146,94 mètres de hauteur et 230,38 mètres de côté.

La Chine, l'autre pays des pyramides

Il y a en Chine plus de pyramides qu'en Égypte. Par centaines elles recouvrent la zone comprise entre les villes de Xi'an et de Xianyang. Ce n'est que petit à petit que le monde apprend l'existence de ces immenses trésors archéologiques. Très peu de Chinois connaissent l'existence de ces pyramides, car elles se trouvent dans une zone militaire, loin des routes carrossables.

Les tombeaux solaires

En 1991, de nombreuses pyramides furent découvertes non loin de Xi'an, lors des repérages effectués pour la construction d'un nouvel aéroport. Ces tombeaux solaires s'élèvent à 40 mètres au-dessus des champs. Comme certaines pyramides d'Amérique centrale, elles ne se terminent pas en pointe, mais par une terrasse. Certaines des pyramides de Xianyang, généralement regroupées par quatre ou par cinq, atteignent même 50 mètres de haut. Ces découvertes n'ayant toujours pas été suivies de fouilles, on ne peut que supposer qu'elles abritent de grandes salles intérieures. C'est ce qu'indique la présence des terrasses. La plupart des édifices remontent à la dynastie Han

(206 av.-220 apr. J.-C.). Celui qui fut à l'origine de leur fondation, l'empereur Liu Bang, et onze autres empereurs Han y ont trouvé leur dernière demeure.
Deux des pyramides datent de la dynastie Zhou qui régna il y a 3000 ans. Plus ancienne encore est la pyramide de l'empereur Shao-Hao, fils du légendaire empereur jaune, qui régna sur l'Empire du Milieu vers 2600 av. J.-C. Non loin de la ville de Qufu, au cœur d'un vaste parc, s'élève un édifice de pierre blanche de 18 mètres de haut et de 28 mètres de large, surmonté par un petit temple. À l'intérieur est assis, à la manière des pharaons, l'empereur Shao-Hao. Tout comme les roi égyptiens, il se voyait comme le fils des dieux.

Des mesures incroyables

Le professeur Wang Shiping, archéologue à Xi'an, a mis en évidence les connaissances avancées dont disposaient les constructeurs des pyramides. En 1994, des pyramides ont été découvertes à 30 kilomètres de sa ville natale, dans une zone militaire. L'une d'elles se trouve très exactement sur le point géométrique central de toutes les parties du monde, ce qui présuppose, de la part de ses bâtisseurs, la connaissance de la forme arrondie de la Terre et de la répartition des masses terrestres à sa surface. De même, le professeur Wang pense que les pyramides ont été édifiées d'après la position des étoiles. Elles obéiraient ainsi aux préceptes ancestraux du Feng Shui, issu d'une géomancie sacrée. Ce principe aurait également pu présider à la construction des pyramides égyptiennes et des monuments de pierre de l'Europe du Nord et de Grèce. La confirmation de ces corrélations entraînerait de grandes découvertes sur les connaissances des peuples anciens.

Un phénomène global

Un transfert d'idées insoupçonné serait-il à l'origine des anciennes civilisations disparues ? Il est étrange, par exemple, que la ville impériale de Shao-Hao porte le nom de Qufu. Ce terme (Qufu) se prononce de la même manière que le nom du pharaon égyptien Khephren. Ce dernier fit construire une deuxième pyramide auprès de celle de Kheops, à la même époque que la construction de la pyramide chinoise. Il est certain que la plus célèbre voie commerciale de l'histoire, la route de la soie (6 500 kilomètres), a permis, il y a 2000 ans, au royaume Han d'échanger de la soie contre l'or et le verre de l'Empire romain. Un échange d'idées aurait donc tout aussi bien pu se faire. Aux archéologues de le prouver.

Les pyramides de Gizeh : ces monuments de pierre furent érigés à la mémoire des pharaons Kheops, Khephren et Mykérinos. Le sphinx est le gardien des pyramides. Son équivalent n'a pas été retrouvé à proximité des pyramides chinoises.

Les célèbres églises rupestres de Lalibela se trouvent sur le plateau d'Amhara en Éthiopie. Taillées dans la roche, elles furent aménagées, à l'intérieur, en fonction des besoins des croyants. Comme tous les monuments du site, l'église Beta Libanos date du XIIe siècle.

Les églises rupestres d'Éthiopie

Les églises rupestres d'Éthiopie sont parmi les monuments les plus spectaculaires du monde. Elles représentent une particularité dans l'histoire de l'architecture car elles sont parfaitement monolithiques. Ces églises chrétiennes ont été taillées dans les paysages rocailleux des provinces de Tigré, de Wollo et de Lasta, au nord du pays. Une fois leurs contours extraits de leur gangue de pierre, l'on excava l'intérieur. L'identité des bâtisseurs de ces chefs-d'œuvre uniques est incertaine. On ignore également combien d'ouvriers et combien de temps il a fallu pour les construire. Seules les légendes nous parlent encore du passé fantastique de ce pays, de ses habitants et de leurs croyances.

Au pays des miracles

Dès l'entrée, l'obscurité enveloppe le visiteur des églises rupestres. Puis, petit à petit, l'œil s'habitue à la pénombre et découvre une splendeur incomparable. Les murs s'élèvent jusqu'à 12 mètres de haut; des rangées de colonnes surmontées de chapiteaux, telles qu'on les trouvait également dans les palais des empereurs éthiopiens, soutiennent chacun des édifices, se perdant en coupoles et en arcs de voûte. Des saints et des anges aux yeux écarquillés contemplent le visiteur. Le plus remarquable est le manque de perspective et de profondeur de ces œuvres. Sans doute les artistes pensaient-ils qu'aucune copie, aussi parfaite fût-elle, ne pouvait atteindre la perfection de l'original. Les peintures n'avaient que le rôle de mener l'observateur vers Dieu et le monde des cieux.

C'est d'ailleurs de ce monde céleste que serait venu l'ordre de construire les énigmatiques églises, si l'on en croit la tradition orale. Le prince Lalibela naquit en Éthiopie au XIIe siècle. Son frère, le roi Harbay, vit en lui un rival et tenta de le tuer, mais l'assassinat par empoisonnement échoua. Tombé dans le coma, le jeune prince rencontra Dieu. Ce dernier lui révéla qu'il serait parfaitement en sécurité à Jérusalem et qu'il reviendrait un jour en Éthiopie avec le titre de roi. Lalibela obtint ensuite des indications concrètes pour la construction de la première église, sa décoration et son emplacement.

Le roi Lalibela

L'histoire nous apprend avec certitude que le prince Lalibela a effectivement vécu à Jérusalem de 1160 à 1185. De retour dans le pays de son père, il conquit le trône éthiopien et fit immédiatement débuter la construction des mystérieuses églises excavées. La capitale Roha devint le centre de cette nouvelle architecture. Lalibela sacrifia sa fortune tout entière pour faire ériger onze églises rupestres dans sa cité royale. Après avoir mené à bien son contrat divin, le souverain se retira dans la solitude. En son honneur, Roha fut rebaptisée Lalibela après sa canonisation.

L'arche d'alliance en Éthiopie

Les débuts de l'Église chrétienne éthiopienne remontent au IVe siècle. L'épopée nationale, le *Kebra Nagast*, mentionne même des racines bibliques : Ménélik Ier était le fils du roi Salomon et de la légendaire reine de Saba dont le royaume était supposé se trouver en Éthiopie. Il y a 3000 ans, le

Un patrimoine mondial

Les églises rupestres éthiopiennes, inscrites au patrimoine mondial de l'UNESCO en 1978, ne trônent pas de manière ostentatoire au sommet des montagnes. Au contraire, leurs façades se fondent dans le rouge et le jaune des pierres environnantes et en deviennent presque invisibles. L'église Saint-Georges, par exemple, fut taillée en forme de croix à l'intérieur du bloc rocheux. Le toit en terrasse se trouve au niveau du sol, tandis que l'église s'enfonce au milieu d'un grand fossé carré. On n'accède à l'édifice qu'en descendant une volée de marches usées jusqu'au fond du fossé.

L'une des plus célèbres églises rupestres est celle de Saint-Georges. Cet édifice inhabituel, construit en forme de croix aux quatre branches d'égale longueur, a été taillé dans un gigantesque monolithe. Son toit est orné d'une double croix grecque. Dans la mythologie chrétienne, saint Georges occupe une place prépondérante. Il aurait terrassé un dangereux dragon et les croyants le vénèrent comme un martyr.

Les templiers en Éthiopie

L'auteur britannique Graham Ancock (né en 1950) pense que l'ordre des Templiers a retrouvé la trace de l'arche d'alliance dans des manuscrits anciens et que ses représentants sont entrés en contact avec le prince éthiopien Lalibela, à Jérusalem pendant les croisades. D'après Hancock, les croisés seraient les « hommes blancs », ces géniaux bâtisseurs des légendes. Leur rêve de retrouver l'arche et de la rapporter en France aurait pu se réaliser. En effet, différentes représentations dans des églises françaises indiquent une telle possibilité. Seule une copie serait restée en Éthiopie.

L'ordre des Templiers, ou, de son vrai nom, l'ordre des pauvres chevaliers du Temple de Salomon, fut fondé en 1119 par deux chevaliers français pour protéger les pèlerins à l'époque des croisades. Rompus au maniement des armes et d'une diplomatie sans égale, les Templiers débordèrent bientôt du cadre de leurs activités religieuses pour devenir une véritable puissance internationale transportant de l'argent et des marchandises. Il reste a prouver que l'arche d'alliance a un jour fait partie de leur fret.

La plus ancienne représentation de l'arche d'alliance se trouve dans la vieille synagogue Doura-Europos, sur l'Euphrate. Cette fresque a une valeur inestimable car elle fut réalisée en dépit de l'interdiction de représentation à laquelle tous les juifs devaient autrefois se soumettre.

prince rendit visite à son père à Jérusalem. Son véritable objectif était toutefois de mettre la main sur l'objet le plus sacré des Israélites, l'arche d'alliance, un coffre en or rempli d'énergie divine. Grâce à elle, les prêtres pouvaient entrer en communication directe avec Dieu, puisque le prophète Moïse avait obtenu du Tout-Puissant luimême les directives pour son assemblage. Par Ménélik, la relique parvint à Axoum, la capitale de l'Éthiopie. Elle s'y trouverait encore aujourd'hui, sous étroite surveillance, dans l'église rupestre de Maria Zion. Au Moyen Âge, afin de protéger l'arche d'alliance des armées de l'islam, les Éthiopiens construisirent cent soixante autres églises rupestres. Dissimulées par les escarpements montagneux, elles étaient à peine visible pour l'ennemi. De nombreuses galeries relient la plupart de ces églises entre elles.

Des traces bibliques

Le labyrinthe de tunnels de Lalibela permet également d'accéder à l'église Beta Medhane

Alem, la « maison du Sauveur du monde ». Pour se défaire de la « poussière de ce monde », les croyants retirent leurs chaussures avant de pénétrer à l'intérieur. Des chants sonores emplissent une salle intérieure de 38 mètres de long. Des claquements rythmiques et le son monotone du sistre, un instrument de musique biblique, l'odeur de l'encens et la fumée des cierges enveloppent les fidèles. Des prêtres revêtus de robes somptueuses et brandissant de grandes croix pour les processions, psalmodient des prières. Ils gardent l'entrée d'un espace fermé par des tentures. On ne réussit que rarement à jeter un coup d'œil sur la troisième salle de l'église, celle qui abrite le saint des saints.
La division de l'église éthiopienne en trois parties est en relation directe avec le Temple de Salomon à Jérusalem. Elle montre à quel point les chrétiens de ce pays ont été influencés par la foi juive. C'est dans la troisième partie de l'église, appelée *magda*, qu'est conservé le Tabot, une copie de l'arche d'alliance. L'original – dans la mesure où il s'agit bien de l'original et où les prêtres éthiopiens du passé n'ont pas eux-mêmes transporté une copie de l'arche jusque dans leur pays – est l'objet d'une fête religieuse annuelle, le Timkat. Enveloppé dans des étoffes, il est transporté par une procession de prêtres jusqu'à Axoum, à 230 kilomètres au nord de Lalibela. Les mystères des églises rupestres et de l'arche d'alliance sont loin d'être élucidés. Cependant, si l'on considère que les légendes possèdent toujours un fond de vérité, le monde pourrait bien un jour faire une découverte majeure en Éthiopie.

C'est dans ce merveilleux paysage éthiopien que se trouvent les célèbres églises rupestres de Lalibela. Le haut plateau éthiopien atteint 4 000 mètres d'altitude. Cette forteresse naturelle présente de nombreuses traces des guerres d'indépendance de l'Érythrée conduites entre 1900 et 2000, ainsi qu'on peut le voir non loin des édifices sacrés.

Montagnes sacrées, résidences des dieux

Les pyramides sont des copies de la montagne sacrée du monde. Au Mexique, les Mayas érigèrent des temples sur les hauts plateaux, à l'endroit où l'on imaginait la résidence des dieux sur les montagnes sacrées (Pyramide de Kukulcán à Chichén Itzá, Mexique).

Dans le Chelly Canyon en Arizona, une aiguille rocheuse appelée Spider Rock, se dresse à 244 mètres de hauteur. Dans la mythologie des Indiens Navajo il s'agit de Tsé Náashjéé, la femme araignée sacrée, l'une des divinités les plus importantes car c'est elle qui a appris à tisser aux hommes. De nombreux chants Navajo comme le Chant de la Terre, *parlent de la femme araignée : « Je suis vraiment son enfant. Il n'y a aucun doute, je suis bien un enfant de la Terre. »*

Les peuples primitifs se sentaient particulièrement attirés par certaines montagnes. Une force étrange semblait émaner d'elles. Les hommes voyaient en elles des points de connexion avec les dieux et les puissances divines. Les montagnes sacrées furent peut-être les premiers lieux à être considérés à part du monde ordinaire. Il fallait les approcher avec crainte et respect.

La montagne de la création

En Californie, à la frontière entre le Mexique et les États-Unis, s'élève le Cuchama, « le

Des tours pour atteindre les cieux

Les pyramides ne sont pas les seuls monuments à imiter la montagne du monde dont le sommet atteignait le royaume des dieux. Les gopuras, ces pavillons pyramidaux des temples hindouistes dans le sud de l'Inde, ont la même ambition et se dressent dans le ciel à des hauteurs inouïes. Ils sont richement décorés de scènes de la mythologie, dont certaines rappellent la hiérarchie du monde : les animaux sur la première marche, suivis par les hommes, puis les êtres célestes et, enfin, les dieux.

Les temples sacrés de l'Inde se dressent tels des massifs montagneux. Les murs latéraux représentent les nombreuses divinités dans des attitudes parfois érotiques. Ce gopura se trouve dans l'État indien du Tamil Nadu, au sud-est du pays.

L'Olympe, le plus haut sommet de Grèce avec 2 917 mètres, est également le nom d'une chaîne montagneuse située à la frontière de la Thessalie et de la Macédoine. Depuis des temps immémoriaux, l'Olympe est le siège des dieux grecs. C'est là que Zeus trône sur des hauteurs aériennes inaccessibles aux hommes. Cette aquatinte polychrome a été réalisée vers 1801/1806 par Edward Dodwell (1767-1832).

sanctuaire sublime». Les Indiens croyaient que cette montagne avait été dressée de mystérieuse manière afin que les hommes puissent venir y converser avec les dieux. Ils l'appelaient également «montagne de la création». Aujourd'hui encore, les divinités apparaissent à ceux qui savent voir avec «les yeux du cœur», comme disent les Indiens d'Amérique du Nord, à l'endroit où le Ciel divin et la déesse Terre célébraient leurs noces.

La montagne de la révélation

C'est sur les montagnes sacrées qu'eurent lieu les grandes révélations et les plus belles inspirations des prophètes. Moïse reçut la parole du Dieu des juifs et les tables de la Loi sur le Sinaï. Le prophète Élie, lui aussi, montait sur une montagne lorsqu'il voulait parler avec Yahvé. Jésus tint ses plus importantes prédications du haut d'un mont et c'est encore sur une colline qu'il fut condamné. C'est sur la montagne sacrée de Hira que l'archange Gabriel apparut à Mahomet et lui ordonna d'accepter son rôle de prophète.

Résidence des dieux

Les dieux résidant au sommet de hautes montagnes est l'un des thèmes mythologiques les plus fréquents. Les résidences les plus connues sont sans doute celle de Zeus sur l'Olympe, et celle de Shiva sur le Kailas. Pour les hindouistes, le Kailas est la montagne la plus sacrée de toutes, et le but de nombreux pèlerinages. Les peuplades sibériennes ont, elles aussi, leurs montagnes sacrées. Les Yakoutes ont le Dzokuo, les Altaïens le Temir Taixa, la « montagne de fer », dont les cimes atteignent le ciel. Les hindouistes, les musulmans et les bouddhistes de Sri Lanka, considèrent l'Adams Peak comme un endroit sacré. Une empreinte au sommet de la montagne est attribuée à Adam ou à Bouddha, selon les confessions.

La montagne du monde

Une montagne sacrée est un miroir du cosmos. Dans la mythologie indienne, le mont Meru est le siège d'Indra, le dieu védique du Ciel. Il se situe au centre de l'univers. À son sommet se trouverait la ville d'or de Brahmâ. À sa périphérie s'étendraient les huit villes des Lokapalas, les rois gardiens, qui règnent sur les huit directions principales du globe terrestre. Sous la montagne se trouveraient les sept mondes inférieurs. Tout en bas vit le serpent géant Vasuki qui porte le mont Meru et les autres mondes. À la fin de chaque ère, il anéantit celle-ci de sa respiration brûlante.

Tai Shan

Il y a 4 000 ans, le légendaire empereur Shun aurait sacrifié au ciel et à la terre sur le mont Tai Shan (« montagne sublime »). Le Tai Shan est la plus importante des cinq montagnes sacrées des taoïstes. Pour parvenir au temple du Coussin de jade érigé au sommet, les pèlerins gravissent sept mille marches. Le long du chemin se trouvent les résidences de nombreuses divinités auxquelles les taoïstes et les bouddhistes réservent leur adoration.

Les temples des montagnes

Les ziggourats de Mésopotamie ou les pyramides d'autres pays sont des édifices inspirés par les montagnes. Par leur biais, les hommes tentaient de se rapprocher des dieux. Les pyramides sont, elles aussi, des reflets du cosmos. Leurs marches correspondent aux marches célestes, leur base carrée rappelle les quatre points cardinaux. Aztèques et Mayas construisaient un temple au sommet des pyramides, symbole de la résidence des dieux sur une montagne sacrée.

Les impressionnants vestiges de l'abbaye moyenâgeuse de Glastonbury sont au cœur de nombreuses légendes racontant l'histoire du mythique roi Arthur.

La porte de Glastonbury

À Glastonbury, le siège des légendes du roi Arthur, se dresse une colline sur laquelle s'élevaient autrefois la forteresse d'Arthur et une porte vers Annwn, les mondes inférieurs. Au Moyen Âge, les moines édifièrent sur la colline sacrée une église qui fut détruite par un tremblement de terre. Non loin de là pousse le Glastonbury Thorn, un arbre sacré, à l'endroit où Joseph d'Arimathie aurait enfoncé dans la terre son bâton de pèlerin qui se serait mis à fleurir. Ce petit arbre, aujourd'hui soutenu par un treillis, donne chaque année de nouveaux rejetons, ajoutant une once de vérité à la légende.

Deux pèlerins tibétains en route vers la montagne de Kailas où résident les dieux. Pour les hindouistes, la montagne est le siège de Shiva, mais elle est tout aussi sacrée pour les bouddhistes.

Teotihuacán, métropole des dieux

La place de la Lune. À l'arrière-plan, la majestueuse pyramide du Soleil de Teotihuacán. Même s'il n'atteint pas les dimensions de la pyramide égyptienne de Kheops, l'édifice est néanmoins le vestige le plus grand et le plus impressionnant des anciennes cultures d'Amérique centrale.

À quelque 40 kilomètres au nord-est de Mexico, à 2300 mètres d'altitude, s'étend une cité historique aux pyramides et aux palais impressionnants, remontant à environ 200 av. J.-C. Les découvertes archéologiques réalisées permettent de déduire comment et pourquoi les monuments ont été construits. On ignore toutefois qui a bâti ces merveilleuses pyramides et ces palais grandioses, et pourquoi ils ont ensuite été abandonnés. Une chose est sûre : vers 700 apr. J.-C., les habitants avaient déjà quitté Teotihuacán, comme les Aztèques la baptisèrent plus tard.

La métropole des dieux

Teotihuacán signifie « le lieu où l'on devient un dieu ». Lorsque les Aztèques, qui s'étaient répandus dans tout le Mexique central au XVe siècle, trouvèrent la cité abandonnée ils en furent si impressionnés qu'ils pensèrent que les dieux eux-mêmes l'avaient bâtie. Par la suite, ils s'inspirèrent de l'architecture de Teotihuacán pour leurs propres constructions. Les pyramides et les palais de la métropole servirent sans doute également de modèles à de nombreux autres chefs-d'œuvre réalisés par les grandes civilisations méso-américaines (v. 200-900 apr. J.-C.). On ne peut qu'émettre des suppositions sur la raison de l'édification de Teotihuacán, car aucun document écrit n'a été retrouvé. On ignore même quelle langue parlaient ses bâtisseurs. Les ruines ne révèlent aucun fait concret. Seuls des calculs géo-astronomiques et la découverte d'ossements humains permettent la reconstitution d'une possible genèse. Teotihuacán qui, à son apogée, était une métropole prospère et étendue, aurait pu être la ville d'un peuple dominé par les prêtres.

Construite sur les sacrifices humains

En raison de la découverte d'ossements humains dans le périmètre du temple, certains archéologues pensent que les bâtisseurs de Teotihuacán étaient issus d'un peuple guerrier. Au début des années 1980, l'Institut national mexicain d'anthropologie et d'histoire mit au jour une fosse commune lors de fouilles entreprises sous le temple de Quetzalcóatl. Cent vingt cadavres, disposés par groupes de vingt, y furent exhumés. Ils étaient richement parés et dotés de nombreux objets funéraires, comme le voulait la coutume chez les peuples guerriers. Toutefois, la jeunesse des victimes, qui n'étaient âgées que de dix à vingt-cinq ans, tendrait à invalider la théorie du peuple guerrier.

Musée d'Art populaire de Vienne : bouclier en plumes représentant un coyote. Cet animal était vénéré par les habitants en raison de sa rapidité. Celui qui se pare symboliquement du coyote prend ses attributs, selon une ancienne croyance indienne.

L'histoire de la métropole divine

- IIe siècle av. J.-C. : construction de Teotihuacán
- Ier siècle av. J.-C. : ascension de la cité
- IIe siècle apr. J.-C. : achèvement de lieux de culte, pyramides et temples
- IIIe siècle apr. J.-C. : commerce et influence exercée sur de vastes zones de l'Amérique centrale
- Ve siècle apr. J.-C. : en plein apogée, premiers signes de déclin
- VIIe siècle apr. J.-C. : les habitants abandonnent la métropole qui ne sera redécouverte que 800 ans plus tard

Masque aztèque en jade d'un noble ou d'un grand prêtre.

L'édifice ancien le plus important du Mexique est le temple du Serpent à plumes de Teotihuacán. Sa façade occidentale est ornée de serpents sculptés dans la pierre. Le temple lui-même était probablement voué à un culte guerrier qui devait, plus tard, influencer les Aztèques et les Toltèques.

Le quotidien dans une métropole florissante

Teotihuacán connut son apogée vers 500 apr. J.-C. Jusqu'à deux cent mille personnes y auraient vécu dans quelque soixante-dix mille maisons particulières. Avec une surface d'au moins 13 kilomètres carrés, la métropole au plan parfait était plus grande et plus moderne que toutes les autres de son temps. Les lieux de culte des pyramides attiraient de nombreux pèlerins. On peut penser à un commerce florissant, comme le prouvent les luxueux objets funéraires retrouvés dans les tombes datant de 150 à 600 apr. J.-C. Fabriqués à Teotihuacán, on les retrouve dans tout le Mexique.

Sous la métropole en ruine se trouvent les vestiges d'un système d'évacuation des eaux parfaitement conçu. Cette réalisation technique améliorait sans doute considérablement le confort des habitants et des visiteurs.

Aujourd'hui, les touristes sont surtout fascinés par trois monuments : la pyramide du Soleil, celle de la Lune et le temple de Quetzalcóatl. Ces édifices sont reliés par la voie des Morts, la principale artère de l'ancienne Teotihuacán.

La pyramide du Soleil

La cité était autrefois dominée par la pyramide du Soleil. Ses côtés de 250 mètres et sa taille de 70 mètres en font la plus haute pyramide d'Amérique centrale. Plus de 2,5 millions de tonnes de briques et de pierres ont été nécessaires pour la construction de l'impressionnant édifice. En 1971, des archéologues découvrirent sous la pyramide une caverne en forme de trèfle à quatre feuilles. Sensiblement plus ancienne que la pyramide, cette caverne était sans doute déjà un lieu de pèlerinage pour les civilisations précolombiennes. Aujourd'hui encore, les descendants des Aztèques déposent des fleurs en offrande à son entrée.

La pyramide de la Lune

Avec ses cinq degrés, la pyramide de la Lune est plus petite que celle du Soleil : elle ne mesure que 145 mètres de côté pour une hauteur de 46 mètres. Sous la pyramide, une équipe archéologique constituée de Mexicains, d'Américains et de Japonais, sous la direction du Dr Ruben Carbera, a découvert en 1998 deux tombeaux pour sacrifices humains. Comme dans les premières fouilles, les morts étaient disposés d'une manière précise et ils étaient accompagnés d'objets funéraires tels que des squelettes de jaguar, des ossements de coyote, des aigles, des serpents, des couteaux, des pointes de flèche, des figurines rituelles et des bijoux. Les ossements d'animaux s'expliquent par une symbolique préco-

À l'équinoxe, le soleil se couche très exactement au-dessus de la pyramide du Soleil. C'est pourquoi le monument sert encore aujourd'hui de décor aux danses rituelles et à la vénération d'une puissance supérieure.

lombienne qui attribuait une qualité à chaque animal. Le jaguar symbolisait la force, le coyote représentait la ruse et la rapidité.

Les pyramides de Teotihuacán sont un peu différentes de leurs cousines égyptiennes. Tandis que les Égyptiens utilisaient l'intérieur des monuments comme chambres funéraires, les pyramides de la métropole méso-américaine s'inspiraient des montagnes et servaient aussi bien à l'enterrement des morts qu'à l'escalade.

Leurs sommets aplanis laissent supposer l'existence d'autels. Les marches mènent jusqu'en haut où se trouvait sans doute un sanctuaire couvert d'un toit en paille. C'est là, pensent les archéologues, que s'accomplissaient les rituels et les sacrifices humains. L'origine des mises à mort rituelles des Aztèques provient peut-être de là. Leurs guerriers pensaient qu'il n'y avait que deux manières honorables de mourir : au combat, ou de la main d'un prêtre.

Le temple du Serpent à plumes

Non loin des pyramides, le temple de Quetzalcóatl attire de nombreux visiteurs. Pour

Représentation rituelle d'un jaguar.

Le pouvoir des objets funéraires

Les ossements humains retrouvés sous la pyramide de la Lune étaient accompagnés de squelettes de jaguar. Dans toute l'Amérique centrale, le jaguar était adoré, surtout par les guerriers, pour sa force, sa beauté et son élégance. Son pelage tacheté était associé à la voûte étoilée. Le jaguar symbolisait également le destin de l'homme, car la nuit le fauve se transformait en un cruel guerrier n'épargnant aucune vie. La force destructrice du jaguar était même capable de menacer l'univers. Les habitants de Teotihuacán l'ont peut-être enterré sous la pyramide de la Lune afin de maîtriser son énergie prétendument destructrice. Des couteaux faisaient également partie des objets funéraires retrouvés sous la pyramide. Plus ou moins précieux, ils indiquaient sans doute le statut du défunt. Quoi qu'il en soit, le couteau symbolise un esprit combatif.

Poignée d'un couteau cérémoniel aztèque, sertie de coquillages et de turquoises.

La pyramide à six degrés de Quetzalcóatl a été construite dans le style talud-tablero (alternance de murs droits et inclinés). Les serpents de pierre contemplent les visiteurs d'un air sévère.

les bâtisseurs de la métropole, Quetzalcóatl était sans doute le dieu de la Végétation. En effet, sur la façade occidentale du temple, son effigie, celle d'un serpent à plumes, alterne avec celle de Tlaloc, le dieu de la Pluie. Les trois cent cinquante-quatre effigies s'additionnent de douze têtes représentant le serpent de feu qui, dans la mythologie précolombienne, porte le Soleil à travers le ciel.

Les chercheurs ont remarqué que le nombre total de têtes de pierre est de trois cent soixante-six, c'est-à-dire le nombre de jours compris dans une année bissextile. Quatre escaliers extérieurs de treize marches chacun donnent cinquante-deux, soit le nombre de semaines dans une année. Une année fait 13 mois si l'on se base sur un cycle lunaire de 28 jours. Tout cela semble prouver que le peuple des bâtisseurs était parfaitement conscient des rythmes célestes. Si l'on considère l'ensemble de la métropole à la lorgnette de l'astronomie, on fait ainsi d'étonnantes découvertes.

Le ciel si proche

Le plan d'ensemble de Teotihuacán renferme l'ensemble des connaissances géométriques et astronomiques de ses bâtisseurs. L'ingénieur Hugh Harleston les décrypta en 1974, lorsqu'il découvrit que tous les monuments de la cité avaient été construits selon une échelle de 1,059. Sa découverte fit l'effet d'une bombe car elle mit en évidence que les édifices bordant l'artère principale représentaient les orbites des différentes planètes de

notre système solaire, dans le respect de leurs distances exactes. Mercure, Vénus, la Terre et Mars sont suivis par la ceinture d'astéroïdes, symbolisée par un cours d'eau parsemé de cailloux représentant les astéroïdes. Viennent ensuite les monuments symbolisant Jupiter, Saturne et Uranus. À leur stupéfaction, les scientifiques trouvèrent les ruine de deux temples aux emplacements calculés pour Neptune et Pluton.

L'auteur à succès Erich von Däniken suppose l'influence d'une puissance extraterrestre : « Les dieux astronautes d'étoiles lointaines ont-ils placé ici un signe sur lequel les générations futures devaient trébucher ? Ont-ils fourni aux anciens architectes un modèle du système solaire à transposer dans la pierre en guise de message pour l'avenir ? » Von Däniken étaie ses suppositions par d'autres indices : le nombre proportionnel des mesures de la pyramide pointe sur la constellation d'Alpha du Centaure à 4,34 années-lumière de distance.

Une triste fin

La raison de la fin soudaine de Teotihuacán est tout aussi énigmatique que ses débuts. Une partie des spécialistes explique la disparition de la métropole par une série de sécheresses, aux Vᵉ et VIᵉ siècles apr. J.-C., qui auraient chassés les habitants de chez eux. Les autres pensent que ni la sécheresse, ni la famine ne sont responsables de ce déclin qu'ils attribuent à des raisons religieuses. La métropole gardera sans doute à jamais le secret de sa chute brutale.

Vue du haut de la pyramide de la Lune sur la voie des Morts. Elle longe la pyramide du Soleil et se poursuit jusqu'à la ciudadela *(« petite ville ») et au temple de Quetzalcóatl.*

Le mythe de Quetzalcóatl

Les habitants de Teotihuacán adoraient vraisemblablement le mythique Quetzalcóatl comme le dieu de la Végétation et de son renouveau. Sous les Aztèques, il devint le dieu des Prêtres, de la Pensée religieuse et de l'Art. Toutes les cultures méso-américaines lui octroyèrent une place de choix parmi les dieux. Après l'arrivée d'un véritable Quetzalcóatl, un roi-prêtre des Toltèques, le personnage mythique et le personnage réel se mélangèrent sans doute, même si on ne dispose pas véritablement de preuves en ce sens. Cette idée vient d'une légende qui raconte la rivalité entre Quetzalcóatl et Tezcatlipoca, le dieu de la Nuit et du Nord : tandis que le roi-prêtre Quetzalcóatl n'exigeait que le sacrifice d'animaux de la part de son peuple, son adversaire avait soif de sang humain. Tezcatlipoca sortit vainqueur de l'affrontement qui les opposa et Quetzalcóatl fut banni de Tula, sa capitale, en 987. Il est dit que, de rage, il se serait immolé sur un bûcher pour renaître sous la forme de la planète Vénus. De son côté, Vénus est rapprochée d'un symbole guerrier des Aztèques, le serpent à plumes. Cette histoire explique pourquoi le « vrai » Quetzalcóatl fut lui aussi représenté et adoré sous la forme d'un serpent à plumes.

Masque en mosaïque de turquoises représentant Quetzalcóatl. Les dents ont été taillées dans des coquillages.

L'oracle indien de Chavín de Huantar

Dans une vallée profonde au nord du haut plateau péruvien se trouve Chavín de Huantar, le cœur de la civilisation Chavín. Entre 850 et 200 av. J.-C., les habitants y ont réalisé un grand nombre de monuments, de sculptures et d'objets d'orfèvrerie. De nombreux trésors furent perdus à l'époque de la conquête espagnole, au XVe siècle. La civilisation Chavín, qui extrayait son or des fleuves environnants, a influencé toutes les tribus indiennes qui lui succédèrent dans la région, à commencer par les Incas. Cette statuette inca en or a été retrouvée à Cuzco.

Le temple trônait sur trois socles en forme de U, faits de blocs de pierre gigantesques. Un frisson sacré parcourait sans doute les Indiens des hauts plateaux lorsqu'ils contemplaient ses murailles. À 10 mètres au-dessus d'eux, des têtes humaines aux crocs démesurés, taillées dans la pierre, leur rendaient leurs regards. Ces hybrides mythiques les emplissaient de terreur lorsqu'ils s'approchaient de l'entrée du saint des saints, le lieu de l'oracle de Chavín de Huantar au Pérou. Comme par enchantement, les chamans, revêtus de couronnes en or et de manteaux en plume, apparaissaient alors au portail principal et annonçaient la volonté des dieux au peuple crédule.

Le dieu qui souriait

Les débuts de Chavín remontent au Ier millénaire av. J.-C. Deux phases assez rapides ont suffi à faire sortir de terre le temple de 5400 mètres carrés avec ses innombrables sculptures et bas-reliefs. L'incroyable énergie qui se dégageait de l'ensemble attirait les gens des vallées les plus reculées vers ce centre culturel le plus important de toute l'Amérique du Sud. Quel secret se dissimulait derrière les colonnes de l'entrée ? Quel mystère cachaient les murs du grand temple orné de frises ?

C'était une imposante représentation divine, El Lanzón, taillée dans un monolithe de 2 tonnes et de 4,50 mètres de haut. La divinité anthropomorphe, mi-homme, mi-félin, était adorée par les Indiens comme le plus grand de tous les dieux. Il n'était sans doute pas cruel, car il accueille, aujourd'hui encore, les visiteurs d'un sourire dans l'obscurité des vestiges du temple.

Les dieux de Chavín

Les principaux dieux de la culture Chavín avaient tous un aspect terrifiant. Leurs cheveux étaient souvent mêlés de serpents, des crocs de jaguar jaillissaient de leurs gueules gigantesques et leurs griffes acérées tenaient d'étranges bâtons. Pourtant, ils venaient en aide aux humains en détresse. Ces derniers sollicitaient leur bénédiction pour les récoltes et leur demandaient de leur épargner pluies dévastatrices et sécheresse, toutes deux causes de famine. La caste des prêtres se trouvait à la tête du système social. Comme à Chavín de Huantar, ils appliquaient leurs connaissances astronomiques pour l'installation et le contrôle de canaux hydrauliques. On peut en déduire que leurs centres cérémoniels avaient des fonctions autant religieuses que sociales : on faisait du peuple des sujets reconnaissants et obéissants non seulement en leur inculquant le respect et la crainte des dieux, mais aussi en dispensant le savoir.

Les dieux étaient considérés comme les médiateurs entre des forces contradictoires. La religion de Chavín était issue d'une vision dualiste dans laquelle le monde des hommes s'opposait à celui des dieux. Cette croyance s'étendait dans un rayon de 200000 kilomètres carrés autour du temple.

Grandeur et décadence

Le vaste complexe sacrificiel de Chavín (âge d'or de 850 à 200 av. J.-C.) évoque l'une des grandes cultures formatives du monde. Néanmoins, Chavín tirait son inspiration religieuse de cultures encore plus anciennes. À Cerro Sechin (Pérou), les archéologues ont trouvé des pierres gravées présentant, dès 1300 av. J.-C., des figures et des décorations de style chavinoïde. La raison de la chute brutale des villes de la côte Pacifique, vers 900 av. J.-C., et la glorieuse ascension de Chavín, à l'est de la cordillère Blanche, cette colossale chaîne montagneuse péruvienne, restent un mystère. Peut-être faut-il y voir un effet du phénomène El Niño, ce courant anormal d'eau chaude dans le Pacifique à la hauteur des tropiques. Aujourd'hui encore, ce phénomène est largement craint car il entraîne un changement de la température et des masses de pluie, ce qui se traduit par des catastrophes climatiques récurrentes, la disparition des poissons et des oiseaux de mer et la rupture de la chaîne alimentaire naturelle.

Les trésors de la culture Chavín, vieux de quelque 3000 ans, sont exposés dans de nombreux musées péruviens. Leur bon état de conservation tient en grande partie à l'existence du lieu de culte Chavín de Huantar. En effet, ce lieu de pèlerinage « caché » dans les montagnes a été épargné par les pillages.

Un grand nombre d'objets mystérieux ont été abandonnés par les habitants de Chavín de Huantar, comme cette pierre dotée de six trous. Elle représente peut-être des récipients rituels, à moins qu'elle n'indique une symbolique astronomique restant à déchiffrer.

El Lanzón (« la grande lance »), tel est le nom de cette divinité dressée, armée de serres et de crocs.

Le monde des esprits

Quelle était la foi qui animait les pèlerins de Chavín de Huantar ? Les sociétés précolombiennes vivaient dans un monde de visions chamaniques, marqué par les rituels d'invocation des esprits, la magie noire, la maladie et la mort, et qui ne pouvait être apaisé qu'à l'aide de forces magiques. Les prêtres chamans parvenaient à un état de conscience étendu par la prise de substances psychotropes et le battement monotone des tambours. La transe leur permettait d'entrer en contact avec les dieux et les mondes de l'au-delà.

Des drogues sacrées

Aujourd'hui encore, la plupart des peuples andins se servent de feuilles de coca additionnées de craie pour atteindre l'état extatique de la transe. Les peuples précolombiens disposaient en outre d'une flore diversifiée à partir de laquelle ils pouvaient fabriquer des hallucinogènes qui agissaient sur le système nerveux central et provoquaient des visions. Certaines représentations, à Chavín de Huantar, montrent le peyotl, ce cactus qui contient une drogue puissante appelée mescaline permettant d'entendre les couleurs et de voir les sons. Ce cactus est encore utilisé de nos jours au Pérou et en Bolivie lors des rituels magiques de guérison. Les conquérants espagnols, qui apportaient avec eux le christianisme, disaient de cette plante qu'elle était le « diable qui trompait les Indiens ». Ils ne comprenaient visiblement pas le but de cette extension volontaire de l'état de conscience.

À l'aide de la mescaline, les chamans se translataient vers des mondes éloignés du cosmos et sur d'autres plans d'existence dont ils revenaient porteurs de méthodes de guérison et de visions de l'avenir. Au cours d'une impressionnante cérémonie, ils transmettaient ensuite les oracles rapportés de leur voyage transcendantal.

Une magie de bas étage

Le temple était construit au-dessus d'un labyrinthe souterrain de tunnels et de galeries. En son centre se trouvait El Lanzón. Le monolithe se dressait – et se dresse toujours – dans une longue salle. Il était si grand qu'il perçait le plafond au-dessus de lui. L'archéologue Thomas Patterson pense que les prêtres de l'oracle parlaient par ce trou qui amplifiait leur voix. Le « dieu qui souriait », la « grande idole », le monolithe de pierre se transforma ainsi en un « oracle doué de parole ». Sa légende était encore vivace au XVIIe siècle, au moment de la redécouverte de Chavín de Huantar.

Après avoir conquis les Andes au XIIIe siècle, les Incas découvrirent de nombreuses traditions, outre celle de Chavín, dont ils n'hésitèrent pas à s'inspirer. L'une d'elles est l'oracle indien de Chavín de Huantar, pratiqué dans le temple de Pachacamac, près de Lima.

Une terreur assourdissante

En 1996, l'archéologue péruvien Luis Lubreras découvrit un habile système de canalisations à l'intérieur du temple de Chavín. La mise en eau de ce réseau hydraulique provoqua un grondement terrifiant, rappelant celui d'une foule tapant dans ses mains. Le bruit assourdissant devait laisser une impression impérissable aux visiteurs. Sans doute était-il interprété comme un signe du monde des dieux. Pétrifiés par la peur, ils étaient sans doute alors prêts à accepter n'importe quelle prophétie de l'oracle. Une telle technique était très répandue en Amérique latine. Un culte similaire était encore en vigueur à Pachacamac, près de Lima, lors de l'arrivée des Espagnols en 1534.

En 1911, au Pérou, l'une des plus imposantes cités incas d'Amérique du Sud a été découverte par hasard. Machu Picchu, à 2 360 mètres d'altitude, est restée cachée aux yeux du monde pendant plus de 400 ans.

Machu Picchu, la cité oubliée

C'est au cœur du Pérou, sur une saillie montagneuse surplombant les rives du Río Urubamba, que se trouve Machu Picchu, la majestueuse ville oubliée dans la jungle. Dès 1911, lorsque l'histoire de sa découverte sensationnelle par Hiram Bingham (1875-1956), jeune professeur d'histoire de l'université de Yale (Connecticut), fit la une de la presse internationale, de nombreuses rumeurs se mirent à courir sur le compte de la cité inca. Jusqu'au début du XXIe siècle, plusieurs autres villes furent découvertes dans les environs de Machu Picchu, dont on ignorait jusque-là l'existence. Même les légendes des Incas ne les mentionnaient pas. La région de Machu Picchu était-elle un endroit secret ou est-elle seulement tombée dans l'oubli pendant des siècles ?

Sensationnalisme et rumeurs

En 1527, poussé par sa soif de l'or, Pizarro se mit en route pour conquérir le royaume des Incas en Amérique du Sud. Accompagné de deux cents soldats solidement armés, il parvint à ses fins, même s'il ne parvint jamais jusqu'à la région de Machu Picchu. Les historiens supposent que, face aux Espagnols, les Incas ont réussi à tenir secret ce dernier bastion de leur culture. De nombreuses théories ont été avancées pour expliquer les raisons de la construction de la ville et sa fonction.

Machu Picchu était-elle une cité des femmes ? Les squelettes exclusivement féminins retrouvés dans le cimetière semblent l'indiquer.

Était-elle une citadelle destinée à défendre la frontière ? L'État inca devait sans doute se protéger contre les attaques des Indiens des forêts.

Machu Picchu était-elle une colonie pénitentiaire pour planteurs de coca ? Les nombreux champs en terrasses qui entourent la ville permettent cette hypothèse, d'autant plus que les Incas ont réellement soumis le peuple des Antis au travail forcé après l'avoir vaincu.

La cité fut-elle le refuge du dernier empereur inca, Túpac Amaru, mort en 1572 ?

Telles sont quelques-unes des questions que pose l'existence de

Des cultes explosifs

Le *torreon* est particulièrement mystérieux. Il s'agit d'un rocher sur le Huayna Picchu, ce sommet qui, tel un pain de sucre de couleur verte, surplombe le Machu Picchu, surnommé la Perle des Andes.Ce rocher supporte un autel présentant d'importantes traces de brûlures. Les couches supérieures ont littéralement explosé sous l'effet de la chaleur. Hiram Bingham nota que « la surface avait dû être soumise à une température extrêmement élevée ». Le monolithe accueillait-il autrefois un grand feu sacrificiel ? Il existe des autels de ce type tout autour du monde, mais aucun ne présente les traces de forces aussi dévastatrices. On pourrait presque croire qu'il s'agit des effets d'une énergie moderne. À moins que les alchimistes préhistoriques aient expérimenté des substances restées inconnues de nous.

Les visiteurs sont autorisés à se promener librement dans l'antique cité inca de Machu Picchu. Ils se lancent sur les traces du passé par les sentiers et les portes qui dissimulaient autrefois ce peuple aux yeux du monde.

Dieux, esprits, rituels magiques

Sur les marchés aux sortilèges de Bolivie et du Pérou, les Indiens continuent à se faire prédire l'avenir par le biais de grotesques figurines de plomb, comme aux temps anciens des Incas. Ils achètent des pattes de lama séchées ou des talismans pour se protéger des mauvais sorts et des esprits malins. Pacha Mama, la Terre mère, reçoit les mêmes offrandes qu'il y a des siècles, dans les hauteurs montagneuses ou dans les grandes villes, entre deux gratte-ciel. Ils sont animés par la même foi en les pouvoirs des dieux qu'à l'époque de Machu Picchu. De nombreux Indiens espèrent ainsi le retour du dernier prince inca dont le nom est inconnu. Selon une légende, il aurait disparu en 1550 dans le clocher de la cathédrale de Cuzco, l'ancienne capitale du royaume inca, non loin de l'endroit où le dernier souverain, Túpac Amaru, avait été exécuté. La prophétie affirme que le prince réapparaîtra un jour à cet endroit.

Grâce aux vieux mythes indiens, Hiram Bingham, le découvreur de Machu Picchu, avait une vague idée de la route menant à la mystérieuse cité inca. Des indigènes lui avaient parlé d'un endroit caché dans la chaîne montagneuse de Vilcabamba, au-dessus de la rivière Urubamba. L'indice décisif lui fut donné par un groupe d'Indiens installés non loin de Machu Picchu.

Machu Picchu, mais aucune n'a encore trouvé de réponse.

Une culture oubliée ?

Le Dr Victor Angles, archéologue péruvien, pense que les Incas n'auraient pas pu garder l'existence de Machu Picchu secrète vis-à-vis des Espagnols, à qui le nom d'une cité aussi importante serait forcément parvenu aux oreilles. Les espions des conquérants étaient partout dans le pays et ils collaboraient avec des membres importants de la cour du roi. « Et pourtant, les Espagnols ignoraient tout de l'existence de Machu Picchu. Pourquoi ? » s'interrogea l'archéologue américain John Hemming, en 1971. Sa réponse : « La seule explication est que les Incas eux-mêmes l'ignoraient. » Il est possible que cette région ait été abandonnée longtemps avant la conquête du Pérou. Des attaques répétées menées par les Antis, ces redoutables guerriers indiens des forêts tropicales, pourraient expliquer pourquoi, en 1550, nul ne connaissait plus l'existence de Machu Picchu. Le directeur du Musée anthropologique de Lima, J. E. Nuñez, ajoute qu'« à l'heure actuelle, aucun archéologue professionnel n'est en mesure de répondre aux nombreuses questions concernant cet endroit. » Quant à l'archéologue Luis A. Pardo, de Cuzco, au Pérou, il est convaincu que la « cité perdue conserve le secret sibyllin d'un peuple très ancien. »

Machu Picchu, ou « vieille montagne », obéit à une architecture étonnamment structurée. La ville est clairement divisée en plusieurs secteurs. Le rocher Intihuatana situé dans le secteur astronomique servait d'observatoire solaire aux Incas.

Un État préinca

Le souvenir de Machu Picchu s'était-il déjà effacé de la mémoire des Indiens des Andes lorsque les Espagnols firent la conquête du Pérou ? Certains éléments architecturaux font penser à l'époque impériale du roi inca Pachacuti (1438-1471), vers 1440. La petite tribu inca qui arriva au Pérou en 1230 et qui commença à étendre son royaume à partir du XIVe siècle, n'aurait donc disposé que de 100 ans pour construire, habiter, abandonner et oublier la gigantesque Machu Picchu avec son système de canaux et ses terrasses taillées dans la montagne. Cela semble impossible à de nombreux spécialistes. De récents calculs mathématiques ont mené le Dr Muller, archéologue et astronome, à la conclusion que l'observatoire astronomique de la ville daterait de 4 000 ans av. J.-C. Pour sa part, l'architecte et ingénieur Oswaldo Paez Patiño, de l'université de Cuzco, estime que « Machu Picchu est plus ancienne que les pyramides égyptiennes ». Une équipe archéologique a effectivement retrouvé sur le site des débris vieux de 3 000 ans. Cette découverte confirme les théories du grand chercheur péruvien Julio C. Tello qui avait déjà avancé ce chiffre dès 1930. En 1990, les travaux de soutènement visant à empêcher l'effondrement du temple principal, mirent au jour des blocs de pierre cyclopéens enfouis à 150 mètres de profondeur. Les fondations de la ville reposent donc sur des structures bien plus anciennes que l'on pensait.

Les villes des cyclopes

Le long des Andes, on rencontre souvent des villes bâties à l'aide de gigantesques blocs de pierre. Machu Picchu fait ainsi partie d'un réseau de sites monolithiques. Ils datent tous d'une période très reculée car

les Incas eux-mêmes s'étonnaient de la précision des vestiges de ces édifices. On ignore comment les peuples antiques ont pu couper, tailler, et transporter ces blocs de pierre massifs sur des distances souvent respectables. Selon les légendes, les bâtisseurs connaissaient le jus d'une plante qui leur permettait de ramollir et de couper la pierre. Cette recette aurait aussi servi à d'autres cultures monolithiques dans le monde, à ériger leurs monuments et leurs statues gigantesques. La conception d'ensemble de Machu Picchu la faisait ressortir du lot. Une légende raconte que vers 1200, le premier souverain inca, Manco Cápac, ordonna à son frère de construire un temple avec trois fenêtres. Un tel édifice, unique en son genre dans toute l'Amérique du Sud, se trouve bel et bien à Machu Picchu. Le temple devait se dresser à l'endroit où Manco Cápac et son frère étaient nés d'un rayon de soleil. Hiram Bingham lui-même se demanda s'il n'avait pas retrouvé le lieu mythique de leur apparition. Si tel était le cas, la cité oubliée pourrait bien renfermer encore de nombreux secrets.

Pour se rendre à Machu Picchu, on peut emprunter le vieux sentier inca. Il faut presque 4 jours de marche le long de la rivière Urubamba et sur de petits sentiers qui débutent à 2300 mètres d'altitude pour y parvenir. L'effort est récompensé lorsqu'on se trouve enfin devant les ruines de l'ancienne cité inca. Les maisons et les temples qui se pressent contre la montagne sont aisément reconnaissables.

OBJETS
ÉNIG

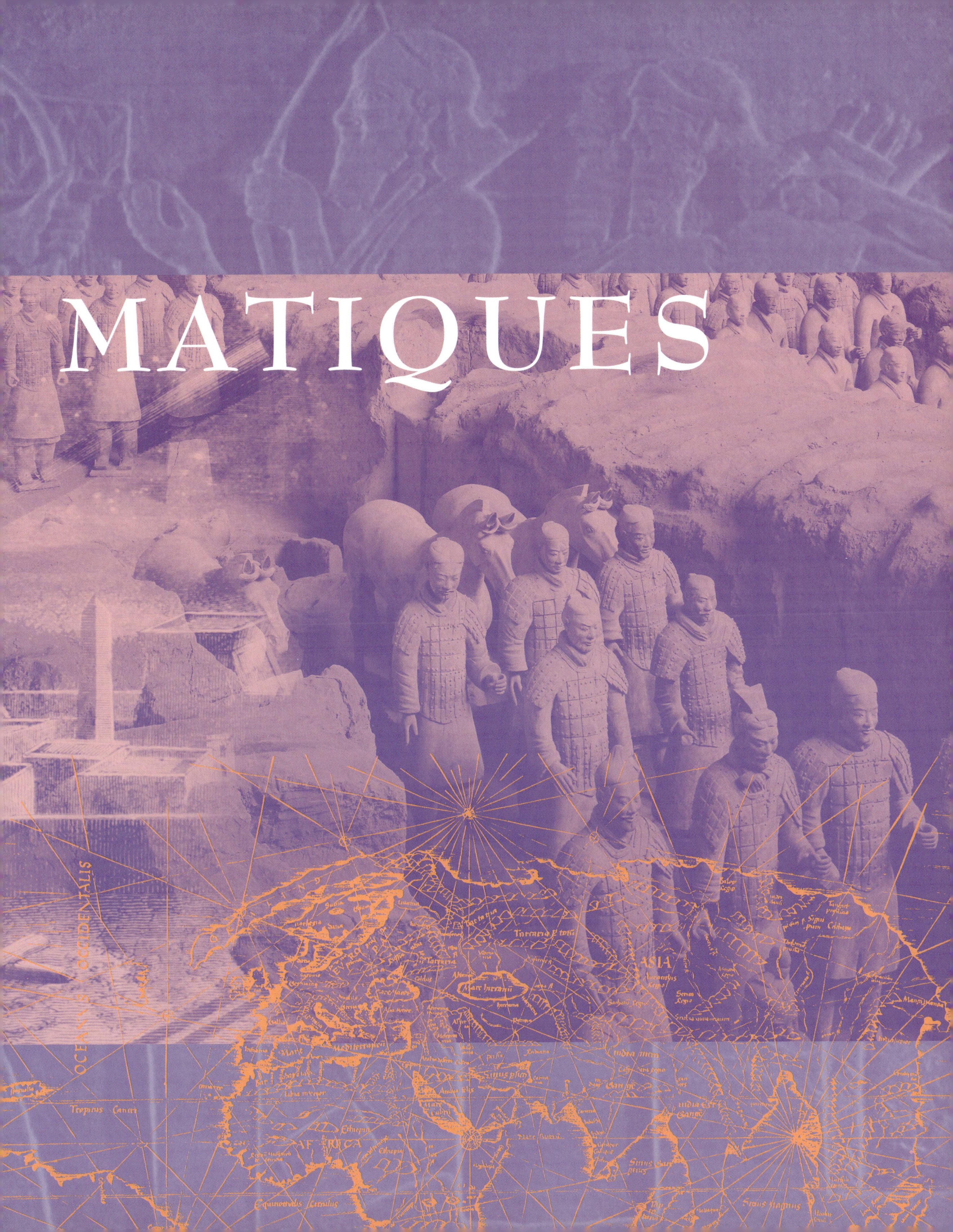
MATIQUES

Cette image en trois dimensions réalisée à l'aide d'un programme informatique représente-t-elle le visage de Jésus ? C'est en tout cas l'avis des spécialistes qui l'ont créée. Lors de la dernière présentation publique du saint suaire dans la cathédrale de Turin, en l'an 2000, une statue grandeur nature en aluminium a été réalisée, permettant de toucher l'effigie de Jésus. Pour la première fois, les aveugles ont ainsi pu palper une « image » du Christ. Les autres visiteurs ont contemplé le trésor exposé dans une vitrine pare-balles.

Le saint suaire de Turin

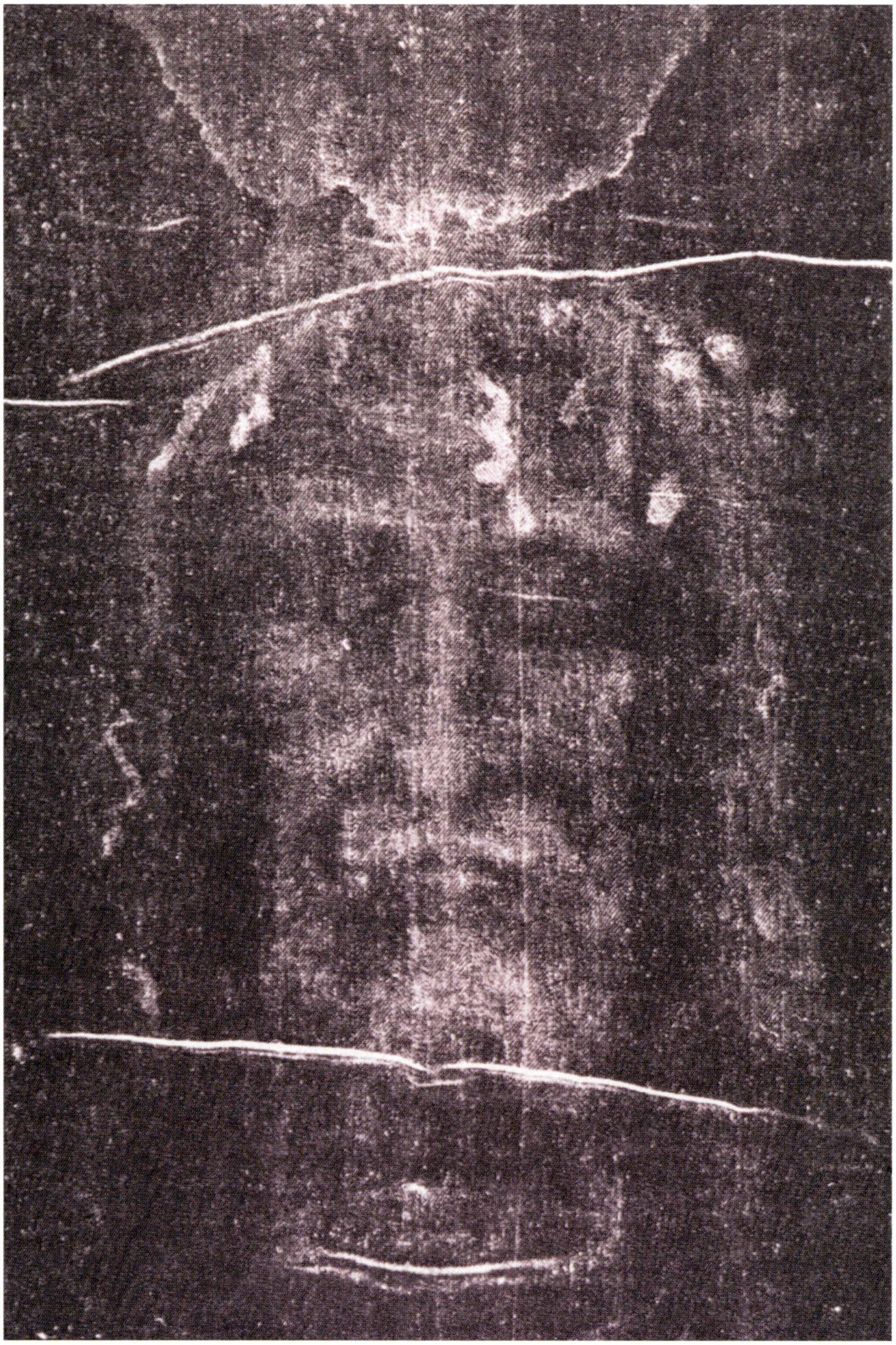

Le drap de lin dans lequel Jésus aurait été enveloppé à la descente de croix est la relique à la fois la plus précieuse et la plus controversée de la chrétienté. Le visage d'un humain se dessine clairement sur le négatif du cliché. Tandis que les fidèles lui vouent une vénération sans faille, son authenticité et son origine animent les débats de nombreux spécialistes.

Un drap de lin de 4,36 mètres sur 1,10 mètre, dont l'origine et le lieu de conservation ont donné lieu aux plus violentes polémiques depuis sa fabrication, montre la face et le dos d'un homme nu et blessé, comme sur le négatif d'une photographie. L'empreinte légère est sépia, certaines parties apparaissent grises et des taches de sang sont clairement reconnaissables. Cette étoffe, l'un des objets les plus souvent étudiés et analysés au monde, est le saint suaire de Turin. Il ne s'agit pas d'une peinture. Le sang est bien du sang humain, le groupe sanguin a même pu être déterminé. Sans aucun doute un homme a bien reposé dans ce linceul et son empreinte s'est transmise, de mystérieuse façon, à l'étoffe. Quand le phénomène a-t-il eu lieu ? Qui est cet homme ?

L'empreinte de Jésus ?

Les blessures indiquent une victime de la crucifixion. Elles sont très exactement les mêmes que celles qui furent infligées à Jésus sur la croix. Les correspondances avec le récit de la Passion telle qu'elle est relatée dans les Évangiles et les autres connaissances historiques sur la crucifixion du Fils de Dieu sont si frappantes que le jésuite et historien Herbert Thurston écrivit : « En ce qui concerne l'identité du corps visible sur le linceul, il n'y a aucun doute. Les cinq blessures, les traces cruelles de flagellation, les égratignures tout autour de la tête sont encore aisément reconnaissables. Depuis la création du monde, ces détails ne peuvent être vérifiés chez aucune autre personne [que Jésus]. » Le linceul de Jésus : aujourd'hui encore, les scientifiques continuent à débattre de l'authenticité du saint suaire.

Arguments en faveur de l'authenticité

Le professeur Gilbert Raes de l'Institut de technologie textile de Gand a trouvé dans le lin de rares fibres d'une espèce de coton cultivé en Syrie à l'époque de Jésus. L'Europe d'alors ne cultivait pas encore le coton. L'étoffe aurait donc été tissée sur un métier syrien qui aurait auparavant servi à tisser du coton. Le criminologue suisse Max Frei réussit à identifier les plantes dont il avait trouvé

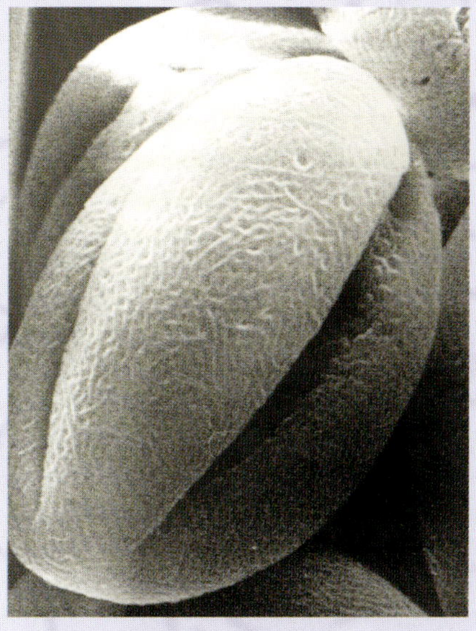

L'analyse du linceul a mis en évidence la présence de pollens provenant de plantes qui poussaient tout autour de la mer Morte. On peut en conclure que le drap mortuaire a bien été fabriqué dans cette région.

Le patrimoine génétique de Dieu

Jésus a-t-il survécu à la crucifixion ? La résurrection ne serait-elle qu'une jolie fable ? Des révélations stupéfiantes attendent l'Église au sujet du saint suaire de Turin. Le Dr Victor V. Tryon, directeur du Center for Advanced DNA Technologies à l'université de San Antonio, Texas, a analysé l'ADN d'une tache de sang trouvée sur le drap. Il a constaté que les cellules étaient porteuses des chromosomes X et Y, et qu'elles provenaient indubitablement d'un homme. Mais d'autres analyses sont encore possibles, que le Dr Tryon nous précise : « S'il s'avère que cet ADN ne venait que de la mère, sans participation du père, cela aurait les conséquences religieuses que l'on peut imaginer. » Le patrimoine génétique de l'homme qu'un quart de la planète tient pour le Fils de Dieu, attend donc de confirmer – ou d'infirmer – les fondements de la religion chrétienne.

Le sculpteur espagnol Gregorio Fernandez (v. 1576-1636) a représenté, avec un réalisme intense, le Christ mort. (Sculpture dans la cathédrale de Ségovie).

le pollen sur le linceul. La plupart sont des espèces strictement désertiques, caractéristiques de la région de la mer Morte. Certaines ne se trouvent que dans les environs de Jérusalem. La taille du drap correspond à une unité de mesure en vigueur en Palestine du temps de Jésus. Enfin, l'étoffe porte également des traces de myrrhe et d'aloès, deux substances évoquées dans l'Évangile selon saint Jean. Les nombreux examens effectués ont révélé une foule d'indices en faveur de la thèse selon laquelle l'empreinte du saint suaire serait celle d'un vivant.

L'empreinte d'un vivant

Les résultats de l'analyse entreprise par un groupe de pathologistes ont fait sensation. L'image imprégnée dans le linceul ne présente aucun indice de rigidité cadavérique, et les écoulements de sang constatés prouvent que l'homme enveloppé dans le drap était encore vivant. À certains endroits, plus proéminents que les autres en position allongée – le front, le thorax et les mains –, le sang s'est abondamment écoulé. Cela aurait été impossible avec un cadavre.

L'écoulement sanguin de la blessure au flanc est particulièrement visible. Sur l'arrière du linceul, la traînée de sang traverse clairement le dos, tandis que sur le flanc, le sang est directement absorbé par le tissu. Il ne peut y avoir qu'une explication à ce phénomène : la plaie au côté avait dû se remettre à saigner alors que l'homme était allongé sur le dos. Un tel écoulement n'aurait pu avoir lieu sur la croix, en position verticale. Seul un circuit sanguin intact pouvait encore produire un tel afflux dans les plaies. On put ainsi dénombrer vingt-huit blessures qui saignaient encore à l'ensevelissement. Conclusion : le crucifié ne pouvait en aucun cas être mort.

La datation au carbone 14

Si le suaire est authentique, cela signifie que Jésus était encore en vie lorsqu'il fut descendu de la croix. En 1988, le Vatican fit réaliser une datation au carbone 14. Il

Le Christ voilé : *cette sculpture grandeur nature de Giuseppe Sanmartino à Naples, souligne à quel point le drap mortuaire a pu exciter l'imagination des hommes à travers les siècles. Taillé dans le marbre brut, le corps du Christ se dessine sous le suaire d'une manière aussi artistique que réaliste.*

Sur ce retable de Francesco Salviati (1510-1563), Thomas l'incrédule *ne veut croire à la résurrection du Christ qu'après avoir vu de ses yeux et touché de ses mains les blessures du Seigneur. Le Christ apparut donc devant lui et les autres disciples, et Thomas put se persuader de la réalité de sa résurrection. (Louvre, Paris).*

en allait tout de même des éléments fondamentaux de la foi chrétienne : la mort sur la croix et la résurrection. Le résultat ? Le suaire ne remonterait qu'à la première moitié du XIVe siècle. Qui a raison ? Les nombreux scientifiques qui le tiennent pour vrai ou la datation au carbone 14 ? À l'issue de recherches d'une méticulosité inouïe, les scientifiques allemands Holger Kersten et le Dr Elmar R. Gruber ont réussi à prouver que la datation au carbone 14 avait été truquée. Ils démontrèrent également que les restes d'aloès et de myrrhe retrouvés sur le linceul ne jouaient aucun rôle dans les rituels d'inhumation des juifs qui ne connaissaient que l'onction. Ces deux substances n'étaient pas non plus utilisées pour l'embaumement, une coutume que les juifs méprisaient au plus haut point. En revanche, dans l'Antiquité, l'aloès et la myrrhe servaient dans le traitement des larges plaies cutanées, car ils se transformaient très facilement en onguents et en teintures. Certains scientifiques affirment que chez les juifs, les pansements et les emplâtres associaient souvent la myrrhe à la sève de ciste. De toute évidence, le linceul et les plantes auraient servi à la fabrication d'un cataplasme. Il ne s'agirait donc pas d'un linceul mais d'un linge thérapeutique. Il s'y ajoute que les juifs n'allongeaient pas les morts sur un drap rabattu sur la tête, comme c'est le cas avec le saint suaire de Turin. Ils les enveloppaient, au contraire, dans de longues et étroites bandelettes, semblables à celles des momies.

Gruber et Kersten ont également démontré comment les épices mélangées à la trans-

Des traînées de sang

Les dessins et les tableaux de toute l'histoire de l'art font l'erreur de représenter le Christ sur la croix avec les paumes transpercées par des clous. Les traces de sang sur le suaire indiquent qu'en réalité, les clous avaient été enfoncés au niveau des poignets. De cette façon, le poids du corps ne pouvait pas déchirer les mains. Des trois taches de sang du saint suaire, l'une d'elles n'a pu se former qu'après l'enlèvement des clous. Le sang ayant formé une tache élargie, il n'a pu couler ainsi qu'une fois le corps étendu sur le sol.

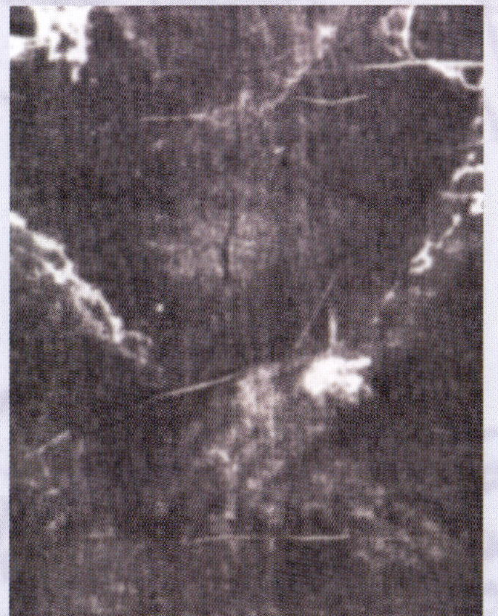

Ce gros plan du saint suaire de Turin permet de reconnaître clairement que la crucifixion est intervenue au niveau des poignets, non des paumes.

Une armée en terre cuite

Qin Shi Huangdi, premier empereur de Chine, réunit les provinces chinoises en un gigantesque empire. Il fit élever à sa gloire et à celle de ses soldats un monument inoubliable. Depuis 1974, des milliers de soldats en argile ont été retrouvés enfouis sous une dizaine de mètres de lœss.

Il était l'homme le plus puissant ayant jamais régné en Chine. Il y a plus de 2000 ans, ses soldats ont soumis tour à tour les royaumes de Han, Zhao, Wie, Chu et Qan. Lorsque « toutes les terres sous le ciel » furent conquises, l'ancien roi Qin s'autoproclama « premier souverain égal aux dieux » : Qin Shi Huangdi. Son règne (221-210 av. J.-C.) fut consacré à la construction de la Grande Muraille, à la mise en place de routes et de canaux reliant les villes, à l'introduction d'une écriture unique et à la création d'une armée en terre cuite dont les huit mille soldats allaient devoir garder le premier empereur de Chine dans l'au-delà.

Les soldats de l'empereur défunt

C'est en 1974, alors qu'ils creusaient un puits, que des paysans de Xi'an retrouvèrent les premiers éléments de l'armée d'argile. À quelques mètres sous terre, sur une surface de 14 000 mètres carrés, trois grandes fosses abritaient une armée faite de milliers de soldats en terre cuite. Disposées selon l'ordre réglementaire d'un régiment d'infanterie chinois, les statues grandeur nature des soldats semblent figées en pleine marche. À l'avant, les archers et les arbalétriers brandissent leurs armes réelles en direction d'une menace imaginaire. L'infanterie est suivie par les soldats de la cavalerie en cuirasse, menant leurs chevaux par la bride, et commandés par des officiers plus grand que nature. Les statues qui gardent le tombeau du premier empereur divin, considéré comme la Huitième Merveille du monde par les archéologues, ont toutes une physionomie différente. Cette armée en argile, dont une partie est encore enfouie sous la terre, soulève plus de questions qu'elle ne donne de réponses. L'empereur était-il un brutal esclavagiste qui fit travailler des centaines d'ouvriers à un projet inutile ? Était-il un despote mégalomane qui pensait encore régner dans l'au-delà et vaincre les mauvais esprits avec son armée ?

Un palais au milieu des champs

Durant l'été 2000, une équipe de géophysiciens du Bayerischer Amt für Landespflege (service bavarois pour l'étude du sol) réussirent, avec l'aide de leurs collègues chinois, à retrouver la résidence de l'empereur Qin Shi Huangdi près de Xi'an, dans la province de Shaanxi. Munis de détecteurs, ils découvrirent sous le sol les structures d'un palais gigantesque.

Des vestiges de poteaux, de murs et de fosses s'étirent sur une surface de 50 hectares, soit l'équivalent de soixante-dix terrains de football. Les mesures réalisées au magnétographe, instrument indiquant les modifications des champs magnétiques terrestres, confirment les anciens récits sur le luxe étourdissant qui était de mise à la cour du premier empereur de Chine.

Chacune des huit mille statues en terre cuite a une physionomie propre. Il s'agit, en toute probabilité, de la reproduction de véritables soldats.

Une déclaration de guerre venue de l'au-delà

Avec sa terreur du pouvoir des esprits, le redoutable empereur Qin Shi Huangdi était profondément ancré dans la vision du monde de son temps. Le réalisme de ses mesures politiques en faveur de l'empire ne l'empêcha pas de se livrer craintivement à des puissances invisibles. Outre leur utilité pratique, ses voyages d'inspection dans les provinces avaient également une fonction magique. Il cherchait par ce biais à s'assurer la bienveillance des bons esprits et à combattre les mauvais. Pour l'empereur, un orage était une déclaration de guerre venue de l'au-delà. Une fois, alors que sa barque avait été prise dans une tempête, il fit raser une forêt entièrement, car les mages lui avaient dit qu'elle abritait le tombeau d'un souverain aussi puissant que lui, qui le jalousait d'être en vie.

La plupart des antiques crânes en cristal ne présentent aucune trace de fabrication. On ignore comment ces crânes pouvaient être réalisés sans l'aide de machines. Le cristal étant un matériau extrêmement fragile, leur création reste un secret.

Le crâne en cristal de roche

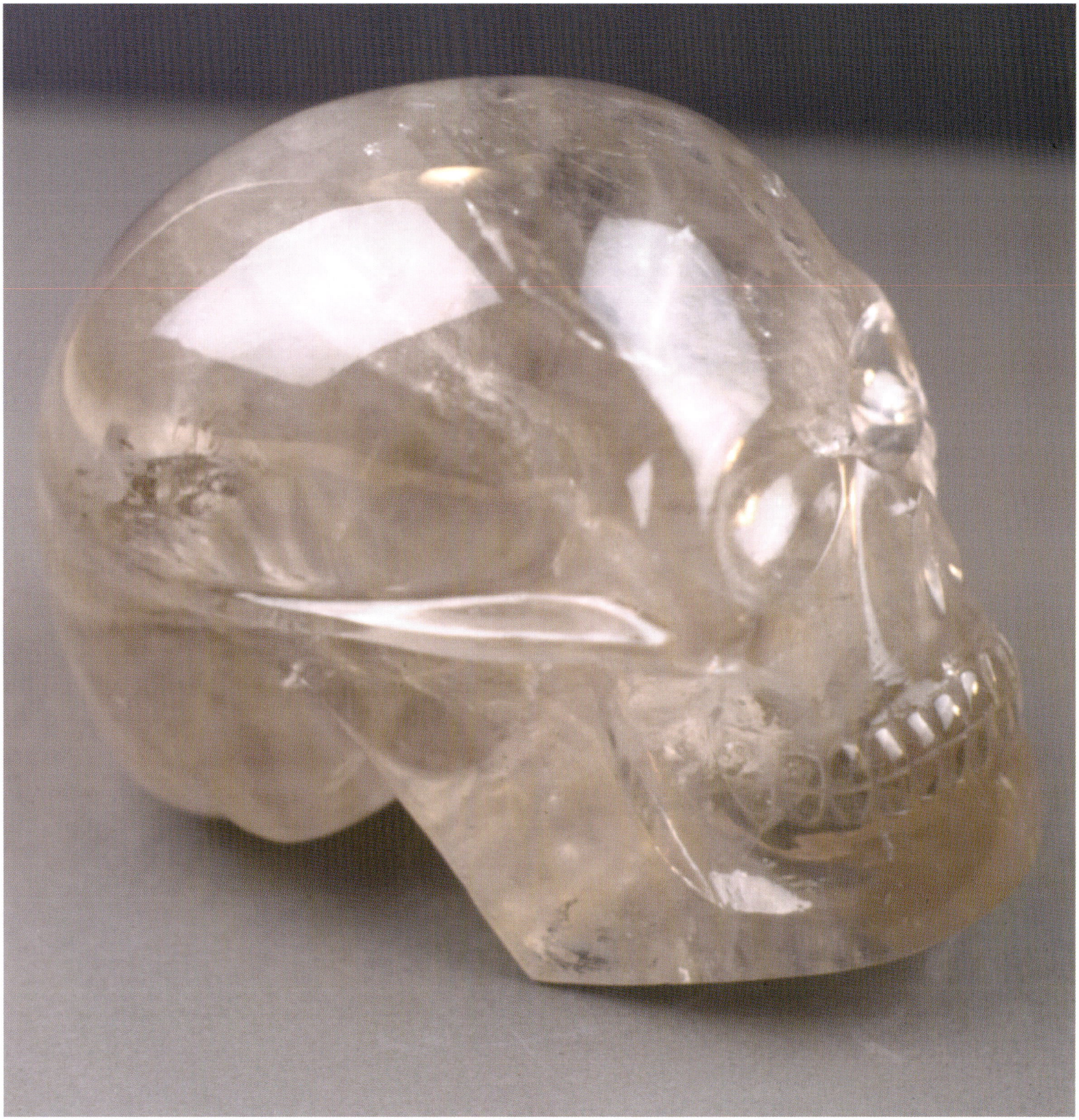

Le crâne en cristal scintille et brille d'un rouge mystique. Dans la pénombre de la pièce éclairée par quelques bougies apparaissent les visages anxieux de personnes réunies là pour obtenir des informations d'un autre monde par la seule force de leur esprit. Elles sont intimement persuadées qu'il est possible, en présence d'un objet scintillant, d'établir le contact avec d'anciens habitants de l'Atlantide ou avec des extraterrestres. « Ce crâne, déclare Nick Nocerino, l'un des plus grands parapsychologues de Californie, contient les secrets inconnus de l'univers et de la vie. Pour moi, il est semblable à un ordinateur compact doté d'un écran et de haut-parleurs. » Quel secret entoure ce crâne en cristal ? Possède-t-il vraiment des pouvoirs magiques ? Une chose est sûre : le crâne mystérieux est l'une des découvertes archéologiques les plus étonnantes du siècle dernier.

Une stupéfiante découverte

En 1927, sur les instances du gouverneur de la colonie britannique du Honduras (actuel Belize), une équipe d'archéologues placée sous la direction d'un certain Dr Thomas Gann, entreprit des fouilles à Lubaantun, « le lieu des pierres tombées », une cité maya du VIIe au IXe siècle. L'équipe comprenait un archéologue du nom de F. A. Mitchell-Hedges (1882-1959). C'est à lui que revient la plus stupéfiante découverte du site : « Nous venions de nettoyer un espace près de l'autel. Un rayon de soleil fit scintiller quelque chose. Les Mayas qui nous prêtaient main forte tombèrent tous à genoux. » C'est ainsi que Mitchell-Hedges décrivit les circonstances de sa découverte d'un crâne de 5,3 kilogrammes, façonné dans un seul bloc de cristal.

Maya ou non ?

Lorsque, le 24 février 1935, Mitchell-Hedges publia sa découverte dans le *New York American*, l'archéologie internationale s'éleva contre lui. Ce crâne en cristal ne cadrait tout simplement pas avec l'image des Mayas du VIIIe siècle que les spécialistes s'étaient forgés à l'issue de longues années de recherches. Contrairement aux civilisations mexicaines des Aztèques ou des Mixtèques, ce peuple indien, pensait-on, ne pratiquait pas le culte du crâne. En outre, la précision de travail était parfaitement inhabituelle pour les Mayas. Les mauvaises langues allèrent même jusqu'à prétendre que Mitchell-Hedges avait menti. Il n'était pourtant pas réputé pour son

L'ésotérisme dans le cristal

En 1997, les auteurs Chris Morton et Ceri Thomas publièrent un ouvrage intitulé *Les Larmes des dieux*. Ils y évoquent la théorie selon laquelle la fabrication d'un crâne de cristal et de douze autres semblables devait apporter une période de paix sur la terre. Les autres crânes existent vraiment, mais ils ne sont jamais plus gros que le poing et ils sont plutôt simplement ouvragés. Deux des plus beaux se trouvent au British Museum, à Londres, et au musée de l'Homme, à Paris. Ils datent probablement de l'ère aztèque (XVe siècle).

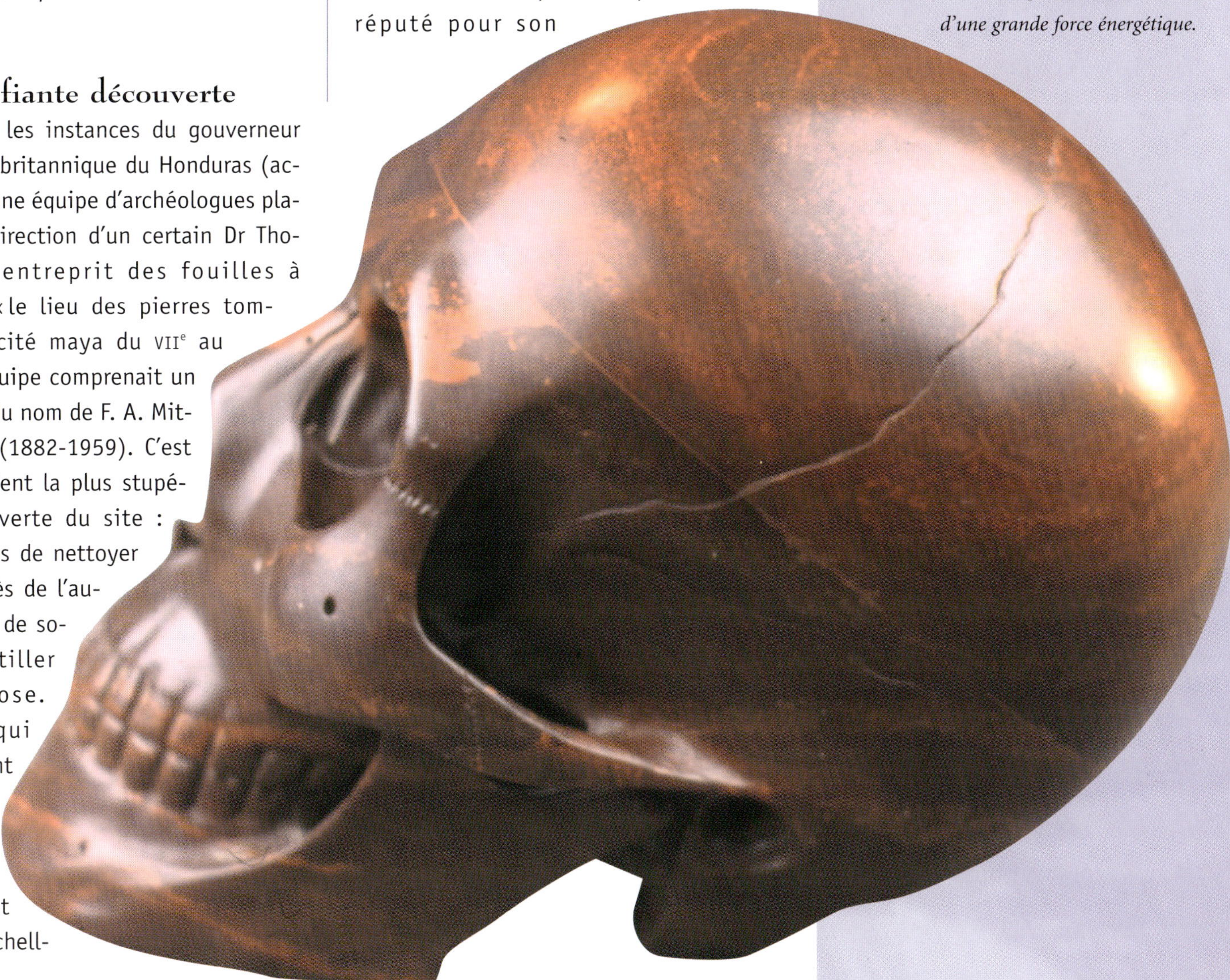

Ce crâne en pierre vient probablement d'Amérique du Nord. La connaissance du pouvoir des pierres et des cristaux jouait un rôle important chez de nombreux peuples anciens. Le cristal, en particulier, était doté d'une grande force énergétique.

Lubaantun, dans le sud de l'actuel Belize, connut son apogée vers 700 apr. J.-C. Les pyramides atteignent au maximum 11 mètres de haut et les pierres sont entassées sans mortier. C'est ici que le premier crâne en cristal de roche a été retrouvé lors de fouilles en 1927.

manque de sérieux. Des recherches ultérieures prouvèrent que les cultes crâniens n'étaient pas étrangers aux Mayas mexicains de Chichén Itzá, par exemple. Malgré l'agitation provoquée par sa découverte, Mitchell-Hedges n'était pas intéressé par l'argent. Il offrit le crâne en cristal à sa fille adoptive Anna qui vit aujourd'hui à Toronto, au Canada, et qui le possède toujours.

Même si le débat n'a jamais pu être tranché, la vérité se trouve sans doute quelque part à mi-chemin entre la perfection du travail artistique qu'il représente et les forces occultes, voire extraterrestres, qu'on lui prête. Cette vérité que l'on ressent confusément lorsqu'on l'observe avec attention.

À la limite de l'incroyable

Les objections furent nombreuses et Frederick Mitchell-Hedges lui-même contribua bientôt à mythifier le crâne. Il finit par se convaincre qu'à l'aide de cet objet magique, les chamans pouvaient provoquer la mort de leurs semblables. En 1981, l'auteur Sandra Bowen, de Pinole en Californie, pensa avoir vu des ovnis dans le cristal. En présence de

l'objet, d'autres personnes ressentent une terreur inexpliquée et pensent qu'il est habité par un esprit.

La controverse

Certains scientifiques ont acquis à ce sujet des certitudes bien différentes. Ainsi, en 1994, le professeur Norman Hammond de l'université de Cambridge, spécialiste de la période maya, déclara : « Rien ne prouve que le crâne se soit jamais trouvé à proximité de Lubaantun. On n'y a retrouvé aucun autre objet du même type. L'histoire de Mitchell-Hedges est impossible à prouver et contredit tout ce que nous savons. » On peut toutefois reprocher à Hammond de ne pas avoir étudié la question en profondeur avant de faire ce commentaire. En effet, en 1932, le Dr Adrian Digby du British Museum, à Londres, avait examiné le crâne et avait rédigé un rapport concluant à son authenticité. Le fait qu'aucun autre crâne en cristal n'ait été retrouvé à Lubaantun n'a rien d'étrange. Il existe d'autres sites archéologiques à travers le monde qui ont également produit des objets uniques.

Des artistes accomplis

Le conservateur de musée américain Frank Dorland a analysé le crâne sous toutes ses coutures en 1970. Dans le laboratoire mis à sa disposition par Hewlett-Packard à Santa Clara, Californie, il a ainsi constaté que le vestige maya avait été fabriqué dans un bloc de cristal unique. Cela semble impossible, car le cristal de roche ne peut être coupé et ne permet pas, dès lors, le façonnage de deux mâchoires supérieure et inférieure séparées. Le cristal de roche a un degré de dureté de sept. À titre de comparaison, le diamant possède un degré de dureté de dix. Pour tailler ce crâne en cristal il aurait donc fallu soit des cristaux plus durs, soit des outils en diamant. Sans oublier la difficulté de représenter les formes osseuses, les angles, les arêtes et les arrondis d'une boîte crânienne.

Or, il n'y a pratiquement aucune trace de fabrication mécanique. Pour finir, ce bloc de cristal de roche ne devrait même pas exister, car il a été façonné à l'encontre de la structure cristalline naturelle. Une déviation, même infime, par rapport à cette structure et le cristal se brise. Ajoutons que la structure interne de l'objet n'a pu être découverte que par agrandissement sous une lumière polarisée. Qui, alors, a façonné le crâne et de quelle façon ? Si un tel objet devait être fabriqué de nos jours, il serait hors de prix. Même les meilleurs ateliers lapidaires d'Europe n'ont pas connaissance de tels objets.

L'ancienne coureuse automobile américaine Jokey van Dieten affirmait que les rayonnements du crâne (qu'elle surnommait E.T.) l'avaient guérie de sa tumeur au cerveau. Mme van Dieten souffrait en effet de la plus grosse tumeur cérébrale jamais diagnostiquée.

Fabrication inconnue

En 1922, le Dr Diestelberger, spécialiste de l'histoire de l'art à Vienne, parvint à la conclusion suivante : « Si l'on exclut l'intervention de forces surnaturelles, les Mayas ont donc dû fabriquer leur crâne en cristal par polissage manuel. Un travail inimaginable qui aurait duré des siècles. Il est difficile d'imaginer comment un tel ouvrage aurait pu être mené à bien. » Il aurait fallu 7 millions d'heures de travail pour parvenir à la perfection que l'on connaît. Avec des journées de travail de 12 heures, cela aurait pris 1 600 cents ans, et l'antique civilisation maya ne s'est pas maintenue aussi longtemps. Des légendes des Incas du Pérou (XVe siècle) racontent que leurs ancêtres frottaient les pierres avec la sève d'une plante qui les ramollissait et permettait de les tailler avec facilité. Les Mayas disposaient peut-être eux aussi de connaissances de ce genre.

Mystérieuse cartographie

La cartographie ne s'est hissée au rang de science exacte qu'au cours des deux siècles écoulés, grâce à une exploration intense des continents. Il existe pourtant des cartes anciennes représentant des pays ou des terres qui n'étaient pas encore connus au moment de leur réalisation. La carte de l'amiral turc Piri Reis en est un parfait exemple : il dessina l'Amérique du Sud en 1513, alors qu'elle n'allait être découverte que trois ans plus tard.

L'une des cartes géographiques les plus incroyables qui soient a été dessinée en 1513 par l'amiral turc Piri Reis (1470-1554). Le dessin montre très clairement des parties de l'Afrique occidentale, de la péninsule pyrénéenne et du continent américain. Même les contours de l'Amérique du Sud sont représentés alors qu'elle ne fut découverte qu'en 1516. Un fac-similé de la carte, redécouverte en 1929 à Istanbul, parvint en 1956 entre les mains de M. J. Walter du service d'hydrographie de la marine américaine. Ce dernier pensait que la carte reflétait des informations vieilles de milliers d'années. Pourtant, qui aurait pu être capable, à l'époque, de produire des atlas modernes ?

Cartographes des temps anciens

Le professeur Charles Hapgood, historien du Keene State College, New Hampshire, décida d'étudier la carte de plus près. Sept ans plus tard, il fit connaître les résultats de son patient travail de détective. La côte européenne et les îles de l'Atlantique Nord sont situées à des degrés de longitude corrects par rapport à la côte sud-américaine et à l'Antarctique. Ce premier constat fit sensation car, même au début du XVIIIe siècle, les degrés de longitude n'étaient pas encore estimés avec exactitude. Pour ce faire il aurait fallu une mesure précise du temps, possible uniquement avec des horloges mécaniques que nul ne possédait encore en 1513.

Vue du cosmos

Les Caraïbes étaient à leur place, même si leur angle était erroné, et l'Amazone était en double. Hapgood expliqua ces erreurs ainsi : Piri Reis avait noté qu'il avait créé sa carte à partir de vingt autres cartes très anciennes. Sans doute avait-il eu des difficultés à déterminer les recoupements. Il s'y ajoute que la carte ne s'orientait pas d'après l'équateur, comme dans la cartographie moderne, mais que son centre se situait en hauteur, au-dessus de la ville égyptienne de Syène (Assouan). Une fois ce détail corrigé, le professeur n'en crut pas

Sensationnelle Antiquité

En mars 1998, des archéologues firent une étonnante découverte non loin du Colisée de Rome. Dans les ruines de la villa de l'empereur Néron (Domus Aurea) ils retrouvèrent une fresque, vieille de 2000 ans, représentant le premier grand plan de ville de l'Antiquité. « Il ne s'agit sûrement pas de Rome, ses monuments dans l'Antiquité n'avaient pas de telles formes », déclara le directeur romain de l'équipe archéologique, Eugenio La Rocca. À son avis, cela ressemblerait plutôt à Londres, même si c'est impossible. On y découvre de grands bâtiments qui se reflètent dans l'eau, une enceinte, des tours, un amphithéâtre et des ponts. Et pour ajouter le fantastique au sensationnel, le plan a été dessiné vu du ciel, comme si son créateur s'était élevé au-dessus des portes de la ville.

Des découvertes étonnantes sont régulièrement faites aux abords du Colisée à Rome. En 1998, on retrouva une fresque représentant un plan de ville vu du ciel.

Cette carte mondiale de Nicolas des Liens, datant de 1567, est exposée au Musée maritime de Londres. Il est intéressant de la comparer avec les cartes mondiales modernes. Bien que cartographiée avec une grande précision par rapport aux connaissances de l'époque, elles présente néanmoins de grandes divergences avec les représentations actuelles.

ses yeux. La côte est de l'Amérique, encore totalement inconnue en 1513, était, elle aussi, dessinée avec la plus grande précision. La rivière Atrato, en Colombie, avait été mesurée avec précision, de sa source jusqu'au Pacifique.

La représentation de l'Antarctique, découvert en 1818, est tout aussi fantastique. « Les détails géographiques correspondent étonnamment avec les résultats du profil sismique réalisé par l'expédition en Antarctique de 1949, constata Hapgood. Cela prouve que la côte a été dessinée avant d'être recouverte par les glaces [il y a au moins 10 000 ans]. Nous ne savons pas comment harmoniser les informations contenues sur cette carte avec l'état des connaissances géographiques en 1513. »

Les secrets des cartes anciennes

Les connaissances des cartographes anciens n'étaient que fragmentaires, et pourtant les vieilles cartes du monde témoignent, d'une certaine manière, du passé culturel de l'humanité. Ainsi, au XVIIe siècle encore, la terre était globalement méconnue. L'existence de cartes en contradiction complète avec les connaissances des anciens cartographes européens est donc d'autant plus surprenante. Elles contiennent des pays et des îles qui n'avaient pas encore été découverts. D'où les savants tiraient-ils leurs incroyables informations ?

Des connaissances modernes

En 1513, Vasco de Balboa (1475-1519) fut le premier Européen à traverser Panama pour se rendre dans l'océan Pacifique. En 1532, Francisco Pizarro conquit le royaume des Incas au Pérou, tandis qu'en 1550, Pedro de Valdivia atteignit le Chili. On était encore loin de penser aux relevés géographiques. Pourtant, dès 1510, le savant suisse Henricus Glareanus (1488-1563) avait dessiné une carte du monde sur laquelle les côtes occidentale et orientale de l'Amérique du Sud étaient représentées avec une étonnante précision. Gerhard Mercator (1512-

1594), le fondateur de la cartographie scientifique, réalisa en 1569 une carte du monde sur laquelle on peut voir le continent antarctique qui ne fut pourtant découvert que 250 ans plus tard. Le cartographe, qui se réclamait de sources anciennes, y indiquait des endroits parfaitement inconnus comme le cap Dart, la mer d'Amundsen, l'île Thurston ou les Chaînes royales.

Modèles d'explication

Trois explications possibles sont aujourd'hui retenues. Tout d'abord, on se demande si, il y a plusieurs milliers d'années, nos ancêtres n'auraient pas été en mesure, malgré leur technologie primitive, de mesurer les vastes étendues océaniques à l'aide de leurs petites embarcations. Furent-ils capables de déterminer avec exactitude leur situation sur l'Atlantique, d'explorer des continents éloignés, de revenir à leur point de départ munis de leurs résultats et d'établir ensuite des cartes géographiques précises ? Les défenseurs de la deuxième théorie sont persuadés que ces cartes s'appuient sur les connaissances de visiteurs extraterrestres. Celle de Piri Reis, par exemple, a été dessinée comme si plusieurs clichés se chevauchant avaient été pris à partir d'un satellite. Cette carte reflétant également la déformation due à la forme arrondie de la terre, elle pourrait en effet constituer un indice d'une visite extraterrestre en des temps reculés. Quant à Hapgood, il tire la conclusion suivante : « Il est possible que la science reflétée à l'aube de l'histoire écrite ne soit pas notre science à ses débuts, mais les vestiges de la science d'une civilisation inconnue. » Pour l'heure, on en reste à la conjecture. Néanmoins, un objet historique aussi sensationnel mérite bien une explication fantastique.

Incroyable découverte dans un tombeau chinois

La plus ancienne carte de Chine a plus de 2 100 cent ans et ressemble incroyablement à une carte géologique moderne. Elle fut découverte dans le tombeau de l'aristocrate Ma Wang Dui (v. 150 av. J.-C.), en bordure de la ville de Changsha (Hunan). À l'échelle de 1 : 180 000, elle représente à la perfection les données topographiques de la région de Daoxian (province de Hunan), du fleuve Xiao et de la région de Nanhai (province de Guangdong). En 1996, le professeur Wang Shiping du Musée historique de Xi'an commenta la découverte en ces termes : « Si cela n'était pas aussi extravagant, je dirais presque que le modèle de cette carte est une photo satellite prise il y a des milliers d'années depuis l'orbite terrestre. »

Le tracé des extrémités des pays n'était pas d'une précision extraordinaire aux débuts de la cartographie. Des lignes droites alternaient avec des arrondis pour marquer la limite entre terre et mer. Cette gravure sur bois d'une carte du monde, en 1513, représente avec une naïveté désarmante les reliefs, les mers et les terres.

Astronomie high-tech dans l'Antiquité

Cette gravure sur bois de 1876 démontre le niveau élevé attribué aux capacités techniques de l'Antiquité. L'astronome Hipparque de Nicée, qui œuvra de 190 à 125 av. J.-C. à l'observatoire d'Alexandrie, nous est ici montré en plein travail.

Nos ancêtres disposaient-ils de connaissances techniques modernes, il y a plusieurs milliers d'années ? Étaient-ils capables de fabriquer des lentilles optiques et des télescopes ? En 1903, l'astronome français Théodore Moreux visita l'antique cité de Carthage (VIIIe-IIe siècle av. J.-C.) en Tunisie. Le père Delattre lui fit visiter son musée, entretenu par un ordre religieux. Moreux s'étonna de la représentation miniature figurant sur l'un des camées exposés et demanda si un objet ressemblant à une loupe d'horloger n'aurait pas été retrouvé. À son étonnement, le prêtre lui remit une petite lentille convexe, retrouvée dans une sépulture.

Curieuses lentilles de cristal

La curiosité de Moreux était piquée au vif. Il découvrit qu'en 1852, le physicien anglais David Brewster (1781-1868) avait déjà examiné une plaquette de cristal, taillée comme une lentille et servant de loupe. Elle avait été retrouvée lors de fouilles dans la Ninive assyrienne (Irak) et datait du VIIIe siècle av. J.-C. Une curiosité absolue fut retrouvée à Helwan en Égypte : il s'agit d'une lentille grossissante en cristal de roche, traitée à l'oxyde de césium. Aujourd'hui, l'oxyde de césium est fabriqué grâce à un processus électrochimique. Comment un tel résultat aurait-il pu être obtenu il y a plus de 2000 ans ?

L'observation des étoiles et des calculs mathématiques permirent d'établir des calendriers d'une grande précision, indispensables pour les rites religieux des prêtres mayas. Temple de l'oracle à Uxmal, Mexique.

Pour voir une lentille rétrécissante âgée de près de 3000 ans, il faut se rendre en Turquie, au musée d'Ankara. Elle fut mise au jour lors de fouilles à Éphèse. Une autre lentille d'une qualité exceptionnelle, datant du Ve siècle av. J.-C., fut également retrouvée en Crète. En 1998, l'ingénieur allemand Olaf Schmidt examina des verres taillés spéciaux, issus d'un tombeau viking retrouvé sur l'île de Gotland en mer Baltique. « La forme de la lentille est tellement bonne qu'elle pourrait répondre, sans problème, aux critères de qualité actuels. »

Les verres grossissants des astronomes du passé

En 1999, le professeur Marilyn H. Childs, astrophysicienne et archéologue à Washington, aboutit à la conclusion suivante : « Je pose le postulat de l'existence d'une technologie préhistorique capable de fabriquer des télescopes. Lors de mes recherches, j'ai découvert différents motifs astronomiques, tous centrés sur des miroirs travaillés. » Le résultat ? Il s'agit tout simplement de dispositifs semblables aux télescopes, ou réflecteurs, actuels. Le professeur Childs a retrouvé dans la littérature rituelle des Mayas d'autres éléments pour soutenir sa thèse : « De nombreuses données astronomiques n'auraient pu être déterminées qu'à l'issue de longues périodes d'observation à l'aide de dispositifs mécaniques. Seule une technique télescopique moderne peut expliquer la précision des calculs de calendrier. Les Mayas, tout comme les Chinois, racontent que les prêtres-astronomes recevaient l'aide des dieux pour leurs calculs mathématiques et astronomiques. Ces légendes font fortement penser à un contact avec des astronautes préhistoriques. »

Ces conclusions peuvent sembler irréalistes. Quoi qu'il en soit, les connaissances techniques des cultures anciennes devaient être bien plus étendues que nous le pensions jusqu'alors.

Des télescopes vieux de 3000 ans

Sir Austen Layard (1817-1894) découvrit en 1850 à Nimroud (Irak) une lentille en cristal de roche, aujourd'hui conservée au British Museum à Londres. Le façonnage d'un cristal aussi dur aurait demandé de nombreuses années de travail à un homme de l'Antiquité, doté des capacités techniques de l'époque. Pourtant, la lentille est d'une précision étonnante. Pour quelle raison a-t-elle été fabriquée ?

En 1999, le professeur Giovanni Pettinato de l'université de Rome parvint à la conclusion que cette lentille faisait partie d'un télescope. Il souligne que les Assyriens connaissaient déjà la composition des anneaux de Saturne. Il existe en outre une description, datant du IIIe siècle av. J.-C., d'un mystérieux instrument que le roi Ptolémée III (284-221 av. J.-C.) fit installer dans le phare d'Alexandrie afin de « voir les bateaux à distance ».

De nombreux éléments indiquent que le télescope était déjà connu au Proche-Orient longtemps avant notre ère. La découverte de cette mystérieuse lentille en Irak, dont le processus de fabrication reste inexpliqué, renforce cette supposition.

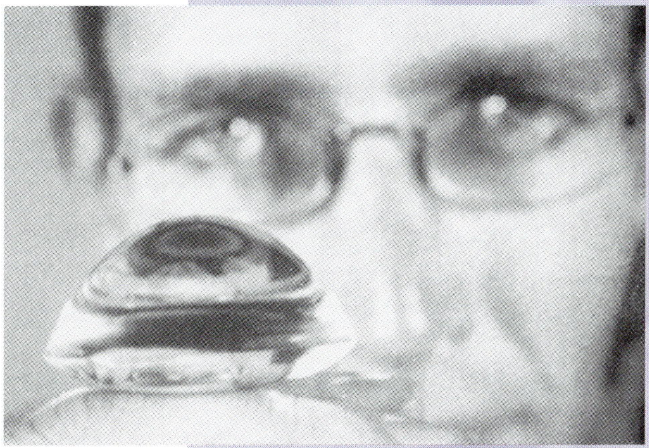

Armes anciennes sophistiquées

Ce bas-relief assyrien, provenant du palais du roi Assourbanipal II et datant du IXe siècle av. J.-C., est exposé au British Museum, à Londres. Il montre un char doté d'un canon, semblable à ceux qui furent mis en œuvre au cours des guerres des siècles derniers. Les spécialistes pensent donc que des armes très sophistiquées auraient déjà pu exister à l'aube des temps.

Les chars d'assaut, les canons à photons et les bombes atomiques sont des inventions de notre époque hautement technologique. Néanmoins, certains rapports des temps anciens permettent d'avancer que des armes très sophistiquées auraient déjà existé il y a des milliers d'années.

Des canons acoustiques

Un indice en faveur de cette supposition se trouve à Jéricho, en Israël. Avec 7000 ans d'existence, la ville royale des Cananéens est l'une des plus anciennes du monde. Pourtant, le nom de Jéricho est moins associé à l'âge d'or d'une riche civilisation qu'à sa destruction par les Israélites : « Jéricho tenait ses portes fermées à cause des Israélites. Nul ne pouvait entrer ou sortir », nous dit la Bible dans le livre de Josué (VI, 1). Josué (v. 1400 av. J.-C.), général en chef des Israélites, reçut une apparition divine qui lui commanda d'encercler la ville pendant 6 jours avec ses soldats. « Au septième jour, les prêtres souffleront dans leurs trompettes. Il adviendra, s'ils soufflent assez longtemps, que le mur de la ville s'écroulera» (VI,5). Selon la Bible, le mur éclata au son des trompettes et les Israélites purent conquérir Jéricho. Cette histoire n'est-elle qu'une légende ? Probablement pas, car d'autres

détails ont été confirmés par l'archéologie, par exemple, les traces d'un grand incendie et d'une épidémie.

Les débats font rage au sujet de la date de la chute de la ville. Les Israélites ont-ils vraiment provoqué l'écroulement des murs de Jéricho par le biais de vibrations acoustiques, ou la double enceinte de fortification a-t-elle tout simplement été détruite par un tremblement de terre ?

Longtemps tenue pour impossible, la destruction d'objets par vibrations sonores est désormais réalisable grâce à la technique des ultrasons. Cette dernière est désormais couramment appliquée dans le domaine médical pour pulvériser les calculs rénaux ou biliaires. Les Israélites disposaient-ils déjà d'un tel savoir ?

Des bombes atomiques en Inde

Le Mahabharata, célèbre épopée sanskrite vieille de 5000 ans, semble faire allusion à des armes atomiques. Elle raconte en effet qu'une «arme divine» fut utilisée contre le peuple des Vrishni, lançant un éclair plus brillant que mille soleils et réduisant bêtes et hommes en poussière. Les survivants connurent d'atroces souffrances, perdirent leurs cheveux et leurs ongles. Les récipients en argile se brisèrent sans aucune raison. Même le nettoyage des corps et des vêtements ne fut d'aucune utilité contre le fléau. Les femmes survivantes accumulèrent les fausses couches. Le professeur Dileep K. Kanjilal de Calcutta (né en 1933), spécialiste du sanskrit, souligne qu'il est également question de vents violents, de grondements de tonnerre dans un ciel sans nuages, d'un tremblement agitant le sol et d'une soudaine obscurité. Selon lui, «il est temps de considérer le cours des civilisations humaines d'un œil neuf, et de donner à ce domaine oublié des technologies antiques la place qui lui revient.»

Des projectiles à grande vitesse

L'une des découvertes les plus étranges permettant de supposer l'existence d'armes sophistiquées dans le passé lointain, est sans doute ce crâne d'un Neandertal ayant vécu il y a 40000 ans, retrouvé au Zimbabwe. Il a été transpercé de part en part par un projectile à grande vitesse, et présente le point d'impact caractéristique d'un calibre détruisant tout au point de sortie.

Une deuxième découverte étonnante est aujourd'hui conservée au Musée paléontologique de Saint-Pétersbourg (Russie). Il s'agit de nouveau du point d'impact d'un coup de feu tiré, cette fois, dans la tête d'un bison il y a 4000 ans. Contrairement aux «armes froides» que sont les flèches et les lances, le projectile a provoqué des lésions et des cassures radiales. Qui donc tirait déjà au fusil au paléolithique ?

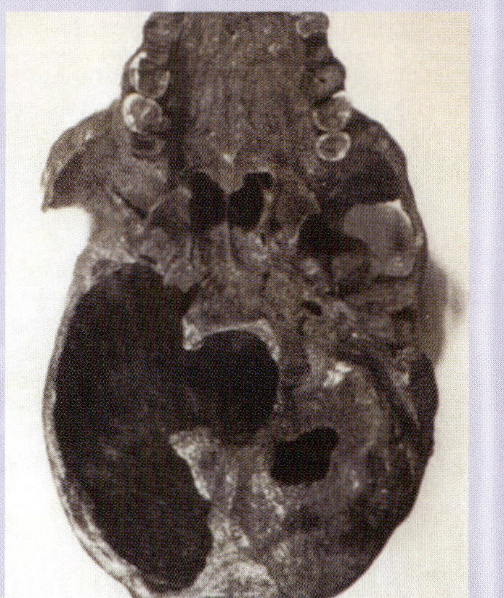

Les hommes de Neandertal ne disposaient certes pas des connaissances en criminologie de notre temps, mais les impacts présentés par ce crâne d'un Neandertal laissent néanmoins supposer l'existence d'armes à feu à l'époque de la victime, il y a 30000 ans.

Aborigène

Autochtone de l'Australie. Au XVIIe siècle, à l'époque de la découverte et de l'exploration du continent par les Européens, trois cent mille Aborigènes peuplaient l'Australie. Ils se divisaient en cinq cents tribus. Aujourd'hui, il n'en reste plus qu'un dixième. La modernisation et l'avancée technologique ont repoussé le peuple originel toujours plus loin dans l'arrière-pays. Aujourd'hui, la plupart des Aborigènes vivent à la périphérie de la société australienne et, pour beaucoup, en deçà du seuil de pauvreté.

Baguette de sourcier

Instrument permettant de découvrir les perturbations des champs magnétiques dues, par exemple, à la présence de cours d'eau souterrains. La baguette de sourcier est connue depuis le Moyen Âge. Il s'agit le plus souvent d'une mince baguette en bois ou d'une branche fourchue, d'un arc de métal ou d'un instrument d'une autre forme que le radiesthésiste tient dans la main au-dessus des perturbations présumées du champ magnétique. En présence d'énergie négative, la baguette se met à bouger toute seule et indique l'endroit précis de la perturbation.

Cartographie

La science et la technique permettant l'élaboration de représentations graphiques du monde, sous forme de cartes. Les informations géographiques et scientifiques nécessaires sont tirées de l'étude, de l'observation et de l'analyse de la surface du sol et de son incessante évolution. Les premiers fragments de cartes viennent de Mésopotamie et se trouvent sur des tablettes d'argile vieilles de près de 6 000 ans. La plus ancienne carte du monde date de l'Antiquité. Elle remonte à la fin de l'époque babylonienne, vers 600 av. J.-C. Il s'agit d'une vue schématique de la terre, gravée sur des tablettes d'argile.

Chaman

Le terme de *chaman* vient de la langue des Turguses, une tribu sibérienne. Il peut se traduire par « sage » ou « celui qui connaît l'extase », par allusion à sa capacité à percevoir le monde de l'au-delà. Le chaman soigne ses relations avec les dieux qui lui transmettent ses connaissances en thérapie naturelle. Le passage de notre monde à celui du divin s'effectue à l'aide de diverses techniques telles que la méditation ou l'absorption de drogues.

Coran

Texte sacré de l'islam. Pour les musulmans, le texte du Coran est la parole même de Dieu, telle que l'archange Gabriel l'aurait dictée au prophète Mahomet. Le Coran se divise en 114 sourates. La plupart des textes sont écrits en vers.

Datation au carbone 14

Méthode visant à déterminer l'âge d'objets géologiques et historiques d'origine animale ou végétale. En effet, les isotopes radioactifs du carbone permettant la datation ne sont présents que dans les vestiges d'origine organique. Ces isotopes sont issus du dioxyde de carbone présent dans l'atmosphère. Dans les organismes morts, leur nombre se réduit régulièrement par la décomposition naturelle de la radioactivité. Leur demi-vie est de 5 730 ans. C'est donc le nombre des isotopes radioactifs présents dans une relique qui permet d'en déterminer l'âge.

Druide

Prêtre des Celtes et des Gaulois. Comme les actuels brahmanes de l'Inde, ils disposaient d'un profond savoir religieux, accessible aux seuls initiés. Ces initiés devaient être formés par les druides eux-mêmes. Ils prédisaient également l'avenir et se livraient à l'interprétation des rêves. L'astrologie n'avait pour eux aucun secret, et leur connaissance de l'alchimie et de la physiothérapie leur permettait de guérir les malades.

Église d'Angleterre

L'Église d'Angleterre – ou anglicane – est issue d'un problème personnel du roi Henri VIII. Pendant son règne (1509-1547), le monarque devait concevoir un héritier mâle, ce qui ne lui fut pas possible avec sa première épouse Catherine d'Aragon. Le pape lui refusant l'annulation de son mariage, il provoqua le schisme avec Rome et se proclama chef suprême de l'Église d'Angleterre. En Angleterre, c'est donc le roi et non le pape qui dirige l'Église, même si les valeurs du catholicisme sont toujours enseignées.

Elfe

Être intermédiaire entre les hommes et les dieux. Les elfes sont issus des mythologies germanique et scandinave. À l'origine, les elfes pouvaient adopter toutes sortes de formes et apparaître aussi bien en nain qu'en sirène. La vision d'un être gracieux et féminin, errant tel un esprit à travers le monde des vivants ne date que du XVIIIe siècle.

Fée

Dans la mythologie celtique, être imaginaire représenté sous les traits d'une femme douée de pouvoirs surnaturels. Les fées vivent près des sources, dans les grottes ou non loin des clairières. Elles aident les humains, mais se montrent intransigeantes avec les curieux. Celui qui tente de pénétrer leur monde et de découvrir leurs secrets est sévèrement puni.

Géoglyphe

Motif ou signe tracé au sol, sur de très longues distances. Par leur taille, ils ne sont visibles et ne prennent sens que lorsqu'ils sont vus de très haut, le plus souvent en vue aérienne.

Géomancie

Technique divinatoire en correspondance avec l'élément « terre » et qui se fonde sur l'observation de figures, dites figures mères, formées par des cailloux, de la terre, du sable ou des objets bifaces jetés au hasard sur une surface plane.
Une autre technique consiste à tracer des points de manière automatique sur du papier.

Hiéroglyphe

Mot d'origine grecque : *hieros* signifie « sacré », *gluphein* veut dire « graver ». Le terme désigne les signes du système d'écriture des anciens Égyptiens, qui furent déchiffrés pour la première fois en 1822. Cette année-là, Jean-François Champollion entreprit de décrypter le fragment d'une stèle, découvert à Rosette, dans la vallée du Nil, par un officier de Napoléon en 1799. La pierre était gravée de textes en trois langues différentes.
Les textes en grec et en démotique, langues connues à l'époque, disaient la même chose. Champollion en déduisit que le troisième texte, en hiéroglyphes, était une traduction des deux autres et réussit ainsi à en percer le secret.

Hypnose

Du grec *hupnoûn*, « endormir ». Le terme fut créé en 1841 par un médecin anglais, le Dr James Braid de Manchester. Il découvrit que ses cobayes sombraient dans une sorte de sommeil lorsqu'il leur demandait de fixer longuement et intensément une boule de verre. Après de nombreux essais, Braid définit l'hypnose comme un état de conscience particulier, provoqué par l'observation intense et continue d'un objet, et la suggestion verbale. Dans cet état, le sujet peut être amené à adopter des opinions différentes des siennes, et poussé à faire des choses qu'il ne ferait pas d'ordinaire.

Lieu d'énergie

Lieu de concentration d'énergies fortes et positives. Ces énergies ne sont pas visibles, mais les personnes sensitives et les sourciers se prétendent capables de les percevoir. Dans la vision ésotérique du monde, la Terre est recouverte d'un invisible champ de force et de puissants tourbillons d'énergie se forment aux points de croisement de ce réseau. Les lieux d'énergie se trouveraient au-dessus de ces tourbillons.

Merlin

Le nom de Merlin est évoqué pour la première fois en 1136 dans l'ouvrage *Historia Regum Britanniae* de Geoffrey de Monmouth. Il désigne le mage et prophète qui joue le rôle de conseiller auprès du légendaire roi Arthur. Merlin, dit l'Enchanteur, serait le fils du diable et d'une princesse bretonne. Il est considéré comme le père des druides, ces mages celtes que l'on honore encore aujourd'hui dans des lieux de culte tels que Stonehenge.

Merveilles du monde

Les Sept Merveilles du monde de l'Antiquité ont été définies vers 200 av. J.-C. par l'ingénieur babylonien Philon de Byzance. Il n'en reste aujourd'hui que la pyramide de Gizeh. La statue de Zeus Olympien par Phidias fut détruite dans un incendie. Le colosse de Rhodes s'effondra en 224 avant J.-C., le phare d'Alexandrie disparut en 1375 dans un tremblement de terre. Le temple d'Artémis à Éphèse, le mausolée d'Halicarnasse et les jardins suspendus de Sémiramis à Babylone ne sont plus que des souvenirs.

Patrimoine culturel mondial

L'UNESCO (United Nations Educational Scientific and Cultural Organization) se consacre depuis 1972 à la protection du patrimoine naturel et culturel mondial. Les critères d'admission sur la « liste du patrimoine mondial » comprennent l'authenticité et le caractère unique des monuments culturels. Un site naturel ou culturel ne peut être inscrit au patrimoine mondial que lorsqu'un plan de conservation convaincant est soumis à l'UNESCO.

Pétroglyphes

Signe ou motif gravé dans la roche, le plus souvent à valeur religieuse. Les plus anciens pétroglyphes connus datent du néolithique, et cette pratique a perduré jusqu'à nos jours.

Pictogramme

Symbole visuel, par exemple, les cercles mystiques dans les champs de blé. À l'heure actuelle, le mot désigne les dessins figurant sur les panneaux dans les lieux publics, dont la schématisation les rend compréhensibles dans le monde entier. Un pictogramme doit être aussi neutre que possible sur le plan culturel et ne doit blesser aucun tabou. En d'autres termes, il ne doit entraîner aucune discrimination, qu'elle soit religieuse, raciale ou culturelle. L'un des pictogrammes les plus connus du monde est australien. Il s'agit d'un triangle jaune avec un kangourou noir.

6/7 Bildagentur Schapowalow, Hambourg, Kirsch ; 7d Jump, Hambourg ; 8 Christof Rehbach, Fuchstal ; 9h Das Fotoarchiv, Essen, Thomas Mayer ; 9b aisa, Barcelone ; 10 akg-images, Berlin, H. Bock ; 11 Bilderdienst Süddeutscher Verlag, Munich ; 12 Mary Evans Picture Library, Londres, Henri Meunier ; 13 akg-images, Berlin ; 14/15 Das Fotoarchiv, Essen, Wolfgang Schmidt ; 15d-16 ParaPictures Archiv, Munich ; 17gh Das Fotoarchiv, Essen, Richard Howard ; 17d ParaPictures Archiv, Munich ; 17b Das Fotoarchiv, Essen, Steve Winter ; 18 pwe Kinoarchiv, Hambourg ; 19 Peter Fiebag, Northeim ; 20 Fortean Picture Library, Ruthin ; 21 Peter Fiebag, Northeim ; 22 pwe Kinoarchiv, Hambourg ; 23 Agentur Focus, Hambourg, US Library of Congress ; 24-25g ParaPictures Archiv, Munich ; 26-27g Fortean Picture Library, Ruthin ; 27d Mary Evans Picture Library, Londres ; 28-29 Fortean Picture Library, Ruthin, Janet & Colin Bord ; 30 Fortean Picture Library, Ruthin, Janet & Colin Bord ; 31 Fortean Picture Library, Ruthin ; 32g Mary Evans Picture Library, Londres ; 32d aisa, Barcelone ; 33 Fortean Picture Library, Ruthin ; 34-35 Fortean Picture Library, Ruthin, Hamish M. Brown ; 36-39 ParaPictures Archiv, Munich ; 40-41 Bildagentur Schapowalow, Hambourg, Thiele ; 42-43 Fortean Picture Library, Ruthin, Ella Louise Fortune ; 61d Mary Evans Picture Library, Londres, Arthur Strauch ; 44-45 Document Vortragsring e.V., Munich, Jörg Trobitzsch ; 45d akg-images, Berlin ; 46h William F. Romain, Olmstead twp, Ohio, USA ; 46b Fortean Picture Library, Ruthin, McAdams ; 47 akg-images, Berlin ; 48-49 Das Fotoarchiv, Essen, Jochen Tack ; 50-54d Peter Fiebag, Northeim ; 55 aisa, Barcelone ; 56 Dietrich Schulze, Langenselbold ; 57m Dietrich Schulze, Langenselbold ; 57d Bildagentur Schapowalow, Hambourg ; 58g Rainer Holbe, Rameldange ; 58m Dietrich Schulze, Langenselbold ; 59gh Reiche/Schulze, Langenselbold ; 59dh + 59b Dietrich Schulze, Langenselbold ; 60 akg-images, Berlin, Jürgen Sorges ; 61-63 LaserSatz Thewalt, Wiesenbach, Dr Volker Thewalt ; 64-65 NASA, Pasadena ; 66-67 Bildagentur Schapowalow, Hambourg, Atlantide ; 67d Das Fotoarchiv, Essen, M. Folco ; 68 Bildagentur Schapowalow, Hambourg, Atlantide ; 69 Das Fotoarchiv, Essen, Hiroyuki Matsumoto ; 70 Agentur Focus, Hambourg, Detlev van Ravensway ; 71 NASA, Pasadena ; 72-73 Bildarchiv Steffens, Mainz ; 76 Damanhur Organisation, Baldissero Canavese ; 77m akg-images, Berlin ; 77b–78g Rainer Holbe, Rameldingen ; 78h akg-images, Berlin ; 79m Marianne Schiffl-Deiler, Munich ; 79b Rainer Holbe, Rameldingen ; 80 Fortean Picture Library, Ruthin, Roger Vlitos ; 81 akg-images, Berlin ; 82 ParaPictures Archiv, Munich ; 83-84h akg-images, Berlin ; 84-85h akg-images, Berlin ; 84m Bildarchiv Steffens, Mayence ; 85-86 akg-images, Berlin ; 87hg-87bg Bildarchiv Steffens, Mayence ; 87d akg-images, Berlin, Werner Forman ; 88 Bildagentur Schapowalow, Hambourg, Atlantide ; 89 Mary Evans Picture Library, Londres ; 90 akg-images, Berlin ; 91 akg-images, Berlin, Erich Lessing; 92 akg-images, Berlin; 93h Bildagentur Schapowalow, Hambourg; 93d akg-images, Berlin, Werner Forman ; 94-95 Bildarchiv Preußischer Kulturbesitz, Berlin, Jürgen Liepe ; 96-97 Agentur Focus, Hambourg, Memet Gülbiz ; 98-99 akg-images, Berlin ; 100-103 Peter Fiebag, Northeim; 104 Bildagentur Schapowalow, Hambourg, Tom Nebbia ; 105 akg-images, Berlin ; 106-109 ParaPictures Archiv, Munich ; 110-113 Bildagentur Schapowalow, Hambourg, Tom Nebbia ; 114 Peter Fiebag, Northeim; 115 ParaPictures Archiv, Munich ; 116 Walter-Jörg Langbein, Lügde ; 117 Peter Fiebag, Northeim ; 118 ParaPictures Archiv, Munich ; 119 Walter-Jörg Langbein, Lügde ; 120/121 Das Fotoarchiv, Essen, Lee Day ; 121d akg-images, Berlin ; 122 Das Fotoarchiv, Essen, Peter Hollenbach ; 123 Das Fotoarchiv, Essen, Russel Gordon ; 124 Image Bank, Robert Holland ; 125 akg-images ; 126 akg-images, Berlin ; 127 Agentur Focus, Hambourg, Roman Bezjak ; 128 Agentur Focus, Hambourg, Robert Tixador ; 129 akg-images, Berlin ; 130-133 Peter Fiebag, Northeim ; 134-137 Walter-Jörg Langbein, Lügde ; 138 Bildagentur Schapowalow, Hambourg, Scholz ; 139 Bildagentur Schapowalow, Hambourg, Sander ; 142 Bildagentur Schapowalow, Hambourg, Scholz ; 143b akg-images, Berlin, Erich Lessing ; 143b Bildagentur Schapowalow, Hambourg, Sperber ; 143d-145 akg-images, Berlin ; 144h akg-images, Berlin, Robert O´Dea; 145 akg-images, Berlin ; 146 Bildagentur Schapowalow, Hambourg, Heaton ; 147 Rainer Holbe, Rameldingen ; 148g ParaPictures Archiv, Munich ; 148h akg-images, Berlin ; 148-149 ParaPictures Archiv, Munich ; 150 akg-images, Berlin, Henning Bock ; 151h Rainer Holbe, Rameldingen ; 151b ParaPictures Archiv, Munich ; 152 Agentur Focus, Hambourg, Kazuyoshi Nomachi ; 153 akg-images, Berlin, Jean-Louis Nou ; 154b Das Fotoarchiv, Essen, Andrea Künzing ; 154h Peter Fiebag, Northeim ; 155hg akg-images, Berlin ; 155bg Das Fotoarchiv, Essen, Sebastian Koch ; 155bd Mira Köll, Augsbourg ; 156g akg-images, Berlin, Erich Lessing ; 156h Peter Fiebag, Northeim ; 156b Bildagentur Schapowalow, Hambourg, Thiele ; 158 akg-images, Berlin ; 159 akg-images, Berlin, Erich Lessing ; 160 akg-images, Berlin ; 161 akg-images, Berlin, Jean-Louis Nou ; 162 akg-images, Berlin, Erich Lessing ; 163 akg-images, Berlin ; 164 akg-images, Berlin, Evelyn Henn ; 165b akg-images, Berlin, Erich Lessing ; 165d Fortean Picture Library, Ruthin, Klaus Aarsleff ; 166 National Museet, Copenhague ; 168 Stadt Horn, Bad Meinberg ; 169 Fortean Picture Library, Ruthin, Don Douglas ; 170 Agentur Focus, Hambourg, Patric Ward ; 171 Fortean Picture Library, Ruthin ; 172 aisa, Barcelone ; 173 Fortean Picture Library, Ruthin, Anthony Weir ; 174 Fortean Picture Library, Ruthin, Andreas Trottmann ; 175 Fortean Picture Library, Ruthin, Anthony Weir ; 176-177 Bildagentur Schapowalow, Hambourg, A. van Rennings ; 178 Bildagentur Schapowalow, Hambourg, Thomke ; 179h akg-images, Berlin ; 179d Deutsche Presse Agentur GmbH ; 180h akg-images, Berlin, Justus Göpel ; 180b akg-images, Berlin ; 181h Deutsche Presse Agentur GmbH ; 181d akg-images, Berlin ; 182 Mary Evans Picture Library, Londres ; 183 Bildagentur Schapowalow, Hambourg ; 184-185 akg-images, Berlin, Erich Lessing ; 186-187 akg-images, Berlin ; 188 aisa, Barcelone ; 189 aisa, Barcelone ; 190-191 ParaPictures Archiv, Munich; 192-193 ParaPictures Archiv, Munich ; 196-197 Peter Fiebag, Northeim ; 198-199 aisa, Barcelone ; 200-201 Das Fotoarchiv, Essen, Friedrich Stark ; 202-203 akg-images, Berlin ; 204 akg-images, Berlin, Werner Forman ; 205 aisa, Barcelone ; 204/205 Hartwig Hausdorf, Garching ; 205d Agentur Focus, Hambourg ; 206 Fortean Picture Library, Ruthin, Hartwig Hausdorf ; 206g akg-images, Berlin; 207 ParaPictures Archiv, Munich ; 206d-207 Peter Fiebag Northeim ; 216 Bildagentur Schapowalow, Hambourg ; 217m akg-images, Berlin, Werner Forman; 217d akg-images, Berlin ; 218-219g Peter Fiebag, Northeim ; 219hd akg-images, Berlin, Werner Forman ; 219b-220 Peter Fiebag, Northeim ; 221bd akg-images, Berlin; 222-223 Bildagentur Schapowalow, Hambourg, Döring ; 224h ParaPictures Archiv, Munich ; 224b aisa, Barcelone ; 225 Bildagentur Schapowalow, Hambourg, Moser; 226 Peter Fiebag, Northeim; 227 ParaPictures Archiv, Munich ; 228-229 Peter Fiebag, Northeim ; 232g-233h ParaPictures Archiv, Munich ; 233b akg-images, Berlin ; 234 ParaPictures Archiv, Munich ; 235h akg-images, Berlin, Erich Lessing ; 235b-237 ParaPictures Archiv, Munich ; 238/239 Bildagentur Schapowalow, Hambourg ; 239d akg-images, Berlin ; 240-241 Paxmann/Teutsch, Munich ; 242-243 Peter Fiebag, Northeim ; 244 Peter Fiebag, Northeim, Prof. Hapgood ; 245 Das Fotoarchiv, Essen, Marco Cristofori ; 246-247 akg-images, Berlin ; 248 akg-images, Berlin ; 249h Peter Fiebag, Northeim, Franz Frisch ; 249b Peter Fiebag, Northeim ; 250/251 akg-images, Berlin, Erich Lessing ; 251d Peter Fiebag, Northeim, Hartwig Hausdorf.

Conception : Bertelsmann Lexikon Verlag, Gütersloh/Munich ; Paxmann/Teutsch Buchprojekte, Munich

Auteurs : Peter Fiebag, Dr Elmar Gruber
Secrétaire d'édition : Ingo Engel
Rédaction : Claire Singer
Révision : CLP Lauer & Partner, Christoph Dedring, Munich
Iconographie : Samar Perez-Lennart

123, boulevard de Grenelle, Paris
www.france-loisirs.com

Pour l'édition française :
Traduction : Pascale Hervieux
Secrétaire d'édition : Catherine Pelché
Composition : Nord compo, Villeneuve-d'Ascq
Révision : Belle Page
ISBN : 2-7441-6701-0
N° éditeur : 44780
Dépôt légal : septembre 2003